权威・前沿・原创

直销蓝皮书

BLUE BOOK OF DIRECT SELLING

2017年
中国直销业发展报告

ANNUAL REPORT ON THE DEVELOPMENT OF CHINA'S DIRECT SELLING INDUSTRY
(2017)

主编／陈亮
副主编／唐英

中国商业出版社

图书在版编目（CIP）数据

　　直销蓝皮书：中国直销业发展报告.2017 / 陈亮主编；唐英编写. — 北京：中国商业出版社，2017.10

　　ISBN 978-7-5208-0110-2

　　Ⅰ．①直… Ⅱ．①陈… ②唐… Ⅲ．①直销－研究报告－中国－2017 Ⅳ．①F724.2

　　中国版本图书馆CIP数据核字(2017)第254152号

《直销蓝皮书——2017年中国直销业发展报告》

主　　编	陈亮
策划推广	营讯传媒
责任编辑	张斌
设　　计	北京慧能广告
出版发行	中国商业出版社出版
地　　址	北京市西城区报国寺1号
邮　　编	100053
电　　话	010-63180647
网　　址	www.c-cbook.com
印　　刷	北京凯德印刷有限责任公司
经　　销	新华书店经销
开　　本	1/16
印　　张	23印张
版　　次	2017年10月第1版　2017年10月第1次印刷
书　　号	ISBN 978-7-5208-0110-2
定　　价	59.00元

版权所有·侵权必究

中国直销业发展报告
学术委员会

主　任：陈　亮
副主任：唐　英
委　员：（按姓氏笔画排序）

温再兴	董伊人	焦家良	黄英姿	秦永楠
倪跃峰	荆林波	娄本清	依绍华	范伟云
尚毓琦	郑佩玉	李久慈	邱长兴	李勇坚
李　斌	刘作章	张淑文	孙选中	朱永才
任兴洲	任冠衡	齐雪峰	艾家凯	田西荣
冯金花	王云婷	张　团		

第 一 章　总报告

1.1　分享是直销行为的基础：
直销行业国民经济地位和重要作用分析/003

1.2　产品体验是相互分享的前提：
2016-2017年直销行业发展环境分析/017

1.3　共享经济推动直销行业快速发展：
2017直销行业政策环境分析及行业发展展望/028

第 二 章　政策篇

2.1　2016年直销的法律思维与法律环境分析/038

2.2　依法打击传销的现状与形势分析/054

2.3　2016-2017年规范直销的形势分析及政策展望/069

2.4　《禁止传销条例》《直销管理条例》
两个条例的问题与修订思路建议/082

第 三 章　电子商务篇

3.1　社交电商对直销发展的影响/094

3.2　微商对直销发展的影响/110

3.3　互联网+背景下直销业对共享经济的促进研究/125

3.4　互联网+环境下的企业创新发展/138

第四章　市场篇

4.1 中国直销市场现状与分析/152

4.2 跨境直销现象分析/170

4.3 直销企业文化案例分析/182

4.4 国际直销市场现状与分析/195

第五章　关联产业篇

5.1 直销第三方对直销企业的影响研究/210

5.2 会奖旅游对直销的促进研究/231

5.3 物流对直销的促进研究/245

5.4 支付对直销的促进研究/264

5.5 其他产业对直销的促进研究/274

5.6 直销业与健康产业的融合发展研究/288

第六章　专题篇

6.1 消费者购买直销产品的动机分析/301

6.2 直销参与人员的动机与态度分析/313

6.3 直销行业形象提升策略研究/320

6.4 直销业的平台生态圈现象/339

6.5 论中国直销企业品牌的建设之路/352

总 报 告
General Report

I.1
分享是直销行为的基础
——直销行业国民经济地位和重要作用分析

摘　要： 2017年7月3日，国家发展改革委等八部门联合颁布了《关于促进分享经济发展的指导性意见》，其附件中指出，分享经济作为全球新一轮科技革命和产业变革下涌现的新业态、新模式，正在加快驱动资产权属、组织形态、就业模式和消费方式的革新。推动分享经济发展，将有效提高社会资源利用效率、便利人民群众生活，对推进供给侧结构性改革、落实创新驱动发展战略、进一步促进大众创业万众创新、培育经济发展新动能，具有重要意义。

关键词： 分享　直销＋创新

近年来，在"互联网+"的背景下，以网约车、共享单车、共享充电宝、民宿短租等为代表的分享经济业态如雨后春笋般拔地而起，不断裂变，不但引领着全球的创新态势，同时也给中国经济注入了新的活力。目前，分享经济已不仅是一种新的经济现象与经济形态，实现了供需高效匹配的新型资源配置方式，更是一种新的消费方式和生活理念。在国家层面上，政府不断采取支持分享经济发展的措施，频频出台了分享经济的相关意见和纲要，并同时加大完善市场监管的力度。

近年来，我国分享经济创新创业活跃、发展迅速，利用"互联网+"，创造众多新业态，化解过剩产能，带动大量就业，显示出了巨大发展活力与潜力，已成为推动"大众创业、万众创新"向更广范围、更深程度发展的重要抓手和我国经济社会发展的"生力军"。因此，《关于促进分享经济发展的指导性意见》的发布实施，顺应了互联网与实体经济深度融合创新的发展大势，符合我国客观发展实践要求，对促进分享经济健康有序发展具有重要意义；支持与引导分享经济发展的顶层设计，通过释放制度红利，推动供给侧结构性改革，激发市场活力，可以促进大众创业万众创新向更广范围、更深程度发展。

一　分享经济与共享经济的的两个基本面

分享经济和共享经济实际就是事物的两个基本面，属于同一种经济体（Sharing economy），都是建立在信用基础上对产品服务、信息资料、知识技能等资源有偿地获取而非占有的经济形态，而是分享经济形态和共享经济形态仍存在差异。

（一）资源主体是区别的本质

分享经济与共享经济的表现形式虽然相似，但其本质上存在着巨大的不同。以网约车和共享单车为例，网约车的资源主体是车主个人，车主首先要具备车辆资源所有权这一条件，其次要具备多余的时间资源。在拥有车辆使用权和时间资源的条件下，消费者通过有偿的方式获得车辆的使用权，车主以交换的方式获取价值，是一种商业行为，所创造的价值就是分享经济形态的价值；共享单车的资源主体和网约车的资源主体不同，共享单车的资源主体是公司法人，公司具备单车的资源所有权，在拥有车辆所有权和时间资源的条件下，消费者通过有偿的方式获得单车的使用权，公司以交换的方式获取价值，也一种商业行为，所创造的价值就是共享经济形态的价值。

（二）行为方式是区别的核心

分享和共享也是源于同一个英文单词（Share），但分享和共享在行为方式上是有所区别的。Share用于及物动词的时候翻译成分享，是指人的一种行为方式的分享。获取而非占有是分享这个词的关键点，第二个关键点是借助于人与人之间的信任，而信任在商业行为中叫诚信，这就是分享。而共享则是在不及物动词的时候使用的，一般有达成共识的词义，是对众多人共同开放的机会和服务，或者及其服务这样一种经济和社会的形态，是强调人人参与，众多人共同行为的状态或结果，这种形态可以是一种组织形态。在直销业有一句名言，叫作"好东西与好朋友分享"，其体现出了获得体验而不是占有产品，同时分享体验也有"获取而非占有"的意义。

二、分享与共享在直销行为中的表现形式

直销（Direct selling）是一种零售业态，与其他零售业态的不同点在于它首先是一种无固定地点的零售业态，同其他无固定地点的业态相比，如电商，它又是一种基于分享的零售业态；从直销的行

为过程考察，直销是一个从分享到共享的过程，直销行为的起点是消费，消费者对产品的体验是分享的前提，只不过这一类产品是需要消费者通过学习才能够了解、熟悉并掌握从购买到使用全过程的产品，我们将对这一类产品的消费称之为复杂性消费行为。这个学习的过程也就是消费者体验的过程，而分享的内容则包括从购买到使用全过程的内容，这种分享也是一种服务，包括信息服务、咨询服务，甚至是培训服务。直销的这种分享的方式是有别于其他零售业态的销售方式，包括和电商和微商的根本区别，也是直销得以存在的价值之所在。

（一）从分享到共享的直销行为解析

直销系统是建立在共享基础之上的团队。纵观人员直销百年以上的发展历程，就是一个从分享到共享的演变过程，典型的案例表现为从百年雅芳到半个世纪以上的安利，从单个个体的雅芳小姐单层次运营模式到由多个个体组成的安利的多层次系统性团队运营模式。当前，以直销系统运营的人员直销模式已经成为全球直销市场的主流运营方式。在中国大陆，大约90%以上的直销企业均已采用这种直销系统的运营方式。这种多层次系统性团队运营方式的分配机制是团队计酬，挖掘这种不同模式的团队计酬机制的共同点，其实是一种制度文化这种制度文化实际上就是共享的文化。从人员直销走过的百年历程可以证明，直销至今仍然得以存在的价值，也在于从分享到共享的过程。

直销这种零售业态是分享经济行为和共享经济行为的交汇点，与分享经济行为和共享经济行为存在共性，但是作为一种零售业态来考量，分享仍旧是直销的基本行为、基础文化与核心价值观，因为人和人之间的直销关系终究是建立在以分享为基础，以个人作为出发点上的一种零售行为，因此直销具有分享经济的业态属性。

（二）直销行为即为分享过程

由于直销产品大多与人的健康、容貌有关，以及和人们的日常生活相关，具有一定的新技术含量，这种产品大多属于复杂性消费品，消费者购买并使用这种产品的行为属于复杂性消费的行为。复杂性消费者行为定义为只有通过学习才能了解、熟悉并掌握这种产品从购买到使用全过程的这样一种消费行为。人员直销最重要的方面，主要是通过面对面的咨询服务、信息服务、培训服务和各种各样的技术服务来完成这种基于分享的零售过程，在这种零售过程中，尤其是培训服务起到了至关重要的作用，因为只有通过培训等这些人员面对面的服务才能够使消费者的复杂性消费变得便捷，而消费者也正是通过经受培训等这些人员面对面的服务，才能够从一个最终消费者成长为经营性消费者；同样，消费者对这种复杂性消费品的消费行为是直销的起点，也正是由于消费者这种复杂性消费行为，才需要体验并能够进一步地去分享。直销中的分享是一种对自身体验分享给他人的行为方式；同样，由于直销是以消费者的复杂性消费行为作为起点的，所以分享是直销的基本行为。消费者体验是分享的起点。

（三）从分享到共享的直销文化现状

直销公司是一种创新的经营形态，在互联网出现之前，直销公司就具有平台的属性，只不过它只是一种制度性平台，直到互联网成为一种通用技术和基础设施从而使众多的公司转化为平台属性时，直销公司才自然而然地将这种制度性平台与互联网相结合，使直销公司的平台属性更加彰显；同样，直销公司是全产业链的制造业的实体企业，公司从产品的研发、生产，一直到销售和服务，涵盖了产业链的全过程。直销公司的平台所承载的是一个一个系统及其直销人员，而不是一个一个的个体运营者，更重要的特征是在直销公司平台上运营的直销系统及其直销人员是认同直销公司的理念，遵守直销公司的制度，按照直销公司的战略，以直销公司的品牌，销售公司所有品牌的产品，从而分享直销公司品牌所有的名誉和利益，共享直销公司平台所提供的以品牌为标志的权益。这种以直销公司品牌为标志的直销企业体系，是直销公司平台有别于其他商业平台的重要标志。其中，品牌的力量是重心，因为品牌所包含的核心内容是文化，而直销企业的文化就是从分享到共享的文化。这种从分享到共享的行为文化，已经显示出在互联网作为基础设施和基本工具的情况下仍旧具有存在的价值，这已经被直销业目前的发展状态所证明。

三、直销在"互联网+"时代下的转型与升级

随着互联网技术发展的日新月异，新技术的进步给我们的市场、生活方式、行为方式与思维方式等带来了巨大改变。目前，从全球的大趋势来看，各行各业都在转型和升级，而转型和升级又产生出新的产业、新的业态与新的经营形态，也就是新经济形态。

就中国大陆的直销业而言，直销业是在转型升级最早的行业之一，因为直销经历过两次转型和正在经历的第三次转型。从三次转型来看，第一次转型直销企业就开始了模式创新，创造出了新的业态。第二次转型的标志是加上了互联网，第三次转型中的"互联网+"，这实际上不仅仅是移动互联网和智能手机、大数据和云计算，而且包括物联网与人工智能的应用，从而使线上与线下相结合，人流和物流、信息流和资金流相互联通，这是新零售业态的重要标志。

（一）"直销+"模式下的三网合一

直销在上个世纪曾经是一种新的零售业态，即使是在上个世纪90年代直销刚刚进入中国大陆时，与当时的批发零售商业相比，直销也是以新的零售业态出现的一种营销模式。在此期间，直销人员自然而然地将大陆市场中仍旧沿袭原有的销售方式称之

为"传统"。自 1998 年开始，直销业在中国境内开始了艰难的转型，在第一次转型阶段，直销企业融入了连锁店铺的商业模式，形成了"直销+"连锁店铺这样一种新的零售业态；而始于 2005 年的第二次转型阶段，正值互联网及其电商中的网购等新零售业态在全球兴起，在中国境内的直销企业进一步融入互联网、体验馆等新经济的元素，三生等直销企业甚至开创出了"有享网"等网购平台，权健等直销企业开辟出"火疗馆"等连锁体验馆的新模式。截至 2015 年，中国境内的直销企业已经开辟出一种"直销+"连锁店铺+互联网的复合型营销的模式和人联网（人网）、互联网（天网）、铺联网（地网）三网合一的新零售业态。这种由中国境内直销企业所创新的三网合一的新零售业态，是通过"直销+"这种融合发展的方式不断融进新的元素的创新，这些新元素包括以互联网为基础设施的网购，以连锁店铺为落地设施的铺联网；在三网合一的复合型营销体系中，以分享作为基本行为的人员面对面的销售方式及其人联网始终处于核心，有效地链接着三种网络（天网、地网、人网），驱动着四种商流（人流、物流、信息流、资金流）的流通与协同。中国直销业不但是在境内最早进行转型的行业之一，而且也是在全球直销业中最早进行转型升级的地区之一；在中国境内的直销企业一直都坚守着直销的本源，坚持着"直销+"的创新驱动，通过"直销+"这种融合发展的方式创造出了三网合一的新零售业态。

（二）新技术驱动直销创新发展模式

当前，直销业正面临着新一轮的科技革命与产业变革，移动互联网和智能手机、大数据和云计算、人工智能和物联网等新技术的普遍应用，正在快速地改变着消费者从购买到支付，一直到使用方式的更新，并越来越快地在人们生活中进行渗透，从而使新的业态、新的经营形态、新的经济形态快速发展，推进着产业快速变革和持续的更新换代。自 2011 年开始，中国境内的新模式、新业态、新经营形态的创新与全球同步加速，并创造出了一些独具特色的新业态，其中有两种新业态由于与人们的日常生活紧密相关而引人注目，一个是初创于微信这种在腾讯综合社交互联网中的移动互联网平台上的微商新零售业态，一个是属于分享经济和共享经济的共享单车新出行业态，这两种新业态都在不到三到五年的时间就取得了快速增长，微商的年销售额很快就超过 2000 亿，达到了与直销业年销售额相等的水平。

一直保持着"直销+"这种融合发展和创新驱动的直销企业及时做出了反应，2016 年 3 月，安利中国宣布搭建起以安利易联网、安利数码港 APP、安利云服务微信号、安利移动工作室为核心的移动社交电商系统，实现直销人联网与移动互联网的整合；安利表示，互联网与传统直销不是竞争的关系，而是齿轮互相咬合，安利的核心是直销，未来也不会偏离，互联网不会替代传统业务。此外，安利还在全国建立了 3 家大型体验店，并计划将所有店铺都升级改造为线下体验馆。通过用户体验行为有效解决购买过程中的信息不对称，并将其发展成为基于人群细分的社群活动平台。通过线上的社交工具做营销和推广，通过线下体验馆提升用户体验。

2017 年 1 月，中脉健康产业集团公开宣布推出"脉宝云店"，首次在集团的旗下建立起将社交商与电商融为一体独立的大型移动社交电商体系，并率先提出了"传统直销移动社交化，社交零售直销模式化"趋势。中脉集团的移动社交电商体系是集团下的一个新的互联网（天网），是在集团的框架内对直销人联网与移动互联网的整合，用以在挖掘直销本原基础之上的创新来回应直销业这一趋势性的挑战。中脉集团的"脉宝云店"这种大型移动社交电商体系和中脉集团的直销人联网有着深度共融点，直销的基本行为是分享，"在中脉，分享健康、分享快乐本来就是一种社交"；从分享到共享是人员直销的整个过程，蕴含在这种基本行为内心深处的核心文化是分享与共享。分享和共享在英文中是同一个单词（Share），当作为人与人之间的行为时，我们可以定位为分享；当作为众多人的组织（直销系统）或机构（公司及平台）的行为时，我们可以定位为共享。从这个意义上讲我们可以说分享和共享既是直销的一种行为方式，也是直销的一种核心文化；同时，又可以说"脉宝云店"和直销是在中脉的核心文化"共创共享"上相融相通；同时，在集团的框架内可以将本来就具有体验功能的"生态家"体系和连锁网络（地网）和直销人联网（人网）与移动互联网（天网）的链接，通过线上的社交工具做社群的推广，通过线下的"生态家"提升潜在用户的体验。

从安利中国的移动社交电商系统到中脉集团的大型移动社交电商体系显示出，中国境内直销业的第三次转型仍旧沿着"直销+"这种融合发展的路线进行着创新，构建出了新的三网合一，形成了一种新的零售业态。

（三）共享平台下的直销模式

在三网合一的新零售业态中，直销仍旧是核心业态，分享作为基本行为、基础文化及核心价值观仍旧是本源的驱动力量，只有继续挖掘直销传统中的精髓，才能够有效地解决直销业的可持续发展；只有坚守以产品销售为导向的直销，才能够有效实现在新三网合一中线上和线下，人流和物流、资金流、信息流这四种商流的协同运行；只有秉持基于分享的直销基本行为、基础文化、核心价值观，才能够保持新三网合一在新模式、新业态、新经营形态、新经济形态辈出环境下的核心竞争力，保持旺盛的活力。

作为三网合一共享平台的直销公司，仍旧是以直销系统及其直销人员为核心的共享平台；作为一种创新的经营形态，直销公司的平台属性仍较明显，可以融合线下经营的人联网与线上的互联网，形成线上及线下相结合的共享平台，通过和体验馆等线下的铺联网相结合，可以使消费者的体验升级，通过线上的互联网工具做营销和推广，通过线下的体验馆提升用户体验；同样，直销公司作为全产业链的制造业的实体企业，公司可以研发、生产新的产品并对传统产品升级换代，使直销系统及其直销人员用公司的品牌由直销系统及其直销人员销售公司品牌的创新产品，从而分享直销公司品牌所有的名誉和利益，共享直销公司平台所提供的以品牌为标志的权益。

四、分享经济为直销带来的多元价值

直销的分享虽然也是一种点对点经济（人对人）行为，具有协作经济、协同消费的属性，但更多的是通过服务建立在人与信息资料、知识技能的分享基础之上的一种行为方式，这与分享经济是建立在人与物质资料分享基础之上的社会经济生态系统有所不同，因此，分享也就成为了一种"包含多元价值的服务"。另外，直销业的分享与基于互联网技术提出的分享经济存在着形式和形态上的异同。因为直销的分享方式及其服务与其他销售方式提供的服务之间存在着根本性区别，因此分享是直销得以存在的价值。当这些服务作为市场中的一种消费者的有效需求的情况下，直销自然而然地变成为一种有价值的职业。

（一）分享经济形态的升级态势

分享经济由来已久，是指利用网络信息技术，通过互联网平台将分散资源进行优化配置，提高利用效率的新型经济形态。在全球新一轮科技革命和产业变革下，分享经济作为新业态新模式，正在加快驱动资产权属、组织形态、就业模式与消费方式的革新。当然，分享经济的概念和范畴在不断扩大，会有越来越多的经济活动归到分享经济的范畴之内，其将顺应互联网与实体经济深度融合创新的发展大势。从经济形态上看，分享经济形态和共享经济形态之间同样是有差异也有相同点。直销业的三次转型都是从分享经济形态到共享经济形态的过程。安利和中脉是两个典型案例。首先，在定位上，安利更具有分享经济形态的特点，与网约车类似。其次，在经营形态上，中脉和安利都是加上移动社交电商，都是从分享经济形态到共享经济形态的过程，而中脉的特点则更为明显。中脉的分享经济形态的交易主体就是作为零售的主体，是个人。此外，中脉的脉宝云店面对的是无差别的大众，任何一种消费者都可以购买其产品，这实际上就是共享经济形态。从安利层面看，经营形态与中脉不同，安利是跨国公司，架构是以公司为主体，而不是用一个平台来运作的。从这两个案例我们可以看出，中国的直销企业在第三次转型中出现了从分享经济形态逐渐向共享经济形态的转化过程，它既是转型也是升级。

据国家信息中心分享经济研究中心发布的《中国分享经济发展报告2017》显示，中国分享经济发展迅猛，对培育经济发展新动能、引领创新、扩大就业做出了重要贡献。数据显示，2016年，我国分享经济市场交易额约为34520亿元，比上年增长103%；融资规模约1710亿元，同比增长130%；参与分享经济活动的人数超过6亿人，比上年增加1亿人左右，参与提供服务者人数约为6000万人，比上年增加了1000万人，经过政府部门认定的"众创空间"超过了4000个。其中，2016年住房分享市场交易额约243亿元，比上年增长超过131%。用于住房分享的房源数量约190万套，参与住房分享活动的人数超3500万人，比上年增长了一倍以上。2016年中国医疗分享市场交易额约为155亿元，较上年增长121%。参与提供服务的人数约256万人，参与医疗分享活动的总人数超过2亿人，占全部网民的27.4%。报告预测，未来几年，我国分享经济将保持年均40%

左右的高速增长,到 2020 年分享经济交易规模占 GDP 比重将达到 10% 以上。未来 10 年,我国分享经济领域有望出现 5 家至 10 家巨无霸平台型企业。

从上述数据中不难看出,分享经济是"互联网+"行动深入发展的情况下涌现出来的新业态新模式,正在向各行各业加速融合渗透,变化快,范围广。不论是直销业还是互联网领域,分享都是创业的大势所趋,已成为许多人的职业。此外,在《关于促进分享经济发展的指导性意见》中也提到,大力发展分享经济,有利于提高资源利用效率和经济发展质量,有利于激发创新创业活力和拓展扩大就业空间,对于推进供给侧结构性改革,深入实施创新驱动发展战略,促进"大众创业、万众创新",培育经济发展新动能和改造提升传统动能,具有重要意义。

(二)分享经济与直销优势的模式结合

随着直销社群的比例逐渐加大,将会进一步促进中国直销业的健康发展,因为这是直销成熟的一种标志。不仅如此,近几年来,新经济形态发展非常快,而且无论是分享经济形态、共享经济形态还是体验经济形态、社交经济形态,我国分享经济在释放资源潜在价值、拓展灵活就业空间、推动产业转型升级、增强经济发展活力等方面都正发挥出了越来越重要的作用。例如:共享单车的快速兴起,在较好地解决了广大民众"最后一公里"出行痛点的同时,还通过网络信息技术为传统自行车制造业赋能,提升产品信息技术含量与附加值,实现了自行车供给和需求双方的在线连接与实时互动,推动着传统自行车厂商向服务化、高端化、智能化转型。简单来讲,从网约车到共享单车,网约车更具有新经济形态中的分享经济形态的特点,而共享单车则更具有共享经济形态的特点。

分享经济就业门槛低、劳动时间灵活,吸引了大量灵活就业群体。应积极发挥分享经济促进就业的作用,研究完善适应分享经济特点的灵活就业人员社会保险参保缴费措施，切实加强劳动者权益保障。加大宣传力度，提升劳动者的自我保护意识。对与从业者签订劳动合同的平台企业，以及依托平台企业灵活就业、自主创业的人员，应按规定落实相关就业创业扶持政策。

因此，对于直销的优势，可以归纳为以下几点：

1. 直销业准入门槛低，却没有任何特殊条件限制，只要一个人肯学、肯做，成功的机会是一样的；

2. 直销不需要做全职，不需要每天定时坐班；

3. 提供就业机会，为想借弹性收入的赚钱机会补贴家庭收入的人，或是因责任或环境关系无法得到兼职或全职工作的人，提供了创业的平台，也提供了一个公平起步、多劳多得的工作机会，给了所有人一个机会；

4. 可复制，这种规定最主要的意义就在于，它加快了直销事业自我繁殖和复制的速度，因为只有从事直销事业的个体选择足够广，正规直销企业的直销系统繁殖和复制爆发的威力才可以充分表现出来。

（三）分享经济促进直销发展前景分析

分享经济作为新兴经济领域创新最为活跃的部分，带动了"双创"的发展，加速了经济发展新动能的培育，通过提升资源利用效率，推动供给侧结构性改革。

首先，分享经济是挖掘供给潜力的有效方式。分享经济依托互联网等技术降低信息获取成本，使生产要素的社会化使用更为便利。企业或个人按照市场化方式获得各类生产要素的使用权，从更大范围内实现了生产要素与生产条件的优化配置，大大降低了生产、运营成本和产业进入门槛。

其次，分享经济是提高经济效率的有效渠道。分享经济有利于促进市场供需高效精准对接。在分享经济模式下，需求变得清晰可见，供给的弹性和灵活度进一步提高。一方面，能够更好地适应与满足不断变化的市场消费需求,降低供给的不足;另一方面，可有效引导资源配置，有利于合理组织生产供给。

再次，分享经济是助力创新创业的有效模式。发展分享经济有利于促进创新资源的自由流动，降低创新创业门槛。例如，分享经济的快速发展打造了一批以知识、技术、信息、数据等新生产要素为核心的共享平台，为大众创业万众创新提供了有力支撑。

在分享经济快速发展的推动下，越来越多的直销企业通过众创、众包、众扶、众筹等方式组织整合社会资源，越来越多的资源提供者通过互联网等平台直接对接消费者，不断提升创新效率并降低创业成本，以更有效地推进我国经济的健康快速发展。

参考文献：

[1] 秦永楠，《分享经济谈——风口之上的格局与陷阱》，《当代直销》，2016年第11期。

1.2
产品体验是分享的前提

摘　要：据国家信息中心分享经济研究中心、中国互联网协会分享经济工作委员会发布的《中国分享经济发展报告2017》显示，2016年中国分享经济市场交易额达到3.45万亿，同比增长103%；未来几年我国分享经济仍将保持年均40%左右的高速增长，到2020年分享经济交易规模占GDP比重将达到10%以上；未来10年，我国分享经济领域有望出现5至10家独角兽平台型企业。

而以分享为基础的直销业在未来的发展走势是否能同样迅猛，其关键在于能否给终端消费者带来完美的产品体验。

关键词：体验经济　产品　发展

直销公司是实体企业，只不过是通过直销的方式销售自己公司品牌或母公司品牌的产品。直销的起点是消费者的消费，消费者对直销公司产品的体验是分享的前提；同时，也是能否以会员制的方式成为直销公司产品的会员，并逐步成长为一名直销人员的前提。

在"互联网+"时代下，电商在线上的销售只是满足了消费者对简单性产品信息的了解、熟悉和掌握，以及从购买、支付到使用的方式，但是对复杂性消费的产品仍然离不开人员面对面的分享与服务。当前，处于相对饱和状态中的电商，单一的线上销售几乎已经遇到了天花板。因此，一批具有远见的企业家已经认识到，想要突破就必须开拓线下市场，通过线上线下相结合，以及各种高科技手段让购物体验进一步升级；也正如国美互联网 CEO 方巍所说："纯粹的电商时代我自己觉得差不多已经结束了"。因此，当"线上消费将让实体店消失"的观点甚嚣尘上时，马云在杭州云栖大会上却提出了"新零售"的概念。

一、体验经济的发展方向

传统零售是以企业效率为中心的商业模式，而新零售则是以用户体验为中心的商业模式，这是两种经营思维。在信息越来越透明、消费主权越来越大的背景下，传统零售已老，以用户体验为中心的新零售更适合未来的发展。

在新零售时代，商品的成功交付一定不是零售行为的终点，而是将消费者对产品的体验、分享的服务环节前置，成为整个零售行为的起点。因此，以对体验、分享的服务带动用户需求创生，并在产品全生命周期中为用户持续不断地提供对体验、分享专业化的服务，才是零售价值的真正边界。直销作为具有特殊活力和富有创造力的营销模式，原本就含有体验经济的基因，因此直销业向体验经济的融入既早于一些传统行业，又是一个较为自然的过程。目前，直销企业扩建体验店、升级体验中心已成为新的潮流，体验经济也会给直销业的发展方向带来一个全新发展空间。

（一）良好的产品体验是分享模式的基础

促进分享经济更好更快地发展，应坚持以推进供给侧结构性改革为主线，以满足经济社会发展需求为目标，以支持创新创业为核心，以满足消费需求和消费意愿为导向，深入推进简政放权、放管结合、优化服务改革，按照"鼓励创新、包容审慎"的原则，发展与监管并重，积极探索推进，加强分类指导，创新监管模式，推进协同治理，健全法律法规，维护公平竞争，强化发展保障，充分发挥地方和部门的积极性、主动性，支持与引导各类市场主体积极探索分享经济新业态、新模式。

探索直销对体验经济发展的影响，首先要追溯直销的源头，挖掘直销传统的基因。当下，体验馆的兴起虽然对于其他行业来说是一种新进的潮流及形态，但是对于自带体验因子的直销而言，体验则是直销的本源，它是分享的前提及基础。

具体来说，在分享经济中，分享是获取而非占有的行为，分享者向他人分享的是自己对其产品的体验，分享经济是建立在人与人信任的基础之上，通过优化、流程和资源配置以达到成本最低的经济形态，可以说体验是分享的前提，亦或者说体验是分享行为的基础。通过市场反馈的情况来看，直销企业做好体验中心，对企业营销有着实际帮助，原因在于企业不仅仅是提供"简单的免费服务"，它还将体验融汇进了整个营销活动中。从直销企业在体验经济领域实践中的运用可以看出，很多体验中心在确定主题的基础上塑造品牌形象，通过现场的感官刺激减除负面印象，最后用有形或者无形的纪念品强调品牌、沟通价值来实现消费者对直销企业品牌认知的优势。

从体验行为方式上分析，体验可以分为两部分，即轻体验和重体验。从商业形态上来说，微商、电商所表现出的体验和分享为轻体验，而实体店则是以重体验为主，如体验店、体验馆、体验中心。当然，在实体店当中也有部分轻体验，如苹果专卖店及体验中心中的轻服务区。

从理论上来说，判断轻重体验的标准是以其销售的产品是否是复杂性消费产品为界限的（复杂型消费行为是只有通过学习，才能够了解、熟悉并掌握从购买到使用全过程的行为方式,而通过复杂性行为所销售的产品则为复杂性消费产品)。

(二)体验对直销模式重要性的分析

在直销市场中,直销企业研发、生产的产品以"复杂性消费产品"为主,因此直销主流的产品是重体验产品;同时,这种复杂性消费的产品又与人的日常生活相关,并拥有一定新技术含量的新产品,当它的技术被推广,当这种新技术的知识成为常识,产品的使用达到简单便捷的标准之时,产品就会由复杂性产品转化为简单性产品,因此复杂性产品有一定的周期性。而复杂性消费品的周期让产品的重体验有了周期。以复杂性消费产品的研发、生产和销售为主的直销企业,体验不仅是其本质,更对直销业发展有着至关重要的作用。

从中国境内直销业的发展历史可以了解到,体验是伴随着直销业的转型进程而不断融合发展的过程,身在其中的直销企业对体验做了很多有益探索。例如,从1998年开始的一些被迫向专卖店转型的直销企业,在原有的"产品专卖连锁店"基础上逐渐架构出了"直销产品体验"营销中心。

目前,尽管市场上很多直销企业的分公司、体验馆、营销中心在做着很多交叉性工作,兼具行政、服务、营销的功能。但真正在匹配消费者需求、沟通"直销新人"价值的体验功能,已经在行业创新的道路上被逐渐强调。值得注意的是,目前一些直销企业已在悄然设立了大型体验中心,安利、无限极、中脉、权健、康美、三生、康宝莱、太阳神、炎帝、新时代、罗麦、如新等直销企业都已经布局线下体验店,其中,安利已经在北京、上海、深圳、成都、徐州甚至是台湾等地建起了大型体验馆。据不完全统计,在直销市场中,安利体验馆、三生御坊堂养生馆、康宝莱品牌体验中心、康美人生智慧养生体验馆、如新体验馆、福维克产品体验中心、东阿阿胶健康体验馆、中脉的生态家、权健火疗馆、太阳神珍珠店的灸法养生、炎帝的健康管理中心、雅芳的形象体验店等12家直销企业的体验馆已经显现出了良好发展势头。

体验店与专卖店、服务网点最大的不同就是更注重体验及更深层次的服务和企业文化、品牌文化的传承及推广。体验馆(体验中心)将承载对用户的技术服务、体验服务、售后服务、咨询服务，及承载文化品牌传承与宣传，它的功能要远远大于专卖店的功能。

对于专卖店和体验的区别，早在安利着手建立体验店时，美国安利公司总裁德·狄维士就做出了自己的回答，即我们现在更希望利用现有的实体设施做出一个变化，因为我们也希望实体店铺不再仅仅是一个进行交易、完成交易的场所，而更重要的是让人们得到体验的场所。因此，安利体验中心除了承载技术、咨询、售后等服务外，还承载着"家"文化等内容。

而在近期备受关注的无限极"养吧"体验店，则是通过"寻养记"互动游戏、节气拼图等各种娱乐活动让游客了解中草药和亚健康的特质。该体验馆的建立旨在希望消费者体验中草药从根本上调养身体，提升免疫力的奥秘。

中脉的"生态家"则是把生态科学技术和生态文化与新型家庭生活方式及家文化相结合，给人以全新"家"的体验；同时，中脉与清华大学等科研团队相结合的技术服务、体验服务、售后服务、咨询服务，使中脉的品牌文化和生态文明价值深入到了消费者家中。当消费者处在中脉"生态家"的环境中，可以体验到充满生机的家庭生活新常态：在家中也能呼吸到清新的空气，饮用到纯净的水源，吃到营养健康的食物，拥有高质量的健康睡眠，从一块地砖到居住的房子，从家用电器到衣食住行，都是智能、健康、环保、可供全家安心使用的产品。中脉"生态家"将健康生活展现在了我们面前，不再仅仅是通过吃保健品、使用健康家电来追求健康，而是将健康完全融入了生活。权健的火疗馆是将具有中医药的技术含量的实物产品与火疗技术相结合，并形成了自主知识产权品牌的火疗技术标准。在经过专业培训上岗的专业人员的技术服务过程中，使中医养生保健的理念通过消费者的亲身体验得到验证，从而引导消费者对权健的产品价值与品牌价值产生共鸣。

总而言之，体验馆虽各有侧重，但"亲身感受"的体验作为每个企业都很强调的重中之重，无论是产品品质、品牌理念、企业文化还是技术服务，都从某种程度上加强了企业与消费者的关系，后期的销售也就自然而然水到渠成了，因此体验中心在各方面的价值也就远远高于专卖店和服务店。

二、解析用户感受的重要性及体验方式

在这种思维导向下，企业需要满足用户的两方面需求：一个是让消费者觉得产品可以给他们带来利益，解决问题；第二个是作为零售商，需要创造各种各样的场景，让用户通过体验感受到产品的物超所值。在体验经济下，用户的感受有时比产品本身更重要。中国人民大学商学院院长毛基业指出，新零售模糊了线上线下的分界线，零售的全渠道化将是未来的趋势。今天的 80 后、90 后消费者，他们购物首选的渠道一定是线上，但对于复杂性产品消费用户的终端却一定是在线下，因此，线上与线下相结合的全渠道是未来的趋势，这对零售商将是巨大的挑战。

（一）差异化体验方式带来全新感受

以化妆品的生产和销售为代表的直销企业能在直销业"吃香"的原因是，直销的土壤非常适合美容产业的生长，直销自身天生所带的"体验基因"适宜于化妆品的发展。翻开直销企业产品和业绩的章节就会发现，化妆品与体验是不可或缺而又密不可分的。如以护肤美容保养品、保健食品及家庭清洁用品为主的克缇，先以美容院门店作为敲门砖进入大陆市场后，其发现传统的美容院经营是被

动式开门待客，是一种守株待兔的销售方式，转而加入直销行业，由被动转为主动；欧瑞莲召开慕颜胶原立体抗皱美白系列体验会，并在会议上为加强体验的影响力特别邀请美容达人进行现场护肤，让参会者看到美容效果，以期打开直销市场；玫琳凯打造高端顾客体验区，让体验者在享用精致的下午茶的同时试用最新的护肤、彩妆产品，再由专业美容顾问从旁边有针对性地指导个性化的护肤技巧，以区别于传统化妆品销售专柜的定制服务方式，实现差异化竞争。

（二）新技术体验感受产品文化

安利作为直销行业建立体验中心潮流的发起者之一，陆续在全国多地建立起了体验馆，以北京三里屯安利体验馆为例，其体验馆内不仅可以感受到"家"的理念，整体上还给人以强烈的高科技博物馆的既视感。三里屯安利体验馆按照产品划分区域，同时还有专门的企业文化、智能购物、提货、交款等区域。参观者可以按照自己的参观方式与习惯自由参观各个区域，随行的安利经销商或工作人员在旁及时给予帮助和解答——在一个让人身心舒适的环境中去感受产品的文化和内涵，比一上来就说产品功能的销售模式要好很多。雅姿的体验区陈列了雅姿产品的所有种类，还对雅姿的定位、历史、发展等方面进行了介绍。除了设立基本的咨询专柜外，还有专门的雅姿培训教室供参观者提取关于雅姿的技术、原料、功能等方面的讲解课。

安利体验馆（体验中心）承载着对安利用户的技术服务、体验服务、售后服务、咨询服务，并承载着文化品牌传承与宣传，它的功能要远远大于专卖店的功能。这也是直销企业体验店与传统实体专卖店的区别之所在。

三、体验经济未来对直销发展的影响

在电商、微商盛行的态势下，实体店销售与线上销售相比，最大的劣势在于成本和便利性，如何具有前瞻性，从"满足需求到创造需求"，尽可能地复制线上的体验，然后再带给用户一些线下所没有的体验，真正打造出零售商的新机会现场已成为业界关注的焦点。如今，体验店的兴起，让体验店有了自身的优势，例如对新技术产品的体验、定制和个性化服务的体验与其他优势，都成为实体店逆袭的优势，而体验店将这些优势发展到了极致，为消费者带来了更好的服务，在隐形中也促进了实体店的业绩增长。

（一）传统体验方式仍旧不可替代

未来是体验经济大发展的时期，体验经济在直销业中占有着重要地位，企业体验中心的建立，将优化直销"人对人"的服务基础，提升直销产品价值认可。作为沟通企业文化与受众的桥梁，体验经济最终必将成为企业营销的重器与新领域。

微商和电商是以轻服务为主，因此，微商和电商与重体验、重服务的体验馆二者并不冲突，可以相铺相成，在直销企业的复合型营销体系中的互联网端和移动互联网端以及网上商城以轻体验产品为主，在线上销售；而体验店、体验中心则以重体验产品为主，在线下销售。因此，对于直销企业来说，区分产品特性十分重要。

"直销+"是直销企业在包容性成长过程中探索出来的转型之路，复合型营销体系包括：直销+体验馆+互联网端+移动互联网+服务+电商元素+微商元素，直销企业在包容性成长的过程中将进一步探索更具特色的复合型营销体系。体验作为直销的本源，对于企业来说，谁能在利用体验商业形态的同时做出创新，找出和找到适合自己的产品，做到产品创新、服务产品创新的模式，谁就将会在市场上获得主动权。而从长远来看，体验经济将会促进直销业一次自然的洗牌，改变整个直销企业对市场占比的结构。

在体验中，又分为轻体验和重体验，轻体验更容易为大众所接受。目前在直销行业的发展中，企业对直销本源——体验更为重视，因此各类体验形式的销售方式也在直销行业中得以充分的应用与发展。在分享经济中,分享是获取而非占有,分享者向他人分享的是自己对其产品的体验。体验作为直销的本源,它是分享的前提及基础。直销作为人员面对面的独特营销模式,决定了直销轻体验不同于其他行业的体验,因此,这种人员面对面的从体验到分享的销售方式仍旧是不可替代的。

（二）移动互联下的产品体验发展迅速

随着移动互联网和手机端的发展,体验经济不仅在传统行业中得以充分表现,在新兴起的微商行业中也得以体现。虽然同为轻体验,但是微商的体验分享是通过手机屏幕分享给消费者,在虚假难辨的网络虚拟社会,与未曾谋面的陌生消费者分享体验、推销产品,这中间的相互信任自然而然是要大打折扣的。对于微商而言,有人曾表示,从好友的微信上看到好友在朋友圈推荐号称"世界上最舒服的"一款某薇品牌内衣,就买了一套,但是因为"特别不舒服",只穿过一次,退货维权无门之后,进而怀疑好友的人品,将其拉黑。而这种情况在微商的消费过程中可以说是屡见不鲜,无售后服务、无退货制度,让消费者的购买体验不再愉快。

分享自己的体验是要建立在相互信任的基础上。而直销与之不同的是,直销的经销商也是产品的消费者,同时直销"人与人面对面"的营销模式让消费者对于分享信息有自己的判断,能进一步增加双方的信任，这也是直销相较于其他行业的优势之所在。同时,直销企业完善的售后服务和退货制度,更是直销方式的美容产业较之传统美容产业在营销模式方面的长处所在。

在直销行业中,许多企业直销除了面对面为消费者分享自己的体验外,在体验经济时代,更多的直销企业建立起了体验中心,在体验中心提升消费者对复杂性消费品的体验,加强对重体验的专业化的重服务,并在体验中心建立起轻体验区,从而使体验中心成为全体验的生态圈。

对于重体验而言，虽然说化妆品的使用已成为常态，轻体验就可以"hold"住，但从理论上来说，体验又分为轻体验和重体验两种，而判断轻重体验的标准是以其销售的产品是否是复杂性消费产品为界限、以消费者的体验为准。既然复杂型消费行为是只有通过学习才能够了解、熟悉和掌握从购买到使用全过程的行为方式，而复杂性行为所销售的产品则为复杂性消费产品，那么消费者对重体验产品的认知以及直销企业对消费者重体验的服务则是一个重要的全过程。

（三）"分享＋体验"将促进直销业的融合发展

在直销市场中，直销企业研发、生产的产品以"复杂性消费产品"为主，因此直销主流的产品是重体验产品，而在重体验这方面更有得天独厚的优势条件。在分享经济和体验经济盛行的时代，体验店、体验中心迅速崛起，直销企业纷纷建立起了属于自己的体验店（体验中心），让体验中心承载起向消费者分享重体验的重任。

鉴于直销所特有的复杂性体验和系统性体验特性，因此，"分享＋体验"将促进直销业的融合发展。现如今，随着分享经济和体验经济形态商业模式的盛行，体验中心既是直销业专卖店向体验馆转型的一个方向，也可以是直销业融进体验经济、分享经济各种新元素的良好条件。因为从体验到分享，以及对体验和分享的咨询服务、信息服务等项重体验专业化的服务，及各种专业的技术服务是直销业的特点，因此专卖店向体验馆方向转型，融进体验经济、分享经济新元素已成为大势所趋。

从直销业的三次转型可以看出，人员直销系统的营销方式仍旧起着中心性作用，即使是从专卖店向体验馆的转型，也需要经销商大量的组织工作和专业服务，直销公司和经销商及其营销系统是相互依存和共创共赢的关系，这既是直销企业有别于其他类型企业的特殊之处，也是直销这种营销方式的优势之所在，更是需要直销业坚守优良传统的地方。也正是因着这份坚守，才使我们有理由相信，未来的直销业必将大有可为。

参考文献：
[1] 秦永楠，《直销业融入体验经济是大势所趋》。

1.3

分享是直销行为的基础
——直销行业国民经济地位和重要作用分析

摘　要：作为一种全新的经济形态，共享经济代表了未来经济社会发展的方向，对实现经济转型升级具有重大意义。我国政府部门在对共享经济和分享经济模式及其产品进行分类监管的基础上，应大力支持、扶植技术水平和进入门槛都很高的共享经济的发展，打造国际领先的各种平台，以实现对国内外社会资源的充分利用与整合；加强对进入门槛低的分享经济及其产品的引导及规范，防止出现用新瓶装旧酒式的创新，以及出现恶性竞争带来的一系列不良后果。

关键词：平台　发展　驱动力

当前，分享经济作为全球新一轮科技革命和产业变革下涌现的新业态和新模式，正在加快驱动资产权属、组织形态、就业模式和消费方式的革新。推动分享经济发展，将有效提高社会资源利用效率、便利人民群众生活，对推进供给侧结构性改革、落实创新驱动发展战略、进一步促进大众创业万众创新、培育经济发展新动能具有重要意义。近年来，我国分享经济创新创业活跃，发展迅速，利用"互联网+"，创造众多新业态，化解过剩产能，带动大量就业，显示出了巨大的发展活力与潜力，已成为推动大众创业万众创新向更广范围、更深程度发展的重要抓手和我国经济社会发展的"生力军"。

一、分享与共享时代下的发展现状

从直销行为层面来看，分享和共享始终贯彻于直销行为中。这是因为，通过直销行为可以让更多的人获得良好的产品体验，从而分享快乐。尤其是互联网时代，人们开始越来越重视产品的细节与体验，让注重产品体验成为相互分享的前提，尤其是在服务经济为主流的今天，产品体验更显重要。直销行业假如没有好的产品体验，就不会有更多的人去分享产品，进而也就很难融合互联网思维，也就无法进一步推进直销发展的步伐。

（一）通过分享来打造更大的直销平台

作为分享和共享经济一支生力军的直销业，不但"大众创业，万众创新"的理念正日益深入人心，而且随着各地各部门对《关于促进分享经济发展的指导性意见》的认真贯彻落实，直销业界学界纷纷响应，正处于第三次转型升级期的直销企业创造出的各种新模式和新业态不断涌现，有效地通过模式创新和业态创新激发出传统直销业本以存在基因的活力，释放出了巨大创造力，成为分享和共享经济发展的一大亮点。因此，一大批以分享作为基本依托和以共享为基础文化的企业平台如雨后春笋般崛起，从滴滴、优步，再到今天满大街都能见到的共享单车、共享雨伞等一起同步发展着。直销企业和网约车企业、共享单车企业平台一样，共同促进了社会经济的发展，同属于分享经济形态及共享经济形态。

作为一种经济或商业模式，"分享经济"行为其实早就存在了。其典型代表是房屋、自行车等租赁行业，甚至还包括银行业。当传统租赁业与移动互联网及物联网结合起来，就演化为了现代"分享经济"。无论是传统租赁经济还是现代"分享经济",都具有以下特征。第一,它们在产权上实现了所有权与使用权的分离。即所有者在保留财产所有权的前提下,将使用权让渡出去,并获得相应的报酬。最重要的还在于,这里的所有权和使用权都具有排他性,任何经济主体都不能同时拥有你获得的所有权或使用权,也就不会形成"我的就是你的,你的就是我的"的协作经济模式,但会形成"我的财产你使用"的协作经济模式。其核心解决的问题是按需分配,既可合理地调配资源,又需要在一定程度上控制风险。例如,同一辆共享单车可以在不同时间和空间被不同的人使用,这就是在分享其使用权。只有当同一辆摩拜单车能够同时被不同经济主体使用时,才能称之为真正意义上的共享。从某种意义上说,共享经济就是平台经济。

(二)通过分享来打造主流经济潮流

在 2017 年全国双创活动周期间,由国家发展改革委与人民出版社联合主办、中国宏观经济研究院承办的《2016 年大众创业万众创新发展报告》(简称 2016 年双创白皮书)在北京发布。据发改委发布的《2016 年中国大众创业万众创新发展报告》显示,2016 年"创新创业浪潮向纵深发展",科技型和高成长性企业大量涌现,一批企业跻身于全球性高成长高估值企业榜单行列。我国一跃成为首个跻身全球创新 25 强的中高收入经济体,大众创业、万众创新正向更大范围、更高层次、更深程度发展。自 2016 年以来,我国市场主体延续高速增长态势,企业活跃程度明显提升。截至 2016 年底,我国实有企业数量已达 2596.1 万户,同比增长 18.8%,企业数量连续 4 年实现两位数增长。不仅如此,新创办企业活跃度不断提升,一批企业跻身于全球性高成长高估值企业榜单行列。据统计,我国有 71 家互联网公司估值超过 10 亿美元,进入到了"2016 年独角兽俱乐部"。同期,分享和共享经济也取得了高速增长,直销企业的数量猛增。

滴滴出行副总裁杨峻表示，"互联网+"时代中，到今天为止全球每天在互联网平台发生着3000万笔线上叫车业务，其中的2000万笔发生在中国。过去都是由美国创造模式然后发展到全球，而今天共享汽车、共享单车已经先在中国市场上开花结果然后走向全球，中国一定会成为未来共享行业的引领者。共享经济已经事实上成为了全球经济的最前沿，全球前三名的独角兽企业都是共享经济企业，中国共享经济95%都在共享交通，未来一定属于共享和智能的经济形态时代。

与任何一种新经济形态一样，随着时间的推移，网约车的弊端也不断显现。据数据显示，滴滴通过一系列的合并、并购，已在中国网约车市场形成事实上的垄断，市场呈现出了一家独大的局面，打车难、打车贵，用户体验急转直下等问题持续不断。此外，更应引起重视的是车辆和司机存在的问题。有的网约车线上登记信息与线下车辆的车牌号或车型号不一致，以及存在不挂车牌运营等情况，给消费者的安全出行带来隐患。部分网约车司机安全驾驶意识不强，存在诸多不安全行为。20.1%的体验员反映驾驶员行车过程中拨打电话，16.5%的体验员反映驾驶员行车过程中不断玩手机，12.3%的体验员反映驾驶员行车过程中未系安全带。部分司机还存在驾驶技术不熟练、言语粗俗、服务态度差等问题。

二、直销未来与分享、共享的关系分析

近年来共享概念的扩张显示出了行业发展活力、潜力、想象力，但若发展到连纸巾也可以共享时，共享的概念便是被滥用了。在资本投机的推波助澜下，共享经济已进一步被异化为"共抢"经济，蜂拥而至的资本不求长期发展但求短期暴利，越来越多的共享产品有"共享"之名却无"共享"之实，甚至与共享初衷背道而驰。但

反观直销行业的发展，一开始，分享与共享便成为了其永不磨灭的标签。

（一）直销将成为分享经济发展的有生力量

中消协建议政府及政府相关部门，应进一步理顺新兴网约车行业和传统出租车行业的关系，广泛听取专家学者、从业人员与广大消费者的呼声及意愿，将交通事业规划和治理方案融入城市综合管理发展大局，从制度层面建立健全法律法规，引导网约车行业健康有序发展，为网约车的发展创造良好政策环境。同时提醒广大消费者，应根据距离和费用条件选乘适当的服务，在正规网络平台预定车辆，拒绝乘坐黑车和其他违法违规车辆，当发现信息不一致时，应取消订单、拒绝上车或通过平台客服寻求合理解释。如出现驾驶员无故拒载、不安全行驶、不合理绕路、加价收费等情况，要在保障自身安全的情况下留存相关证据证明，依法维护自己的合法权益。

与此同时，在分享和共享经济的业态下，直销作为低成本创业的商业模式已经显示出旺盛的生命力和可持续发展的新态势。而以分享作为基本行为的直销业态，其形成的经济形态和各种分享经济形态一起成为了分享经济发展的有生力量。

（二）分享与共享仍是直销发育的最好土壤

面对当前的市场局势，直销业也在力挽狂澜，寻找新的经济增长点。从第一次"直销+连锁店铺"和第二次"直销+连锁体验店+互联网平台"的转型升级，直销企业始终坚守着直销+的融合成长模式，创造出了具有不同特色的三网合一（人联网、铺联网、互联网）的新零售业态，如三生的直销+铺联网+有享网，太阳神的直销+珍珠店+互联网平台，权健的直销+火疗馆+互联网平台，炎帝的直销+健康管理中心+互联网平台等等；这种三网合一的新零售业态有效解决了人流、物流、信息流和资金流通过线上与线下相结合方式的有效运营。在这种三网合一的业态中，基于分享的直销业态始终不变地处于核心主体的位置。

  2016年3月,直销业转型升级提速,安利宣布搭建起以安利易联网、安利数码港APP、安利云服务微信号、安利移动工作室为核心的移动社交电商系统,实现直销人联网与移动互联网的整合。安利"互联网+"战略的启动,使三网合一这种新零售业态升级为了直销+体验馆+互联网+的升级版。在这个升级版中,基于分享的直销业态仍然居于核心主体的位置,正如安利的颜志荣所言:"互联网与传统直销不是竞争的关系,而是齿轮互相咬合。安利的核心是直销,未来也不会偏离,互联网不会替代传统业务,这将是我们一直都会坚持的方向"。

  2017年1月,中脉健康产业集团宣布建立脉宝云店,正式跨入移动社交电商领域,这是中脉集团的一个跨界战略行动;中脉集团的这一战略布局,是在集团下建立一个新的独立大型移动社交电商体系,其既与以往和直销业态之间的连带关系不同,又与安利的移动社交电商系统不同,也和微商建立在微信这种大型社交平台上的微商平台不同,脉宝云店是中脉集团下的一个完全独立法人的大型跨境电商平台,完全以独立法人的身份全部按照移动社交电商的新规则独立行使移动社交电商的功能;而中脉的新三网合一(直销+生态家+互联网+)的零售业态则于集团的平台基础上建立一种多个独立法人跨行业、跨门类的新型综合体。在这个集团平台上,基于分享的直销业态仍旧处于核心主体的位置,生态家仍旧为消费者提供一个宜家的生态环境,提升用户的体验效果,这是中脉在集团层面的一次升级。

三、直销业未来发展趋势分析

  直销业转型升级所形成的新商业模式,仍旧是建立在以分享作为基本行为、基础文化和核心价值观之上的一种新业态及新经营形态，而形成的这种新经济形态则是分享经济的具体表现。

（一）基于分享的直销业态将会进一步扩大

对于直销的分享与共享而言，分享是直销的行为，首先，消费者对产品的体验是分享的前提，只不过这一类产品是需要消费者通过学习才能够了解、熟悉并掌握从购买到使用全过程的产品，我们将对这一类产品的消费称之为复杂性消费行为，这个学习的过程也就是消费者体验的过程。而分享的内容则包括从购买到使用全过程的内容，这种分享也是一种服务，包括信息服务、咨询服务，甚至是培训服务。直销的这种分享方式有别于其他销售方式，也是直销得以存在的价值所在；同时，分享的前提还需要人与人之间的信任，正是这种建立在体验和信任基础之上的分享形成了人与人之间的关系链，链接成一个又一个直销人联网。

直销本来就是一种创新的业态，从雅芳到安利，都是在上个世纪曾经创造出的新商业模式，这种创新就是不断地根据消费者的变化，以创造性模式来适应市场的变化，但其本质属性是不变的；直销业态的本质属性存在于其自身的基因中，也可以说创新求变本身就存在于直销业态的基因之中，这也是直销业赖以存在并生生不息的根本原因。

在全球新一轮科技革命和产业变革时期，分享经济已经取得了突飞猛进的发展，分享和共享已经得到社会各界的认同，一直保持着创新态势的直销企业迅速重新定位，在基于分享的直销业态的基础上进一步挖掘直销传统的新经济基因，融入移动互联网和智能手机、大数据和云计算、物联网和人工智能等新技术作为基础设施与基本工具，融入分享经济形态和共享经济形态等新经济形态，创造出了各具特色的新零售业态、新商业形态和新经济形态，融入了分享经济的主流。

（二）直销企业瞄准体验分享

2016年，安利中国的创新点在于以安利易联网、安利数码港APP、安利云服务微信号、安利移动工作室为核心的移动社交电商系统，实现了直销人联网与移动互联网的整合。安利的直销+的创新是融合了直销社交基因，将安利在线下经营的人联网，与线上的互联网双网合一，打造安利O2O大众创业平台。通过展业效率提升、社交链接增加、顾客体验升级,让直销人员的创业过程更为轻松高效;同时，也有效提升了人流、物流、信息流和资金流通过线上与线下相结合方式的运营速度。同时，安利的德·狄维士提出直销的社交基因是对直销本源的一个新发现，进一步丰富了对基于分享的直销业态本原的认知。

中脉集团所创建的脉宝云店，是在移动社交电商领域的一个创新；同样，中脉在集团层面上对直销、生态家和脉宝云店进行管理与服务，则是在经营形态上的一种创新。脉宝云店的这个中脉集团旗下的独立大型体系，既可以融合集团的PC端、服务窗与APP的应用，覆盖中脉品牌的移动端+PC端的全部线上购物人群；也能够使中脉集团的PC商城、手机触屏版商城与APP商城等在集团的同一后台进行统一管理，实现商品、订单、会员大数据的云同步；同时，还可以依托中脉集团品牌的力量，将商城的商品及移动端的专题信息等链接到朋友圈，从而实现脉宝云店平台的去中心化的服务功能；又可以整合中脉品牌的PC端+手机端+服务窗，形成中脉集团的立体式推广生态圈，使更多的人群主动购买并销售中脉品牌在不同法人平台上的种类繁多的商品。而生态家则可以通过用户的体验有效提升消费者对产品和环境身临其境的质感，创造一个消费者宜家的生态环境。

中脉集团的直销+生态家+互联网+的新三网合一，既可以通过线上的社交工具做推广或社交商务，又可以通过线下的生态家提升用户体验，而基于分享的直销业态以其已经形成的庞大的忠实消费者社群仍旧在集团平台上居于核心主体的位置，更重要的是，中脉的实践已经将分享和共享与社交行为统一在了一个实体中，正如周希俭所提出的"在中脉，分享健康、分享快乐本来就是一种社交"，不但证明分享和共享与社交同样是直销业态的基因，而且还证明了直销业态的分享经济属性，如太阳神的珍珠店模式升级和差异化营销组合策略。太阳神这次对差异化营销组合的战略选择不但是对新商业模式的一个突破性创新，而且也是对分享经济形态的一次重要的填补空白。

（三）创新仍是直销发展最先进的驱动力

分享的前提是消费者的体验，消费者的消费是一种复杂性消费行为，对这种复杂性消费品的体验是重体验。对重体验需要人员面对面的重服务，这些重服务不但包括人员面对面的咨询服务等，更重要的是对复杂性消费品的消费者或潜在用户提供相应的专业技术服务，而且需要相应的各种仪器和专业设备和设施，更需要各种专业技能人才。因此，在第三次转型中已经有直销企业对铺联网进行升级。

直销企业所创造的新模式和新业态证明，创新是直销业态不变的基因，即使是在分享和共享经济蓬勃兴起的情况下，直销业态仍旧能够与分享和共享经济下涌现的新模式及新业态并驾齐驱地驱动新经济的发展和社会的进步，显示出直销业态旺盛的生命力，从而使直销业长盛不衰，继续保持可持续的发展态势。

对于当下正在进行第三次转型中的直销企业而言，与分享和共享经济其他新业态平台一样，其主要表现为利用网络信息技术，通过互联网平台等基础设施与基本工具将分散资源进行优化配置，以提高资源的利用效率，与网约车、共享单车等其他新业态不同的是直销新业态主要是将分散的人力资源进一步通过市场进行优化配置，通过消费者的体验与分享提高人力资源的利用效率，促进直销业的可持续发展。

直销业态与分享和共享经济的各种新业态一样，通过获得而非占有的基本行为方式，实现所有权与使用权的相对分离，倡导分享利用、集约发展、灵活创新的先进理念；直销企业在市场通过供给侧与需求侧的弹性匹配，实现动态及时、精准高效的供需对接；重要的是，直销是以消费者为中心的业态，在直销市场上，消费者的消费使用与生产服务的深度融合，形成了人人参与、人人享有的发展模式。

参考文献：

[1] 胡拥军，如何更快更好发展分享经济，《经济日报》。

政 策 篇
Policy Section

2.1
中国直销法律法规制度分析

摘　要： 直销属于舶来品，于上世纪90年代才进入中国。自2005年9月1日起，《直销管理条例》、《禁止传销条例》相继颁布实施，标志着直销行业的市场经济地位真正以法规的形式得以确立下来。近年来，这两个条例已经不能很好适应中国直销的发展，本文对中国直销法律法规制度进行了剖析，希望通过完善直销法律法规来促进中国直销的健康、稳定发展。

关键词： 直销法律法规制度　多层次直销　商业伦理规范　市场准入制度

《直销管理条例》、《禁止传销条例》的颁布已有 12 年时间，面对目前复杂多变的直销市场，中国直销行业急需建立一整套更加完善的法律法规制度系统。本文介绍了我国直销法律的起源，对中国直销法律法规制度现状进行了深刻剖析，并针对现有问题提出了完善中国直销立法的建议，希望能够为我国直销业的发展提供一定的参考价值。

一、直销法律的起源

直销起源于美国，其经历了几十年的发展后，目前已经相对较为成熟。直销与其他营销模式一样，不仅仅局限于本土，而且逐渐向其他国家和地区发展蔓延。现在，世界上的大多数国家和地区都有了直销活动。由于这种营销模式在发展过程中容易与金字塔的销售模式相混淆，如果处理不当或者监管不严，就容易被不法分子、黑社会组织利用，给广大消费者带来假冒伪劣产品或者是不合格服务，同时也给社会秩序带来不稳定因素，进而引发社会动荡。鉴于这种情况，各个国家和地区分别采用了不同的措施和手段来规制，并且取得了很好效果。直销在上世纪 90 年代进入我国时，其市场地位十分脆弱，加之金字塔传销的冲击，使其发展十分艰难，一度还曾被政府叫停。

直销作为一种无固定地点的销售方式，如果没有法律法规的保障，就不可能有真正意义上的市场经济地位。为此，中国政府在加入世界贸易组织时做出了这样的承诺：对无固定地点的批发或零售服务，在加入世界贸易组织后 3 年内取消"市场准入限制"和"国民待遇限制"，并与世界贸易组织成员进行磋商并制定出关于无固定地点销售的法律、法规。

如果以 2005 年 9 月 1 日作为分水岭的话，那么《直销管理条例》、

《禁止传销条例》的颁布实施则标志着直销行业的市场经济地位真正以法规的形式得以确立下来,直销这一营销模式真正得到了政府与社会的认可,整个直销业也因此而迎来了发展的春天。自此,每年都有许多企业向商务部递交申请直销经营许可证的报告。截止到目前,我国已有89家企业获得了直销经营许可证。特别近几年,中国直销不仅在国内的业绩遥遥领先,而且自2013年起还连续3年排在全球第二位,且近3年的年均复合增长率高达22.5%,远高于其他国家。

二、直销法律制度的概念

法律制度是一个国家或者地区全部法律规则、法律原则、监管机关等的总称。法律原则是法律的基础性真理、原理,或是为其他法律要素提供基础或本源的综合性原理及出发点。

直销发展以团队销售为基本,这是直销与传统的柜台销售、推销员上门推销的区别。在美国,其直销法律制度中最为突出的是团队组织销售规则和零售商规则。在我国,直销法律制度可以从直销立法、司法、行业监管等方面去考虑。

在立法上,国家通过制定法律来规范与监管自然人、法人、其他社会组织。具体来说,由于直销业在带来经济市场繁荣的同时,传销等金字塔模式的介入则会带来经济秩序的混乱,市场自我调节失灵,这时国家会通过权力机关制定法律法规,最终让其在国家允许的范围内良性发展。直销业的立法主要是从直销业的主体、监管方式、直销业的客体入手的。在监管上,目前直销业的监管主体主要是中国商务部、中国工商行政管理局以及国家的公检法。监管方式可以分为三种:第一,静态监管。主要指的是监管机关方面,其在行使职权的过程中都要以法律为准绳,以事实为依据，不得把自己的思想强加于行使职权过程中，也不得滥用职权，否则的话会造成有法不依、执法不严、违法不纠的情形，引发经济生活的混乱。第二，动态监管。从监管课题方面考虑。一方面是监管直销企业、直销从业人员，因为企业是产品或者服务的源头，从业人员处于交易活动的过程中，这个过程是动态变化的，还有从业人员交易的地点也会随时变化，因为直销本来就只有无固定场所和地点的特性；另一方面是监管直销市场。大家都知道，市场是处于变化中的，每一个事物在市场上出现时都是渐进变化，不可能一蹴而就，伴随着监管的方式也是渐进变化。第三，制衡监管。在市场的变化过程中，监管手段不能过度干预市场，不管是政府的宏观调控还是微观调控，都不能违反市场经济基本规律，对受管制的市场的研究必须要从市场规则的研究入手。这是法学与经济学的接壤之处。

在监管过程中，必须要遵守市场游戏这个大规则，政府的宏观调控应尽可能与市场微观自我调节紧密结合，从而让直销业给经济发展带来一个新的高点。监管方式分为两个层面，第一是从国家层面制定法律法规，第二层面是各部委制定相应的部门规章。直销业的客体也就是直销业法律法规制度的对象，它包括直销企业、直销经销商（直销从业人员）。

中国直销业比其他国家和地区都落后，处于发展的初期，为防止与避免以往的传销等其他不正当事件影响直销业的健康发展，需要通过法律来规范。另一方面，它也有保护消费者的目标。不管是什么模式的销售方式，都不应该损害消费者的利益。而直销业从业人员比较分散，直销业本身信息的不对称很容易造成不规范事件的发生，同时必定会给消费者的切身利益带来不必要的损失与麻烦。所以，应该加强直销业的规制，目前各个国家大多采取了一系列措施，例如，美国、英国的冷静期制度，马来西亚的直销员制度，中国的直销企业准入制度等，其最终的目的都是保护广大消费者的利益。

三、直销法律法规制度的必要性

首先，从直销管理体制来阐述法律法规制度的必要性。目前，我国的直销管理体制有着浓厚的行政色彩，特别是在直销的立法问题上，行政色彩尤其浓厚。直销企业获取直销牌照需要审批，跨区域设立分支机构也要审批，就连我们从事直销企业的注册资金（8000万元）也有硬性规定，而想要获得直销牌照还必须缴纳 2000 万元保证金。要解决好这个问题，建议国家有关部门在立法上应严格划清行政权力与市场经济的边界，如果一直让权力与经济搅在一起，是不能推动直销的健康发展的。

第二，从多层次直销的合法性问题来阐述法律法规制度的必要性。在我国，大多数时候都把多层次直销视为非法直销。无论是在理论层面还是在实践过程中，都对多层次直销加以限制与禁止。其实，从语言和哲学的角度讲，有"单"就应该有"多"，但我们国家恰恰就只有"单"而没有"多"。要解决好这个问题，就需要在立法上明确界定非法传销与多层次直销之间的法律界限与区别，只有把这个问题解决了，才能解决好实践中二者的矛盾，才能鼓励并保护合法的多层次直销企业。

第三，从直销商品的范围划定和直销区域问题来阐述法律法规制度的必要性。2005 年，商务部与国家工商总局颁发了《直销产品范围公告》，规定化妆品、保健食品、保洁用品、保健器材以及小型厨具五类产品能够进入直销渠道。2016 年 3 月 17 日，工商总局又对直销产品范围进行了调整，新增了家用电器作为直销产品。而现实是，直销产品范围还远远不止这些，这些标准已经不能够适应市场的发展需要，很多直销企业早已跨过了这条红线。

条例不仅仅限定了直销的模式，还限制了每一家企业的"势力范围"。依照《直销管理条例》第十条的规定，只有获批的区域才能开展直销活动，而这一规定人为地限制了商品的流通。因此，只有通过建立健全直销法律法规制度，把这些基本而又现实的问题提到议事日程上来，才能推进中国直销的永续发展。

四、我国直销法律法规制度的现状

（一）直销、传销定义不清

从已经颁布的直销法规来看，政府将传销定义为恶性经济欺诈活动，但只是在形式上给予了定性，而没有从实质上给予定性。《禁止传销条例》中有解释称传销是组织者或是经营者无下限地发展线下人员，然后依据线下人员的数量来索取经济报酬，或是要求被发展人员缴纳一定的保障金，以此来作为自己的资金来源，这种金字塔般的非法销售直接扰乱了社会、经济的稳定发展。但，这也只是从形式层面对传销进行了定义，而没有对其实质性的内涵进行解读，这样容易导致将非法的传销与良性的多层次销售进行同时打击，影响到正常的经济发展秩序。再如，《直销管理条例》中对直销的定义也仅限于形式上的限定，而并没有反映出直销的本质来。定义不准确就会导致打击对象的模糊，同时也证明有关部门还没有真正了解直销这一经济模式。

（二）直销员的法律身份未明确界定

目前我国的直销法规中还没有对直销企业以及直销员的法律身份进行明确界定，直销员的合法权益也因此而很难得到法律切实、有效的保障，进而会引发直销主体权责不明的现象，阻碍了经济的协调有序发展。《直销管理条例》第十三条规定：直销企业及其分支机构可以招募直销员。但有些实体店铺是可以自己招募直销员的，并且他们还让直销员购买一定数量的产品或者缴纳一定的会员费，还就有点与传销相似了。直销是运用几何倍增学理论，通俗来说就是一传十、十传百，让消费者通过人际口碑的方式传递给更多消费者，而目前店铺式的销售与直销的概念相矛盾，甚至影响到了直销市场的扩大、混淆了消费者和直销员的角色。第十五条规定：直销企业及其分支机构不得招募下列人员为直销员：（一）未满18周岁的人员；（二）无民事行为能力或者限制民事行为能力的人员；（三）全日制在校学生；（四）教师、医务人员、公务员和现役军人；（五）直销企业的正式员工；（六）境外人员；（七）法律、行政法规规定不得从事兼职的人员。而现在的一些企业，招募人员时不经过仔细筛选，只是一味扩大团队并追求业绩，招募了未成年人、智力有问题、学生、老师以及公务人员，这些人员都加入到直销的行列中，无疑违反了相关规章。面对以上两种情况，相关的部门并没有采取任何相应措施。

（三）直销门槛制度严苛

目前，我国直销法对直销相关问题的设定仍较为严苛：其一，市场准入门槛较高。虽然较高的准入门槛有利于短时期内保障经济的有序发展，但长期如此则容易产生垄断现象，这样不利于中小企业的进入、发展。其二，保证金制度过高，加大了企业的负担。为了保护消费者的合法权益，相关直销法律规定直销企业保证金金额保持在直销企业上月直销产品销售收入的15%水平，账户余额最低为2000万元人民币。2000万的企业资金不能够正常流转，无法投入到生产经营之中，这对企业的发展是十分不利的。此外，直销法规对直销员的报酬上限也给予了限定，这就剥夺了企业内部的奖惩制度设定自由，不符合市场经济发展原则。其三，审批程序比较复杂，期限长。《直销管理条例》第9条规定了企业申请直销牌照的期限和批准部门。与一般企业的审批相比较，直销企业的审批要复杂，时间也要长。十八届三中全会通过的《中共中央关于全面深化改革若干重大问题的决定》推出行政审批事项的取消和权限的下放，其目前在大部分省市已开始实行，这样就大大节约了成本和时间，更有利于企业积极性的调动。如此来说，简化直销企业程序和缩短时间也是需要予以关注并考虑的问题。其四，直销区域限定过于严格。《直销管理条例》第10条规定直销区域的划分。直销属于市场营销模式的一种，根据市场营销经济规律，市场的发展、产品和人员的自由流通是市场经济的最基本要素。直销业属于我国销售业的一部分，在我国市场经济中占有一定的比例（目前不足1%），法规不应该限制其销售区域，而应该让其充分发展,在直销业良性成长的同时，也会让传销无立身之地。

（四）现行规制不利于企业机密保护

信息披露制度的本意是为了加强社会各界对直销企业的监督，以最大限度确保消费者的利益。但是，有些内容属于直销企业内部机密，不适宜公开，强行公开是对企业对私权利的侵犯，不利于企业的长期发展进步。

（五）网络销售没有规定

多数为夸大宣传产品功能，甚至有以次产品充当好产品，还让顾客给予好评，因为我们在网购的时候大都会看之前购买过的顾客给予商家的评论。而这却无疑给一些直销员和部分消费者带来了钻空子的可能，虽然我们享受了网络的便捷——足不出户，但未必可以买到所需的产品。

（六）监管单一，没有形成合力

世界直销协会在直销的发展过程中起到了很大作用，而且其一直都在积极推进各个地区的直销业发展。目前，大部分国家和地区已有自己的直销协会，我国相对来说还比较落后。在我国，规范直销行业的目前基本上是国家工商行政管理部门。众所周知，行业发展需要多方面的制约与协调，如果仅仅通过一个部门来规制，从市场的角度来讲是行不通的。根据我国现有的行业组织协会来看，几乎每个行业都会有自己的协会组织，像注册会计师协会、律师协会，而对于直销行业来说，《直销管理条例》第 53 条虽然规定了直销行业协会的批准机关，但相关部门似乎并不急于成立直销业协会，这与直销企业、直销从业人员的期待是有一定距离的。而直销行业组织的缺失，则导致了行业自律几乎不富存在。

五、完善中国直销立法的建议

直销在美国、日本、韩国等国家及地区已运行了几十年，并且为运行的国家和地区带来了巨大经济利益、就业机会，也一直推动着相应国家和地区的社会发展。人们对直销从开始时的喜爱，到出现问题时的恐惧，再到其成熟时的认可。在运行过程中，各个国家的政府部门面对其发展过程中出现的问题，不断通过立法、司法、协会等方面来进行管理，通过宏观调控和微观的市场自我调节促进着经济社会的发展。同样，直销业在我国也经历着同样的复杂过程。目前，我国尚没有一套完整而健全的法律制度，由于直销会带来重大利益，所以政府也在积极构建关于直销的法律。但健全我国直销法律制度要与直销的发展状况结合，不能一蹴而就，而是需要一个过程。在此过程中，要结合我国的现阶段的国情，同时借鉴其他国家和地区成熟的经验，才能制定出适宜的法律制度来。

（一）明确直销立法指导思想

目前，直销立法有两个层面的目标：一为履行中国加入 WTO 的规定，二为解决我国现存的直销问题。前者可视为外力，只是为直销立法提供了一个契机，而后者才是实质性目标，是一种内力。只有将解决我国现存的直销问题作为主要目标，并据此设定一定的法律法规，才能够将直销立法的意义凸显出来，才能为我国直销业的发展提供法律上的保障。

1. 制定高位阶的法律

随着直销行业的不断发展，传销活动也屡见不鲜，对于直销来讲，国家是积极保护，而传销则是明令打击。但直销业的法律目前就只有两个条例和一个修正案条文，外加其他一些部门规章，其是由国务院及组织部门颁布的，效力相对来说较低，相对于成熟的直销业来讲，应该考虑制定位阶较高的法律。我国台湾地区的《多层次传销管理办法》是逐渐从"公平交易法"中独立出来的，在原有法条的基础上针对多层次直销做出了更为专业的规定，重点在于保护消费者权益，规范多层次直销活动的具体操作流程，避免被金字塔欺诈钻空子。

2. 区分清相关法律中的主体、客体以及法律关系

目前我国直销方面的法律主体是直销企业，但直销业发展到今天，多层次直销模式在我国已经出现，发展速度也相当迅速。因此，此时法律关系的主体其实已经发生变化。如果不区分清楚的话，将会出现规范主体混乱，责任承担不清，一方责任过大，而另一方不承担责任的问题。直销中的法律关系有两种，一种是直销员与直销企业的关系，直销员和直销企业在我国目前通过招募而来的。募集在经济法的角度不意味着是劳动合同关系，也就是说直销企业和直销员具有相互独立的法律地位，他们之间的关系是劳务关系。另一种是直销员、直销企业与监管机构之间的法律关系。目前直销的监管机构是工商行政管理局及其下属部门，其他的社会资源并未调集与合理利用，如果能够充分发挥消费者协会、直销协会等其他部门的特色，相信会对直销业有着很好的帮助。

3. 明确相关责任

现行的两个条例在法律责任承担方面基本上不太明确，比如，

《禁止传销条例》针对传销活动中的不同人员未设定相应明确的法律责任。第 24 条第 2 款只是做了大概而笼统的规定，没有严格区别词语的含义，进而造成了处罚不当。受害人具有完全民事行为能力，有正常的分析和思考。介绍、诱骗与胁迫的危害程度是不同的。介绍在大百科全书中是"带入或引入人,处于居间,让双方发生关系等"，介绍的结果在于双方，而不在于介绍人；而诱骗则是"诱惑欺骗"，它利用了被害者对诱骗者的信赖；胁迫则是"威胁强迫"，在法律上是"指以给他人的人身或者财产造成损害为要挟，迫使对方作出不真实的意思表示的行为"。

4. 相关的处罚措施、监督措施

根据法无明文规定不处罚的原则，面对法律法规没有明确规定的，出现问题后，执法人员是无法予以打击与惩治的。上面也提过，基于直销交易场所的不确定性，如果监管人员时刻都跟着直销员或者查看直销员的交易，这样会带来监控成本过高，造成不必要的麻烦与资源的浪费，而且也严重违反宪法的人身自由权规定。

（二）逐步开放多层次销售

首先，要对多层次销售进行正确的界定。多层次直销现阶段在世界上的发展已经趋于成熟化，但我国的立法缺还没有任何条文。合法的多层次销售中的中上线只能够从下线的销售额中提取奖金报酬，而非法的金字塔销售的上线人员则是因为发展了下线人员而获利，其目的不在于销售产品，而在于"捕获猎物"。二者有着本质上的区别，不可"一网打尽"。为此，我国直销法要对合法的多层次销售进行明确的界定，将其与传销严格区分开来；我国在 1998 年之前是传销泛滥，给社会带来了一定的不稳定和群众生活的恐慌，国家从全局的角度出发全面禁止多层次销售。但自 2005 年重新开放后，发展到今天，我们的市场环境已接近成熟，可以尝试着开放我们的多层次直销了。第一，国家可以在立法层面定义多层次直销和金字塔销售的区别；第二，对于多层次直销员方面进行规定，比如直销员的招募、直销员的薪酬计算；第三，对于多层次直销企业进行规定，如多层次直销企业应该有哪些要求、限制，等等。同时，还要对多层次销售活动以及多层次直销模式给予明确规定，使其有法可依，这样有利于从多个方面促进我国直销业的发展。其次，继续打击非法传销活动。随着我国政府对非法传销活动的打击，现在的传销组织已经由地上发展到地下，更为隐蔽，这就加大了打击的难度。为此，我们要进一步加大打击非法传销活动力度，不断完善、出台打击非法传销活动的法律法规，工商、公安、新闻等多部门应紧密配合，不为传销活动留有一丝喘息的空间。

（三）将商业伦理规范纳入直销法

直销是利用人际网络来实现商品的销售，所以其会涉及到许多方面的商业伦理规范，譬如要对消费者做真实的产品介绍，不得随意夸大商品性能，不能够剥夺消费者的思考时间等等。作为社会伦理的重要组成部分，商业伦理是商人在从事商业活动中要遵守的商业规范，在直销法中占有举足轻重的地位。让商业伦理进入到直销法中，可以直接反映出商业活动对人的关怀程度与履行社会责任的积极性，还可以有效协调好企业与劳动关系、商业关系、行政关系等各方面的关系。

（四）对市场准入制度进行完善

面对企业的市场准入，前面章节提到美国是没有刚性规定的，所以应在注册资本金和保证金方面降低标准，让更多的企业进入到直销市场，从而更快地促进经济和直销业的发展。面对直销员的准入制度，日本在1976年的《访问贩卖法》第十七条规定了查账内容，内容不仅涉及到直销企业，也包括直销商。美国有的州法规定检察长必须对本地区每年参加多层次直销的人员比例进行统计，如果企业违反了相关规定，可以要求其出示证据或者出庭作证。我国是否可以仿效他们的做法，严格规定直销员的准入制度，这样可以在一定程度上提高从业人员整体队伍的素质,并逐渐带动直销业更加健康有序的发展。

(五) 建立完善的处罚体系

对于非法传销组织活动以及直销活动中的不法行为,要建立起一套完善的处罚体系来,即包含民事责任、行政责任以及刑事责任等方面责任的完整法律体系。其中,民事责任方面的法律适用于对社会危害较小的一般的非法传销行为,是依据涉案金额、人数来确定的,主要以罚款作为处罚方式;行政方面的法律法规目前主要涉及到教育遣返、罚款处罚、行政拘留等处罚方式;对于情节较为严重的,则确定为刑事方面的责任,要给予刑事处罚。在完善处罚体系的同时还要配套出台有关非法传销方面的司法解释,科学制定非法传销案件的批捕、起诉以及证据等一系列相关规定,使司法机关对非法传销罪的追诉具有更强的可操作性。

(六) 对网络直销进行规定

鉴于网络直销领域可能出现的虚假宣传,可以制订一定的法律条文进行规范。如面对网络上提供的虚假信息如何处理,产品不规范如何处理,是按照《消费者权益保护法》来处理,还是专门规定。建议可做如下要求:

第一,从直销公司网络销售产品范围上进行规定。目前直销企业的产品集中在保健品、化妆品、清洁剂等日常消耗品上,在未来的发展过程中国家可以根据实时的需要进行扩增。这样可有利于消费者辨别直销产品的类别。

第二,直销公司在网站销售时,应该以自己的官网上为主,这样不仅能够有效避免其他企业假冒、仿冒本企业的产品,而且有利于企业对自己企业文化和产品的宣传。

第三,其他法律条文、规范性文件中对消费者的保护都可以用来参考到网络直销中。

第四，对于大型购物网站，如淘宝、京东、1号店等，监管机关应该定期进行检查，以便在销售的源头上遏制假冒伪劣的产品。

（七）完善辅助的配套制度

1.建立市场信息披露制度

在经济学中，市场信息披露对于市场的健康运行有着很大影响，直销行业也一样，国家应该在法律制度层面规定直销行业建立起自己的信息披露：（1）政府定期对直销行业进行信息披露。我国的证券、期货市场是需进行信息披露的，而对于发展中的直销业政府也应该要求其定期进行披露，并且信息要全面化。（2）披露的渠道要多样化。第一，以往我们都是通过报纸、杂志以及电视台进行信息披露，在网络飞速发展的今天，现在我们是否可以借助于网络平台，像公共网站、微信、QQ等进行直销信息的传递；第二，政府、企业可以通过召开记者会或者新闻发布会的方式向广大消费者以及直销员披露信息；第三，可以通过通讯公司的业务平台定期向通讯用户披露信息，如借助移动、电信、联通等运营商发布短信披露。只要做到了信息公开化，才能更大程度地保护消费者利益与直销公司的形象。

2.成立行业自律组织

从世界范围来看，任何一个行业都离不开相对应的行业协会，因为行业协会是一个连接政府和企业的桥梁。行业协会作为一个自律性组织，它有着多重功能：第一，从协会内部来看，它对自身内部具有规范作用。其可制定行业内部规则、章程，拟定行业发展规划，组织行业内部会议，规范行业从业人员，促进行业中企业之间相互竞争，相互扶持，协调发展；第二，从协会与政府的关系来看，它与政府可以快速高效地传递政府法规、政策、文件，让政府的政策在企业内部能够发挥出应有的作用，同时，它还会把企业的要求、意见、建议反馈给政府，让政府掌握企业的现状，以便及时调整政策，起到桥梁纽带的作用。第三，从全球化的角度来看，它联系着世界上的同行业。作为与世界交流的门户，行业协会一直都致力于引进国外先进的东西，把本国协会认为优秀的东西向世界传播，这样既可提高本国企业在世界上的竞争力，也可让世界更好地了解本国企业。

另外，行业协会一直都伴随着行业的成长而不断发展、成熟。作为一个桥梁嫁接，它会深入到企业内部，接触到第一手信息，这比起政府来在收集信息方面更为前沿与直接。因为直销本来具有客观复杂性，如果政府认识不够，再没有行业组织的引导，便极有可能造成信息的不对称，对法律制度的完善很不利。在健全法律规范体系的同时，也应有公众的参与和行业协会的积极配合。而行业协会则会发挥出自己的功能，一方面，直销行业的专家在理论层面上可以接触到的国外最前沿的信息和发展状况，他们可以把研究成果适时与我国的情况结合起来，从而在学术上预判其在我国的发展；直销员是一线的人员，直接与消费者发生联系，他们最能了解消费者的需求和担忧，可以直接反馈消息；直销企业可以根据专家和直销员的反馈，调节企业的生产。这样可以让国家根据实际需要来调节并规制市场，有助于缓解政府的压力，还能促进政府高效地规制市场。另一方面，通过协会自身来净化和调节行业，按照协会的章程，协助监管机构规范会员，起到对法律制度的进一步补充作用。

值得一提的是，2015年12月28日，广东省直销企业协会率先宣告成立，正式成为全国第一个经政府相关部门批准成立的合法的省级直销企业协会。据悉，江苏省直销行业协会也正在酝酿筹建之中。可以预见，行业协会的加入必将为整个行业的监管注入新的生命力。

总之，我们只有对中国的直销活动制定有效的法律法规制度，为直销经营者建立起法律准绳，并对此不断改进、完善，方可消除直销活动中的不法现象与违规行为，才能够为现代直销商业的发展营造出一个健康的生存及发展环境，从而促进我国整体经济的良好发展进步。

参考资料：

[1] 吕锫镭，《论我国直销法律制度的完善》，硕士论文，2015年。

[2] 胡鹏年，《中国直销法规制问题研究》，法制与社会，2016年。

[3] 中国消费者报，《影响中国直销业发展的三大因素：需求、市场和法规》，2017年。

2.2
依法打击传销的现状与形势分析

摘　要：近年来，传销形式不断变换，涉案金额屡屡突破百亿，涉案人员多则数百万，跨境传销组织日益增多，大量涉案资金通过地下钱庄转移到了境外，打击传销工作的形势严峻。本文介绍了我国传销的现状、传销的变异和走向以及政府对打击传销所做的努力，给出了打击传销的建议。

关键词：体验经济　产品　发展

一、我国传销的基本现状

传销（Pyramid Sales）是指组织者或者经营者发展人员，通过对被发展人员以其直接或者间接发展的人员数量或者销售业绩为依据计算和给付报酬，或者要求被发展人员以交纳一定费用为条件取得加入资格等方式牟取非法利益，扰乱经济秩序，影响社会稳定的行为。最早时，传销一词是从英文"Multi-Level Marketing"翻译过来的。其意思是：多层次相关联的经营方式。

中国反传销协会称，目前已有逾5000万人深陷其中。但若太多人退出或找不到愿意掏钱的新成员，金字塔就会崩溃，引发家庭破裂等连锁反应，进一步增加金融系统的压力。传销作为社会的一大顽疾与毒瘤，被称为"经济邪教"、"精神鸦片"和"流行性精神邪教"，政府一直都没有放松对其的打击。但是，传销至今仍屡打不尽、屡禁不止，反而有日趋猖獗的趋势，给家庭和社会带来了极大危害，严重影响到了社会治安与社会的和谐稳定。

二、当前传销犯罪的几种类型

当前我国传销犯罪的种类主要有六种：以"人际网络、直销、网络营销"为旗号的异地拉人头传销、以"资本运作、连锁销售、优化资本、资本孵化"为旗号的异地拉人头传销、以"网络销售"为旗号的异地拉人头传销、以"电子商务、网赚、网络游戏、网络资本运作、网络加盟、网上学习培训、网上基金投资"等为旗号的互联网网络传销、以"PE、私募股权、投资入股、发展渠道商、红包互赠"为名义的金融传销以及非法传销。

序号	种类	特点	人群	地区
1	以"人际网络、直销、网络营销"为旗号的异地拉人头传销	该类传销以投资2450元、2800元、2900元、3000元、3200元、3260元、3900元一套产品为幌子，实际上大多数并无产品，大多数参与人员的投资金额也达到数万元。	以大学生、退伍军人、打工者为主，年轻人为主	主要分布于中部地区和北方地区
2	以"资本运作、连锁销售、优化资本、资本孵化"为旗号的异地拉人头传销	该类传销以投资3800元一份，可以高起点运作，投资33500元、36800元、69800元等金额，大多数无产品，有些以西服等产品为道具。	主要以"三高"人群为主，即高学历、高层次、高收入人群，以中老年人偏多	主要分布于西部地区、中部地区和南方地区
3	以"网络销售"为旗号的异地拉人头传销	主要以投资3800元、4700元、5700元一单为主。	98%都是大学生	主要分布在广东省内，广州、东莞、深圳都是重灾区

4	以"电子商务、网赚、网络游戏、网络资本运作、网络加盟、网上学习培训、网上基金投资"等为旗号的互联网网络传销	网络传销的特征主要有：虚拟性更强、更具欺骗性、隐蔽性强、传播跨地域性、部门监管的"灰色地带"。	参与人员不低于200万	范围广
5	以"PE、私募股权、投资入股、发展渠道商、红包互赠"为名义的金融传销	金融传销往往夹杂着涉众型非法集资，该类传销往往是线下及互联网上操作相结合，包括目前流行的PE、私募股权、投资入股、发展渠道商等大金额传销，也包括类似的红包互赠、爱心互助等小额金融投资游戏。		范围广
6	非法直销	包括未经许可的直销行为，以及获牌直销企业违规操作涉嫌传销	传销团队与直销团队	范围广

三、传销的变异和形势

随着国家打传政策的完善以及打击传销力度的加大，传销也由"简单粗暴"变异为更多的"高大上"手段，寻求者新的生存方式。

（一）通过"软"控制进行精神传销

随着国家对打击非法传销宣传力度的加大，人们辨别非法传销的能力已逐步增强，传销也由"简单粗暴"的方式转换为人性化的感应方式，通过所谓的"心灵培训"让人们产生一种开放式、阳光化的错觉。与此同时，传销也增强了"洗脑"的力度，制造"障眼法"，以此显示自己的"合法性"，让更多传销受害者痴迷而不悔。

所以，披上"人性化"的外衣是如今传销的主流，也是为什么现在这么多人上当受骗的重要原因。更其具欺骗性和隐蔽性，运用"软"

控制加强对传销人员的思想控制，故称之为"经济邪教"。在部分地区仍然存在暴利控制的现象。典型的案例为创造丰盛心灵培训，其创始人号称"只要完全开启自己,连接宇宙的能量,就没有什么不能达成"。

（二）地域从集中性变为分散性

"异地集中"是传销敛财模式的表现形式，即将人邀约到异地之后，进行洗脑从而骗取钱财。随着国家对传销重灾区打击力度的增大，传销将会进行地域性的分散和转移，以分散国家的打击注意力。根据中国反传销志愿者联盟的统计，目前传销在广西、天津、吉林、辽宁、河南、河北、江苏、安徽、山东、山西、广东、云南、贵州、四川、湖南、湖北、江西等地比较严重，已经形成了北部地区、南部地区、中部地区"三足鼎立"的局面。北部的多打着"网络营销"旗号的传销，南部多为"连锁销售"旗号的传销，而中部地区则汇集了"网络营销"和"连锁销售"的双重形式传销，并且向西北等落后地区的蔓延日益严重。

已经由过去几个比较集中的重灾区，扩展到了如今的几十个重灾区，而且其他地区仍然在继续蔓延。如此现状，对于各地执法部门和有关部门来说是一个重大而严峻的挑战。

（三）由大型聚集向小规模聚集转变

传销善于利用规模造势，用大规模迷惑新人，以此打破新人的心理防线。通常大规模的传销组织，聚集的人数动辄数万，甚至达到数十万之多，给当地的社会治安带来了严重威胁。而这种大规模聚集在某种程度上极易被相关部门关注，随着国家打击传销力度的加大以及传销的内部裂变增多，这种方式已经不适合地下传销的发展。地下传销会将大型聚会改为小规模聚集。当小规模聚会人数达到一定程度后便会自动分裂、分散，这样更加有利于传销的藏身。众多传销高层头目也曾说过："如今已经不存在高达3000人的网络体系了。"这样的状况也会给国家有关部门的查处工作带来新的难度。

再者,现在的传销因为利益驱动而导致内部矛盾增多。一些深谙内幕的传销骨干,自己觉得没有得到该得的,不甘心再做操盘手骗钱敛财的工具,拉出自己的网络体系自立门户单干,自己做上了网络体系的操盘手。所以,网络分裂现象严重,就如同传销课堂所宣扬的"几何倍增理论"一样,呈现出原子分裂似的裂变。这也是传销屡打不尽,反而继续蔓延猖獗的一个重要原因。

(四)大学生成为新的目标人选

2017年8月,李文星误陷"蝶贝蕾"传销组织,随后发现于天津市静海区死亡的消息引发了社会各界的高度关注。大学生涉传在全中国引起了轩然大波。虽然中国的传销骗子历来在老年人身上打主意,但如今经济邪教正侵蚀着来自贫困家庭的高学历青年。这种做法是在利用年轻人的焦虑感。自扩大了接受高等教育的机会后,中国现在面临着大学毕业生过剩、高薪职位匮乏的问题。虽然大学学位曾经是步入中产阶层的门票,但目前有许多毕业生已不能摆脱低薪的工作岗位。随着经济增长的放缓,传销组织承诺的高回报也显得更诱人,尤其是对缺乏社会经验并想实现自我梦想的大学生来说。

(五)传销插上"互联网+"的翅膀

随着网络技术的发展,以及政府对传销打击力度的加大,为了更加隐秘地操作,很多传销头目已开始将目光转移到互联网上。在互联网发展的大时代,传销也假借着"互联网+金融",以各种名目进行"忽悠"和欺骗,尤其是以各种"虚拟货币"为名实施的传销犯罪更是此起彼伏、危害严重。各地公安机关相继查处了"五行币"、"克拉币"、"维卡币"、"霹克币"、"马克币"、"恒星币"、"亚欧币"、"网络黄金"等一批重大案件,涉及到所谓的"虚拟货币"达107种。

四、政府打击传销的努力

政府始终都把打击传销经济犯罪作为工作的重点，坚持不懈地来抓。针对传销形式的不断变异，打传工作日益严峻，2017年是打击传销经济犯罪的关键阶段。自"5·15"全国防范经济犯罪宣传活动后，公安部网站连续发文通报典型传销案件，并在全国范围内开展严打传销经济犯罪活动。政府一直都在努力开展了打击传销犯罪行为，打击和教育并重，宣传和预防同行，社会各方力量也参与到打击行列之中。

（一）各地展开打击传销活动

近年来，传销已成为危害群众合法利益、破坏社会和谐稳定的"毒瘤"。当前的传销违法犯罪活动呈现出大要案高发、手法翻新快、传播迅速、波及面广等特点，以"1040工程"、"资本运作"、"连锁经营"、"明明商"、"中绿"、"亮碧思"等为幌子的聚集型传销依然严重；以"虚拟货币"、"金融互助"、"爱心慈善"、"股权投资"、"微商"等为幌子的网络传销层出不穷，并常与非法集资等违法犯罪活动相交织，欺骗性强，诱惑力大。尤其是随着互联网、微信、QQ等社交软件、自媒体以及第三方支付平台的发展，涉传销信息传播更为广泛，涉案资金转移更加迅速。

2016年，全国公安机关坚持对传销违法犯罪活动"零容忍"态度，继续以重点案件、重点领域、重点地区为抓手，紧盯传销犯罪新手法、新动向、新趋势，持续不断对传销违法犯罪活动开展严厉打击。自2017年8月以来，结合国家工商总局、教育部、公安部、人力资源和社会保障部等四部门联合开展的传销活动专项整治行动，公安部专门部署全国公安机关集中打击以"招聘、介绍工作"为名等聚集型传销犯罪，惩处传销犯罪活动的组织者、领导者、骨干，以及威胁引诱学生、未成年人等参与传销活动的重点人员。天津、浙江、江西、山东、湖北、湖南、陕西等地公安机关捣毁传销窝点1700余个，查获、教育、遣散参与传销人员3800余名，解救了一批被骗入传销组织的学生。

2017年，公安部继续部署全国公安机关依法严打传销犯罪，集中打击以"虚拟货币"等为包装的网络传销和传统的聚集型传销。据统计，2017年1月至9月，全国公安机关共立案侦办传销犯罪案件5983起，同比上升达118.5%，涉案金额近300亿元。

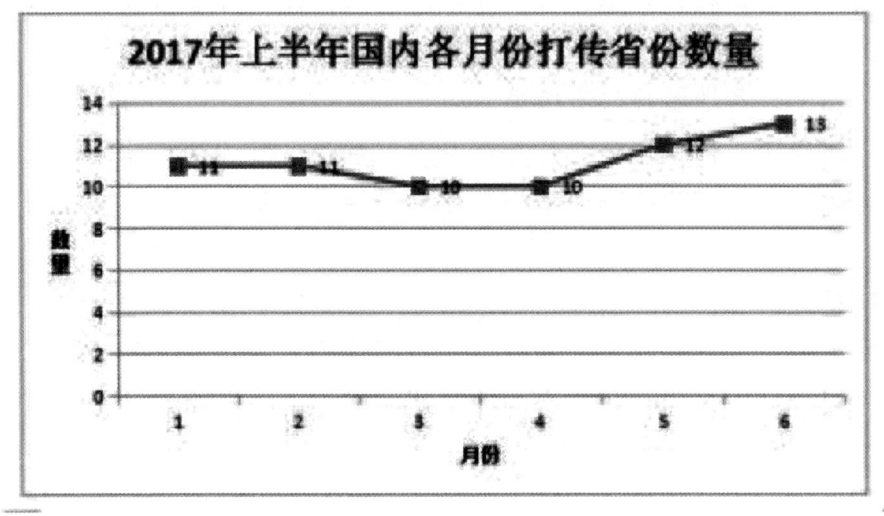

2017年上半年打传图片

2017年上半年各月份政府对打传的决心一直都保持着坚定的信念，各地打传力度不减，各个月份破获传销案件的省份数量稳定，5、6月还呈现出了增长趋势。湖南、安徽等省份打击传销最给力，每月均有破获传销案件，其次是山东、广东、四川，最后还有广西、河南、湖北、上海、吉林、江苏等地传销活动均有活跃趋势，特别是广西。

陕西：部署"2017-秦风行动"，各级公安、工商和市场监管部门充分发挥主力军作用，破获了一批影响较大的典型案件，打掉了一批传销团伙，抓捕了一批传销头目和骨干分子，使传销重点地区的面貌得到明显改观。据统计，截至5月底，陕西全省工商、公安系统共出动执法人员8732人次，捣毁窝点420个，立案70件，教育遣散8601人；陕西省认定无传销社区（村）21782个、无传销城市10个，创建达标率分别为92.1%、83.3%。

四川：从2017年6月1日至10月31日，四川省工商局开展了为期5个月的2017年打击传销专项行动，以严厉打击传销违法犯罪活动，有效遏制传销行为的蔓延势头，切实维护经济社会稳定和群众合法权益。特别是对近年来传销活动高发、频发、群众投诉量大的地区加大了整治打击力度。此次专项打击行动重点查处了以"电商""微商""多层分销""消费投资""爱心互助"等为名义的新型网络传销、以"1040工程""连锁销售""西部大开发""红色旅游"等为名实施的聚集型传销、直销企业从事传销和打着直销旗号从事传销活动等。

广西、广东：北海、南宁、桂林及深圳四地日前出动1800余名警力，对公安机关侦查了数个月的"2·17专案"采取集中收网行动。当天的行动共抓捕嫌疑人249人，其中包括"2·17专案"A级传销骨干目标104名。

（二）积极开展宣传普及预防

多年来，我国打击传销工作不断深入，成绩卓著。公安部和国家工商总局为了有效遏制传销的猖獗之势，也一直没有懈怠打击传销的工作。从连续几年的全国预防打击传销工作来看，公安部与国家工商总局已经制定每年两次的打击传销专项行动。每年的7月至8月开展严厉打击传销犯罪、查处传销窝点的集中整治行动，2017年四川等地更是扩展到了6月至10月共5个月的严打整治行动。

各级工商局广泛开展了多层次、多渠道、多形式的打击传销宣传活动，营造出全民防范、抵制和打击传销的良好氛围。

开展打击传销进社区活动。区局组织执法人员深入社区、街道，以发放"致广大居民的一封信""传销活动对社会的危害性"为内容的宣传材料，使打击传销工作覆盖到了辖区每一片土地，深入到了每一个家庭，宣传活动共发放宣传材料 5000 多份。

开展打击传销进学校活动。区局开展"创建无传销校园"活动，发放打击传销宣传材料，给学生讲解典型案例，揭露传销诈骗手法，介绍防范措施，把打击传销工作同加强学生素质教育结合起来，提高宣传教育的成效。

开展打击传销进市场宣传教育活动。区局利用集贸市场人员集中、宣传面广的优势，制作打击传销展板、横幅、标语，发放宣传材料，全方位多角度宣传，揭露传销危害本质，营造出全民远离、举报、打击传销的浓厚氛围。

五、打击传销的制度及格局漏洞分析

长期以来，从中央到地方，各级党和政府一直都努力打击着传销。虽然有所成效，但从根本上而言，传销依然屡禁不止、屡打不尽，其根本原因虽然与传销的改头换面、东躲西藏有关，但是打击过程中存在的一系列制度和机制的缺陷在某种程度上也导致了成效的不尽人意。

（一）法律规范和定位层面的问题

有法可依、有法必依，长期以来都是衡量执法机关执行力的一个重要指标。但是，在打击传销的过程中，由于相关法律对传销的处罚过轻，缺乏足够的威慑力，很多传销人员刚出了派出所，又回了传销窝点，与执法机关玩起了"游击战"，所以打击传销成了各地执法部门非常头痛的问题。久而久之，热情不再，麻木了，不爱管了。而归根结底，还是要从法律角度深挖传销猖獗的原因。

1. 处罚过轻缺乏震慑力

传销活动严重侵害着消费者利益，破坏着正常的市场经济秩序，影响到了社会稳定，但刑法对其缺并没有明确的界定。执法机关在司法实践中很难把握尺度，法院在执行起来只能依照各自的理解来操作，以致各地对传销的审判情况各不相同。

2. 法律程序上取证认定难

由于相关法律对构成传销犯罪行为的主客观要件、证据要求、移送标准、管辖范围等还缺乏明确规定，传销的一个特点是其"神秘性"，一个级别的头头只能知道自己级别的事。加之活动的流动性、广泛性和传销人员的盲目对抗，造成法律程序上认定罪犯所要求的证据获取困难。

（二）执法行政机制方面的问题

打击传销需要从法律上对执法机关的职责规定得更详细、更具有可操作性，最重要的一点就是在法律上要突出公安机关打击传销上的主导地位，明确要求其他相关部门的"积极主动性"。《禁止传销条例》对公安机关和工商部门在打击传销的分工协作上并没有做详细规定，很笼统，所以容易造成互相推诿、互相扯皮的现象。

1. 打击格局不对称

目前的打击传销当中，制定了相关的联动机制，比如，工商行政管理部门：发挥主力军作用，加强对专项行动的指导和督查；公安机关：加大对传销犯罪的打击力度，快侦快破大案要案；教育部门：采取有效措施，严防传销活动进入校园；监察部门：依法加强监督，对传销屡禁不止、群体性事件频发的地区和单位，严肃追究有关领导和人员的责任。

2. 协作机制不健全

应该从法律上对执法机关的职责规定得更详细一些，更具有可操作性，最重要的一点就是在法律上要突出公安机关打击传销上的主导地位，明确界定各相关部门的分工和职责，做到权责分明。

3.执法队伍专业水平欠缺

大部分工作人员对传销犯罪研究和认识的缺乏，使执法队伍只能采取简单的查处和驱赶方式，而并不能通过详细的解答来揭穿传销的欺诈本质，从而造成打击传销的"事倍功半"。另外在打击传销的工作中，人力和财力的缺乏使得其工作量非常庞大，而每一级打击传销办公室只有2至3人，打击传销的专项经费也非常少。

4.行政执法缺乏积极性

面对日益庞大的传销大军，来自各方的求助信号使得公安和工商部门的执法人员变得十分麻木。另外一方面则是打击查处遣散的效果并不明显。综合起来，使得执法部门缺乏行政执法的积极性。当求助家属千里迢迢来到工商或者公安部门寻求帮助时，大多数得到的是相关部门的推诿和敷衍，使得老百姓大失所望。

六、打击传销的建议

针对目前打击传销方面的缺陷和不足，建立一个比较有效且长期坚持的打击传销制度已迫在眉睫。应在宏观政策指导下，调动各方面力量的积极性，通过全社会的力量采取有效可行的打击传销活动。

（一）建立政府部门的协调机制

政府应牵头成立打传小组，把控打传大局。各级政府及公安、工商管理部门密切配合。公安充分发挥作用，加大打击力度，快侦快破大案要案。工商加强对市场的监管力度。公安机关与工商行政管理机关的打击传销协作机制中以工商为主力军的格局不适合传销的犯罪性质与传销的犯罪特点，而且多部门的协调机制在落实过程中容易造成相互推诿踢皮球的现象，没有明确规范权力与职责。

加大打传力度的同时还要加大对传销组织者和领导者的处罚力度。要使传销头目"不敢越雷池一步",对传销避而远之。建立奖惩制度。一方面,将打击传销工作纳入治安评估体系和政绩考核系统,加强对执法机关工作人员的奖惩,有功则奖、有过则罚。另外一方面,明确对大案要案查处提供信息和案件情报的群众提供适当奖励,充分调动起执法机关的执法和群众的举报积极性。

各部门各司其责,对传销活动予以密切监管。银行监管机构负责认定利用传销进行非法集资的违法。加强资金流转的监控,组织有关商业银行协助工商、公安等部门做好对传销人员往来账目、资金的查询、暂停结算、查封、扣押冻结等工作,发现问题及时报案处理。商务部门要协助工商部门对直销企业、直销员及其直销活动实施监管,规范直销行为,维护直销市场秩序,防止直销演变为传销。国税、地税部门负责对传销组织及其策划者、组织者的偷税行为进行税务稽查。检察院、法院对传销涉嫌犯罪案件,要提前介入,依法从重从快严惩违法犯罪分子。房管部门负责对房屋中介、租赁的管理,不准为传销活动提供经营、培训、居住场所。交通部门负责组织对汽车站以及交通运输环节打击传销的宣传和传销人员的疏导工作。在汽车站和火车站设立宣传广播、张贴海报,在公共汽车上张贴预防传销的标语。

(二)建立打击传销的长效机制

打击传销需要加强组织领导,部门联动,健全工作机制。长效机制的建设需要建立一系列制度,使得这些制度形成一个快速反应的长效机制。

建立打击传销辖区责任制,在打击传销工作中,把责任落实到各级政府和相关部门,确定所在的辖区部门的责任;打击传销工作定期通报制,各部门的打击传销工作需要通过政务公开系统通报工作进程,加大打击传销的透明度和宣传度;大案要案公审公判制,公开对于传销大案要案的审判和处罚工作,通过建立公审公判制度来加大对打击传销工作的宣传,加强对传销人员的震慑作用;建立举报投诉奖励制,建立群众举报的奖励机制,并贯彻落实到实处,公开奖励规则,做好对举报人的保密与保护工作;建立快速反应机制,建立快速反应机制,可以尝试建立类似"110"的接案协调中心,对于突发的传销案件和群体性事件能快速协调处理;建立传销信息档案制,通过对传销人员的档案建立加强监控。建立"传销组织信息库",加强对传销组织的变化、特征、成员结构等各方面因素的监控;建立社会查询制,通过各种信息档案的建立,尤其是传销头目的公审公判机制和审判结果,应该建立社会查询制度;通过政务公开的查询系统,便于了解相关信息,从而加强对参与者的思想矫正和说服教育。

名称	名称	内容
"善心汇"传销案	案情	自2016年5月以来,张天明等人通过搭建"善心汇众扶互生大系统"平台,大肆发展会员。截至目前,善心汇共有500多万会员,遍布全国31个省区市,涉案金额数百亿元,是近年来较为罕见的特大涉嫌传销组织。
	结果	7月26日,"平安北京"再次发布通报称,针对近日部分"善心汇"成员被煽动来京非法聚集一事,已有63名犯罪嫌疑人因涉嫌妨害社会管理秩序犯罪被刑事拘留。
	会员	500多万
	涉案金额	22亿余元
"暗黑币"传销案	案情	2016年5月15日,江苏省公安厅经侦总队发布了一起新型非法传销案件。嫌疑人在香港开设公司,以投资"暗黑币"为名,通过网络平台在大陆地区吸收会员,从事非法传销活动。案发前,该公司每天入账资金达到两三千万元,总涉案金额近15亿元。
	结果	2016年4月,杜某等人因组织、领导传销活动罪被判处八年零六个月到三年零六个月不等的有期徒刑,并处人民币三百万元到三十万元不等的罚金。
	会员	34000余人
	涉案金额	15亿

"龙爱量子"传销案	案情	号称"包治百病"的"高科技量子技术"神奇产品被指是"三无"产品，以所谓的消费积分理财增值模式，投入85000元一年可获利上百万的噱头引诱吸引了近300万会员投资加入。2017年5月深圳电视台直播深圳报道揭露了龙爱量子涉传骗局，6月26日深圳龙爱量子办公场所因涉嫌传销被深圳公安局查封。近几个月，深圳电视台、海南电视台、天天315等媒体对深圳龙爱量子进行了深度的揭露报道，广东、广西、湖南、内蒙古等地公安、工商部门对龙爱量子进行过预警信息发布。
	结果	2017年，深圳龙爱量子被广西公安机关依法查处，目前，冻结非法资金达9亿多，林跃庆于8月12日晚在北京海淀区被抓捕。警方出动20多警力，现场扣押白色房车一辆。
	会员	237万
	涉案金额	9亿
"云在指尖"传销案	案情	2015年4月，警方接到举报称，广州云在指尖电子商务有限公司涉嫌于咸宁地区从事传销活动。根据举报线索调查发现，广州云在指尖电子商务有限公司开办的"云在指尖"网上商城在销售商品后给上线会员返佣，其返佣规则具有明显的"层级关系"、"入门费"、"团队计酬"等特征，涉嫌传销。
	结果	根据查明的事实，咸宁市工商行政管理局近日对当事人做出了责令停止违法行为，没收违法所得3950余万元并处150万元罚款的处罚决定。
	会员	缴费会员：260万余人
	涉案金额	6.2亿元
"维卡币"传销案	案情	2016年2月26日，中山市公安局东区分局接到报案后立即将案情上报，并成立专案组。3月16日，东区警方在中山市东区某小区抓获曹某等3名犯罪嫌疑人，缴获作案工具电脑、手机、银行卡等一批。
	结果	2016年5月，中山市东区公安分局披露了一起利用网络"维卡币"传销案，打掉了一个涉嫌组织领导网络传销、诈骗团伙，抓获主要犯罪嫌疑人3人，传销网络涉及8个省。
	会员	数千人
	涉案金额	6亿余元

"云梦生活"传销案	案情	"云梦生活"隶属的安徽梦泰网络技术有限公司涉嫌传销活动。9月12日,警方组织150余名警力展开突查,现场带离包括公司实际控制人王某伟、房某和郑某福在内的132名人员。
	结果	目前已有27人因涉嫌组织领导传销罪被警方刑事拘留,初步查明"云梦生活"注册会员有28万余人,其中3万余人为所谓的创智合伙人(即传销人员)。
	会员	28万余人
	涉案金额	2.8亿元
中国为民教育网传销案	案情	2015年9月,衡水市公安局桃城分局网安大队发现"中国为民教育网"假借互联网教育之名,表面上向群众贩卖互联网教育视频,背后却利用互联网鼓吹其营销模式能够让参与者迅速暴富,诱惑参与者通过不同金额注册会员。通过调查,该网站会员涉及20余个省市,参与人员多达18万余人,交易54万余单,层级达200余层,涉案金额巨大,网站注册收入已达到两亿余元,网站盈利收入为5000余万元。
	结果	2016年4月初,警方成功破获"中国为民教育网"特大网络传销案,王某等15名传销组织高层被抓获。
	会员	18万余人
	涉案金额	2亿元
麦格币虚拟货币传销案	案情	自2016年1月25日开盘以来,徐怀就以虚拟货币以及数字加密货币为幌子,在网络上发布大量虚假信息。诱骗投资者以租赁矿机开发虚拟货币为名缴纳2000元到40000元不等的入门费,利用高额收益吸引会员。
	结果	2016年6月,麦格币虚拟货币资金盘被山东经侦依法查处,头目徐怀(男,1972年2月生,初中文化,无业,安徽省淮北市烈山区人)被通缉,涉案金额超亿元。
	会员	不详
	涉案金额	上亿元

参考资料:

[1]《打击传销情况汇报》,2017年。

[2]《公安机关打击传销犯罪取得明显成效》,经济日报,2016年。

[3]《当前我国传销犯罪形势调研报告》,2013年。

2.3
2016—2017年规范直销的形势分析及政策展望

摘　要：继2015年直销牌照发放进入"鼎盛"期之后，2016——2017年发牌速度放缓，直销行业稳步发展，社会效益扩大，不断探索线上线下模式融合，总体呈现出稳步发展的良好态势。同时，企业经营水平差距较大、违法违规行为时有发生，行业发展环境继续改善，地方商务部门的管理工作有待加强。在这样一个背景下，直销行业如何发展是一个焦点，本文便论述了直销行业的形势分析及政策展望。

关键词：自律　监管政策　自媒体监管

一、近两年中国直销市场的特点

　　截至2016年底，全国新增拿牌企业8家，共有80家拿牌直销企业，行业市场规模达到2069.8亿元，增长速度达到11.5%，预测2017年增长速度将达到15%。截至2017年9月，全国直销企业达到89家，其中外资企业32家、内资企业57家。从分布的数量和情况来看，广东和山东省的拿牌企业分别达14家、13家。上海、北京和天津均为9家、8家和8家。以拿牌直销企业数量计算，排名前五的企业分别为广东、山东、上海、天津、北京。随着各地申牌企业的增加，一些新企业填补了部分省份没有本土直销企业的局面。目前，在中国的西藏、新疆、宁夏、广西、甘肃、湖北、贵州等地区暂无申牌和拿牌直销企业。直销企业有逐渐遍布全国的趋势。

从直销服务网点覆盖区域上看，外资企业直销服务网点的覆盖区域远远超过了内资企业。直销服务网点覆盖区域数量最多的前十位企业分别是：玫琳凯（34）、安利（34）、雅芳（32）、完美（29）、新时代（29）、无限极（29）、康宝莱（28）、克缇（27）、如新（22）、宝健（21）。其中，只有新时代为内资企业，外资企业中玫琳凯和安利的表现最为抢眼，它们的服务半径已遍布中国34个地区。其中，服务网点覆盖数量位居前三的是玫琳凯（2648）、无限极（2378）、安利（2286）。

排名	地址	数量	企业名称
1	广东	14	九极、荣格、圣原、太阳神、无限极、完美、康力、安利、雅芳、康美、东方药林、金科伟业、佳莱、永健
2	山东	13	长青、安然、福瑞达、卫康、三株、东阿阿胶、永春堂；紫光；康尔、金天国际、好当家、益宝
3	上海	9	春芝堂、爱茉莉、克缇、美乐家、康宝莱、富迪、如新、福维克、自然阳光
4	北京	8	葆婴、嘉康利、罗麦、宝健、新时代、东方红航天、北方大陆、同仁堂
5	天津	8	天狮、金士力佳友、康婷、权健、尚赫、铸源；和治友德、沃德
6	江苏	5	安惠、隆力奇、欧瑞莲、中脉；绿叶
7	浙江	5	玫琳凯、三生、康恩贝、致中和、全美世界
8	吉林	3	美罗、东升伟业、吉林云尚
8	辽宁	4	宝丽、双迪、未来生物、清晨
8	福建	3	天福天美仕、金日；安发
9	湖南	3	炎帝、绿之韵、吉美

9	重庆	2	圃美多、大溪地诺丽
9	河北	2	华林、金木
10	黑龙江	2	哈药、绿活美地
10	云南	1	理想
10	内蒙古	1	宇航人
10	四川	1	福能源
10	海南	1	荟生
10	安徽	1	康美来
10	青海	1	金诃藏药
10	陕西	1	三八妇乐
10	山西	1	琪尔康

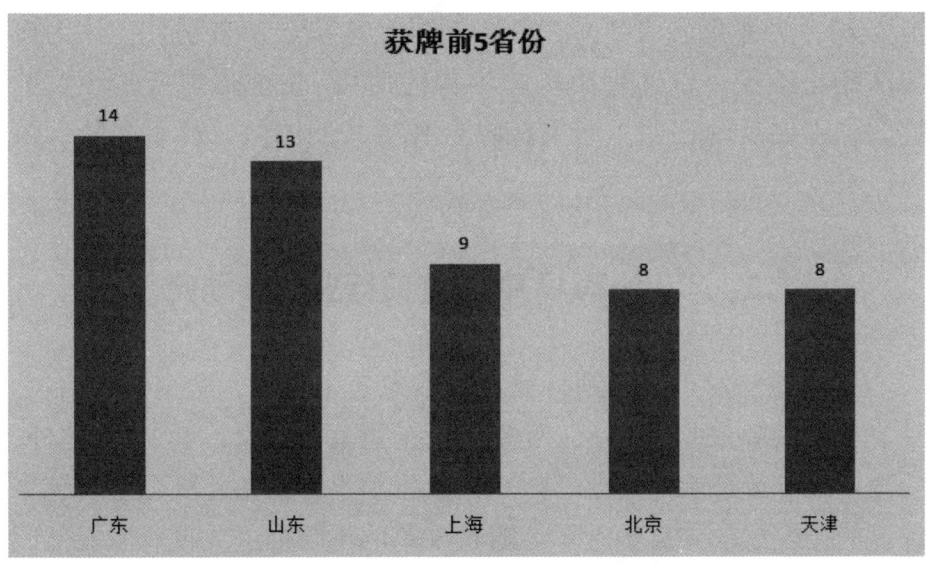

目前，多数直销企业在非直销区域采取传统店铺经营（包括自办店铺销售、加盟店销售等形式），在直销区域则同时采用传统店铺销售和直销员销售两种经销方式。部分直销企业对业绩好的直销员普遍采用经销商（专卖店）模式，让其独立办理与公司没有投资关系的营业执照。这些经销商，有些从事传统店铺经营，

构成与直销企业的产品分销关系；有些代替直销企业管理直销服务网点，负责招募、管理、培训直销员，直销企业以"管理费""咨询费""服务费"的名义给予经销商额外报酬，其身份特殊、关系复杂，既参与直销活动，又以"传统销售"名义规避直销法律法规的监管。

多层次和团队计酬模式在直销业内隐性存在着。中国直销市场开放时间不长，直销业态发展本身尚处于初级阶段，行业经营的外部环境及市场发育程度还不够高。部分直销企业往往热衷于谈奖励制度胜于做产品销售，热衷于搞人员激励胜于做售后服务。部分直销从业人员始终视多层次销售为直销经营的精髓所在（在国外多层次是允许的，而在中国则只允许单层次直销），认为多层次销售不仅可以实现市场和销售的倍增，更能体现直销经营的魅力，主要反映在明里暗里操纵各种形式的团队，从事团队计酬等违法行为。

二、2016–2017中国直销行业的新动向

据商务部发布的直销行业管理信息公示显示，截至2017年10月15日，获牌企业达89家，受理公示企业46家，合计135家。此外，后面排队等待公示的企业、涉水企业层出不穷，由此可见已有越来越多的企业欲加入直销大军。随着改革的不断推进，政府职能部门逐步落实简化流程，在强调加强事中事后监管的同时取消了多项行政审批手续，有些有行政审批手续的事项也被要求降低准入门槛、简化审批流程、缩短审批时间。这些举措大大提高了企业加入直销行业的积极性，许多企业顺势而为，纷纷着手申请直销牌照。直销行业内的从业人员包括一些团队流动频繁。一些新批准的直销企业以及一些直销业务开展缓慢或销售业绩不是很好的企业也感到机会

来了，开始招兵买马，引进所谓的人才。而一些不是很规范或者涉嫌传销的团队也借机主动与直销企业接触，向直销企业靠拢，被直销企业收编，有的甚至将传销人员直接以直销员的名义加入，给直销行业的规范发展带来了严重危害。

直销行业一些新的创新模式不断出现。近几年来，随着经济社会的发展和产业结构的调整，以互联网为代表的新一轮科技创新与产业变革催生了网络经济的快速发展，电子商务、线上线下互动等新产业、新业态不断涌现，颠覆了许多传统产业模式和消费模式。直销行业也不例外，正在发生一些变化，如：有些企业在原有直销服务网点、直营店的基础上，开始建立体验馆、体验中心、养生馆、工作室等，有些企业开始引入电子商务、应用互联网+、微信销售或通过网络发展会员等新的模式。这些新的经营模式，不仅对传统意义上的直销模式有较大冲击，而且对日常监管也带来了新的考验。

打法律擦边球，钻法律空子，甚至踩踏法律红线，违法违规案件有上升趋势。近两来，各地工商、市场监管部门先后查处了上百余起涉及直销企业的违法违规案件，其中以直销企业或企业直销员、经销商在未经批准地区从事直销、违规培训、夸大宣传三类违规案件居多。一些企业违反直销区域限制规定，在未经批准直销的区域开展直销活动，在未获准直销区域，通过发展经销商，由经销商间接发展"销售顾问""销售代表"等方式违规开展直销业务。一些企业在直销培训中忽视法律法规、职业道德、直销风险等培训，把培训重点放在以极少数人的成功事例鼓动大多数人参与上，鼓吹直销能带来事业机会、获得成功。更有甚者，一些企业为了追求业绩增长，对企业的实力规模、产品功效、发展前景进行夸大、虚假宣传或纵容、默许经销商、直销员夸大宣传。

三、直销企业发展存在的问题

直销企业在其快速发展过程中，为数百万人提供了就业机会和致富机会，但仍然存在着不容忽视的问题。其中，既有企业经营发展方面的问题，也有政府法律法规方面的问题，还有直销从业人员的问题。这些问题不仅给直销企业的发展带来了阻碍，也对社会发展带来了一些不利影响，更影响到直销行业对经济社会的正面积极作用的发挥。

（一）传销屡禁不止影响直销企业信誉度

直销进入中国初期是以传销的模式进入的。随着传销的纠纷加剧，传销对消费者和参与者造成的危害，甚至影响到了社会稳定，中国加强了对直销行业的规范，同时也加大了对传销的打击。然而，由于传销和直销都是应用的消费获利、几何倍增的奖金制度，加上"快速暴富"的利益诱惑，传销在中国仍屡禁不止，部分地区甚至十分严重。随着互联网的发展和广泛应用，利用网络进行传销更加剧了传销的发展。网络传销带来的取证难、认定难、执法难等问题又使得难以对传销形成有效打击。由于对直销没有形成正确认识，不少消费者分不清直销和传销的区别。因此，整个直销行业发展的信誉背景被大多数消费者误解，这给直销市场秩序带来了极大危害，也影响到直销企业的发展。

（二）直销行业缺乏行业自律

行业需要自律才能保证企业的健康发展。行业自律必须要有行业组织，行业组织通常是连接政府与企业的桥梁，也是制定行业规范、实行行业自律的重要组织，行业自我管理对规范行业发展发挥着不可替代的作用。当前，中国已取消270多个职业准入资格，就是政府放权给行业组织，让行业组织发挥出更大的能量。然而，中国的直销行业发展至今，直销法也已实施近10年时间，虽经多年呼吁，但仍未成立全国性的直销行业自律组织。这从很大程度上影响到直销企业间的相互协调、直销行业的自律、直销从业人员的教育。

（三）直销从业人员职业素质参差不齐

目前，中国直销行业的直销员是一个没有准入门槛的岗位，由于直销员与直销企业之间的关系相对松散，企业只要求直销员达到多少消费标准、能发展多少客户，而没有对直销人员进行系统的职业培训，使得一些从业人员对直销的职业道德和基本操守缺乏必要了解与扎实掌握，诚信度低。同时，直销企业加大了直销人员的利益诱惑，如高额奖金、国外旅游、终身收益等，促成了直销员利益上的贪婪、行为上的乖张。在利益的驱动下，进入直销行业的人员来自不同的行业，年龄差异大，文化层次不一，最终形成了直销行业人员素质的参差不齐。

四、直销行业发展建议

行业的发展离不开各级政府组织的群力群策，打铁还需自身硬，直销企业一方面应加强自律，远离政策的红线；各级工商管理部门也要加大监管力度，明察秋毫减少违法违规现象，维护消费者的权益。

（一）规范直销从做好准入审批核查工作开始

商务部、公安部和国家工商总局建立了直销企业审批联合审查机制。在配合审批工作中，国家工商总局组织各地认真调查核实，并客观真实地将情况及时反馈给商务部。在商务部批准直销企业后，国家工商总局也及时转发商务部的批复，要求各级工商部门严格按照《直销管理条例》做好各项工作并加强监管。相关部门从源头严格把关，对涉嫌传销或有违法行为的企业做出相应不予批准、撤回直销申请的决定。建立直销市场准入联合审查机制，把一些不规范的企业、有违法违规行为的企业拒之门外，不仅有利于直销行业的规范发展，而且也有利于工商、市场监管部门加强日常监管。

（二）从直销市场的日常监管入手

从商务部正式批准企业直销许可起，直销企业、直销员及其直销活动就全面纳入到了工商部门日常监管的范畴。近两年来，国家工商总局多次对直销违法案件、涉嫌违法宣传网站、公众留言、举报投诉较多的直销企业进行约谈，通报情况，提出整改要求。同时，国家工商总局还多次组织全国范围内的直销市场专项检查，加强规范指导，督促企业规范经营、诚信经营，取得了明显成效。国家工商总局重点指导、协调、督促有关地区及时处理针对直销企业的投诉举报，依法查处违法违规行为。各级工商、市场监管部门始终坚持把握直销经营活动的重点环节，加强对直销企业直销员招募、培训、计酬等方面的监督管理。通过办案，有效震慑了直销违法违规企业和人员，维护了直销市场秩序。

2013年，国家工商总局又印发《直销企业社会责任建设指引》，从法律、经济和道德三个层面对直销企业履行社会责任提出了具体、有针对性的要求。《直销企业履行社会责任指引》的发布和落实，使社会责任建设成为直销企业的自觉行动，不仅为工商、市场监管部门指导直销企业履行社会责任与监管直销企业提供了依据，还为规范直销企业经营行为、提升直销行业正面形象、增强直销企业市场竞争力以及促进社会和谐稳定发挥出重要作用。实践也证明，在工商、市场监管部门的大力推动下，直销企业积极行动，不断加强内部制约机制建设，充分发挥各自优势，切实履行社会责任，受到了社会的普遍好评。近两年来，在工商、市场监管部门的努力下，直销监管体制机制进一步完善，直销市场准入流程进一步规范，直销监管方式进一步创新，有力促进了直销市场的规范、健康、有序发展。

（三）打击传销力度不断强化、深化

传销如过街老鼠，喊打不绝，却又绵绵不绝。2017年，典型的打传案为"善心汇"传销案。善心汇共有500多万会员，遍布于全国31个省区市，涉案金额达数百亿元，是近年来较为罕见的特大涉嫌传销组织。特别是2017年8月，李文星误陷"蝶贝蕾"传销案，引发了社会的高度关注。国家工商总局、教育部、公安部、人力资源和社会保障部四部门印发的《关于开展以"招聘、介绍工作"为名从事传销活动专项整治工作的通知》，开展了新一轮打击传销活动专项整治行动，打传工作任重道远。

（四）工商部门加强直销产品监管

2017年，直销业逐渐走向规范化，随着直销业绩的膨胀，加上投诉的增长，各地工商部门纷纷展开直销行业专项检查，全面整治直销市场，对于违规的直销企业进行严惩，并督促这些企业履行社会责任，直销行业已进入到规范化时代。

在直销企业中，健康产品与化妆品历来都是主流。尤其是近年来，随着环境问题的日益突出，家用净水器、空气净化器已成为直企的市场热门。随着中国二胎政策的全面放开，女性生殖健康产业也愈发受到直销企业的青睐。但近年来，直销企业产品质量频繁爆出问题。产品质量是企业的命脉，直销企业也是公众性公司，只有加大产品质量的监管力度，才是直企稳重取胜的法宝。

（五）虚假宣传将会成为打击的重点

一个水杯可以将普通水变为健康水；一款治疗仪挨到身体的疼痛部位就不疼了；一件内衣可让女性恢复生育能力、一个鞋垫可"矫正脊柱"、宝健净水器涉嫌虚假宣传小分子易吸收等均无科学依据，有不少关于直销产品的投诉案例，其中夸大产品疗效、虚假宣传等问题较为突出。如何营造良好的直销、营销环境一直都是业内关注的焦点。作为保健品、护肤品高度集中的直销产品类，虚假宣传、误导消费者现象频发，整个行业正在经历着一场空前的信任危机。

由于一些产品的粗制滥造、夸大宣传和违规经营，使得整个直销行业在消费者心目中的信誉度不断降低。而不注重技术创新，也造成了大量低水平产品的重复开发。多数直销产品功效相似，价格虚高，致使企业之间的恶性竞争加剧。规范直销企业虚假宣传，维护消费者权益也是近两年工作的重点。

（六）新拿牌直企和准直企也是规范直销工作的一部分

到2017年10月，商务部官方公布的拿牌企业数量已有89家，而据业内人士透露，实际上拿到牌照的直销企业已达到92家。专家预测，2017年直销牌照有望突破100块。以前准直销企业还没拿牌就从事直销的报道屡见不鲜，新拿牌直企在还未获准区域开展业务也曾有过报道。因此，加强新拿牌直企和准直企管理成为了规范直销工作的组成部分。

（七）直企的公益活动传递直销正能量

慈善公益是直销企业文化的一部分，直销企业通过慈善公益向社会传递企业的责任心和人文关怀，这对于获取公众的信任，并使公众对企业的产品、价值、文化、品牌等产生美好的联想，进而在提升其品牌知名度和美誉度等方面，都有着积极的作用。2017年尚赫的公益小学"让爱传出去"、罗麦的"启明公益万里行"、完美的无偿献血、玫琳凯的"微笑百分百"项目都把直销企业的正能量源源不断地传播了出去。

五、政策展望

直销行业有其特殊的一面，行业的发展将面临矛盾和危机，当然，我们也相信事物是在矛盾中发展，是一个浪里淘沙的过程，只有解决了矛盾与危机，直销行业才能更加健康地发展。直销行业的健康和理性回归还有漫长的路要走。政府应因势利导，出台与中国直销行业配套的相关政策，才能使中国直销从根本得到改善，稳健长久发展。

（一）监管政策将由"宽进严管"向"严进严管"转变。

监管部门应真正做到执法必严、违法必究。针对投诉较多、媒体报道负面较多、维权上访事件频发的企业，应取消其扩区申请资格，屡教不改的，甚至吊销其直销经营许可。据悉，已经有企业接到了吊销直销牌照的警告。

政策的转变将给更多企业带来危机及企业外事成本，但是面对严格的监管措施，约束企业的市场经营行为，加强企业对市场的监督，处理好投诉需求，我们期待行业的逐步规范与健康发展。

（二）二个条例的修改势在必行

从 2005 年国家颁布《直销管理条例》和《禁止传销管理条例》，如今已执行了 12 年，直销行业已经发生翻天覆地的变化，从单纯的面对面销售，到今天的互联网+、体验、分享经济等模式，直销样式也在不断推陈出新。尤其是在"新常态"下的"供给侧改革"中，这两个条例的"漏洞"日益"凸现"，如"网络直销"涉嫌打政策擦边球、30% 奖金红线不随市场而变、直销产品类型太过单调、对企业从事直销操作有着严格的区域限制和审批。两个条例显然已不能再适应当前的经济生态环境，直销在中国的发展遭遇了一个难以突破的"瓶颈期"。在 2017 年两会上，全国人大代表、理想科技董事长焦家良就审时度势地提出了关于制定出台《直销法》的建议。修订条例的核心争议在于放开多层次计酬、服务网点设立放开审批权、保障消费者和直销员权益、制订"准直销企业管理办法"、提高或降低直销企业门槛、加大对网络传销的打击力度。修改两个条例对规范直销将会起到标准性的指导作用，其意义不容小觑。

（三）建立直销行业协会为直销行业健康发展创造条件

政府部门应多组织开展直销行业经销商规范管理研究，揭示直销行业经销商问题的成因，从不同角度多方听取对经销商规范管理的意见建议。充分认识直销行业对社会的贡献以及监管工作所取得的成绩，准确研判当前直销行业市场秩序情况。高度重视直销行业经销商合规性和危害性的研究。积极探索新形势下直销行业监管问题，加强监管手段创新，推行直销行业信用监管、分类监管。强化底线思维，倡导公平竞争，坚持规范管理与促进发展并重理念。强化企业自律，鼓励直销行业建立行业协会或者联盟自律机制，为直销行业的健康发展创造条件。

（四）完善直销经营的特许监管政策

各类虚拟币、互助盘、拆分盘、积分盘、消费返利模式的传销盛极一时，尽管打击传销工作持续加大力度，但依然难以遏制传销案件"涉案人员越来越多、涉及地域越来越广、涉案金额越来越大"的乱象。直销经营的特许监管政策要建立完善的"审核许可、监督管理、退出吊销"机制，同时要加大对各类资金盘、拆分盘、互助盘、金融传销等庞氏骗局的打击力度，为直销行业的健康发展营造良好环境。

（五）加强自媒体监管

自媒体的发展滋生了越来越多的直销行业自媒体，然而，自媒体的乱象却增加了企业的品牌危机和外事危机。直销行业和直销企业当然需要社会与媒体的监督，但是近两年来也看到越来越多的自媒体、传统媒体开始关注直销行业，甚至有一些只是抱着负面可以换取回报的不纯目的。

建立建全自媒体管理制度，对少数不符合要求的自媒体给予同样的约谈和警告，自媒体也须加强自律，杜绝哗众取宠、滥竽充数的媒体行为，为直销企业多做实事，成为直销企业可以信任、依赖的朋友，维护公平竞争的直销市场秩序做出贡献。

参考资料：

[1] 李德中，《我国直销市场存在的问题及发展趋势分析》，《俪人：教师》，2016。

[2] 嘉敏，《2017年国家对直销政策的影响》，2017。

2.4
《禁止传销条例》《直销管理条例》两个条例的问题与修订思路建议

摘　要：《直销管理条例》《禁止传销条例》从2005年颁布实施以来，为政府监管部门打击传销、规范直销提供了法律武器，为直销企业的发展创造了良好的市场环境。然而，12年来，我国经济社会发生了许多变化，使得当前市场环境与《直销管理条例》颁布时的市场环境有了极大不同，在一定程度上阻碍了直销业的发展，不能满足消费者的需求。有鉴于此，《直销管理条例》有必要进行修改。本文对两个条例存在的问题进行了分析，给出了修订的思路及建议。在各级政府、部门的积极努力下，直销法规的修改完善已进入启动程序。

关键词：两个条例　重建　立法

一、两个条例的立法背景

20世纪90年代初，一些国外直销公司开始进入中国。由于我国正处于社会主义市场经济发展的初级阶段，市场发展较慢，有关管理法规不够完善，直销逐渐发展成为各种形式的传销活动。一些不法的单位和个人打着"快速致富"的旗号，诱骗群众参与传销，利用虚假宣传、组成封闭人际网络，收取高额入门费等手段敛取钱财，还有一些人利用传销从事迷信、帮会、价格欺诈、推销假冒伪劣产品等违法犯罪活动，不仅干扰了正常的经济秩序，严重损害了人民群众的利益，还严重影响到我国的社会稳定。针对上述情况，1998年4月，国务院发出了《国务院关于禁止传销经营活动的通知》。通知明确指出，传销经营不符合我国现阶段的国情，已造成严重危害，对传销经营活动必须坚决予以禁止。当年的8月10日，国务院第101次常务会议通过了条例，以行政法规的形式进一步明确对传销活动予以禁止，加大打击力度。

2001年12月，中国正式加入WTO，在加入世贸组织的议定书中，我国政府承诺入世三年内取消对"无固定地点批发和零售服务"的限制。而直销是无固定地点批发和零售的主要形式。但由于直销进入我国时间的不长，公众对直销的认识存在偏差，其经销模式在形式上与传销相似且可以演变为传销，因此，在履行入世承诺的同时，制定一部能够有效保障消费者权益，既符合我国国情，又内外一致的直销法规，对直销业进行正确引导、规范发展十分必要。商务部、国家工商总局承担了起草《直销管理条例》的工作。同时，根据打击传销工作的需要，充分考虑到我国加入世贸组织的承诺及管理直销市场的需要，国家工商总局借鉴国外禁止"金字塔销售"和直销管理市场的经验，形成了《禁止传销条例》和《直销管理条例》，国务院法制办对两个条例在更大范围内征求意见并进行了相应的修改。2005年8月10日，国务院常务会议通过了两个条例，并决定于当年11月1日和12月1日开始实施。

党中央、国务院高度重视规范直销和打击传销工作，作为国际社会负责任的成员，中国政府一向注重履行自己的对外承诺，在广泛研究的基础上，开放了直销市场，建立起严格的运行秩序和监管制度有利于克服直销存在的问题，保证直销行业的健康发展。在打击传销方面，全国从 2005 年开始，全国连续 3 年开展了整顿规范市场秩序，多次部署打击传销集中行动和专项行动。2007 年 9 月，国家工商总局和公安部联合颁布《工商行政管理部门和公安机关打击传销执法协作规定》建立完善了工商、公安机关打击传销执法协作制度。2007 年，中央综治办下发《关于做好将打击传销纳入社会治安综合治理目标考核工作的意见》将打击传销纳入综治考核范畴，进一步提高了地方党委政府对打击传销工作的重视，推动了打击传销工作深入开展。

二、两个条例存在的问题

《直销管理条例》和《禁止传销管理条例》的颁布与施行，对于规范我国直销市场起到了一定作用。在一定时期内，其为直销行业的发展起到了"催化剂"作用。但在"新常态"下的"供给侧改革"中，该条例的"漏洞"已经"凸现"，其已不再适应当前的经济生态环境，直销在中国的发展遭遇了一个难以突破的"瓶颈期"。

2005 年颁布施行的《直销管理条例》，已经沿用了 11 年。而未做任何修改，在直销行业的发展中存在缺陷与不足，带给行业中的人们许多困惑与不安，使得中国的直销行业一直在灰色的漩涡中挣扎，修改《直销管理条例》已刻不容缓。

（一）准入门槛提高众多企业望而却步

根据《直销管理条例》第七条和第二十九条的规定，申请成为直销企业，实缴注册资金不低于人民币 8000 万元，并要在指定银行交纳至少 2000 万元保证金。因此，要成为政府许可的直销企业必须具备以亿为单位的财富。在这样高的准入门槛面前，众多企业只能望而却步。对于中国大陆的企业来说，申牌还不仅仅需要如此，还需找到中间人"了难"，而中间人收取的费用绝不是小数目，隐藏在背后的腐败不言而喻。

（二）直销模式与现状严重不符

我国现行法律只允许单层次直销模式存在，将多层次计酬都归属于传销行为。而据《中国直销行业发展报告Ⅱ》称，在全球直销企业100强中，67%的企业采用多层次直销模式，8%采用混合型直销模式，采取单层次直销模式的仅为7%。这三大模式上榜企业2010年业绩总和，多层次直销模式企业占63.35%，混合型直销模式企业25.98%，单层次直销模式企业仅占3.67%。在中国大陆市场，真正采取单层次直销的只有极个别企业。

该条例的38条到52条，全部讲的是"怎么罚款"，"以罚代管"的问题十分明显。专家指出，以罚款为导向"非常危险"。这种"导向"很容易滋生腐败，形成"猫鼠同眠"的"怪圈"。而且该条例规定的罚款"尺度"5万元到30万元很不合理，为执法人员"随意自由裁定"制造了空间，容易形成背后的腐败和"利益输送"，造成"大量罚款""流入到了执法人员背后的利益链的人群中"。

（三）直销产品和直销区域制约了行业的发展

条例不仅限定了直销的模式，还限制了每一企业的"势力范围"。依照《直销管理条例》第十条的规定，只有获批的区域才能开展直销活动。这一规定，人为地限制了商品的流通。

条例在规范直销行业发展的同时，实际上也在压抑着直销的整个链条，将"三农产品"排斥在外，是对中国农民的"不公"，不利于中国现代农业的发展。因为直销企业除了在准入、渠道层面被牢牢限制以外，其直销的产品也未能在这种限制中突围。2005年11月2日颁布的《直销产品范围公告》规定直销产品仅限于：化妆品（包括个人护理品、美容美发产品）；保健食品（获得有关部门颁发的《保健食品批准证书》）；保洁用品（个人卫生用品及生活用清洁用品）；保健器材；小型厨具。2016年3月17日，直销产品范围又新增了家用电器。而现实是，直销产品范围还远远不止这些，这些标准已经不能够适应市场的发展。

由于条例规定与直销行业的实际相悖,所以从事直销的企业要生存、要发展,就不得不打擦边球,不得不越红线,以至于不少执法部门,例如工商、公安等部门在任何时候都可以对直销企业进行处罚,于是中国的直销企业进入了经营——处罚——再经营——再处罚的怪圈,而这一过程中产生的高额"了难"费则成为供养腐败链条的来源。

(四)监管态度暧昧滋生权力寻租空间

在两个条例的监管上,没有量化标准的客观解释,导致了法律本身的模糊性,这种模棱两可的"自由裁量权"为企业打开了一扇特殊的窗,也为执法者提供了权力寻租的邪恶之剑。即便法律依据明确,监管部门仍然存在"睁一只眼闭一只眼"的执法行为。而这样的执法行为则建立在对自身利益进行评估的基础之上。

据不完全统计,全国从事多层次直销的企业在2000家以上,因为牌照稀缺,相当比例的企业只得转入到地下运营。之后,当管制者面对一片灰茫茫的"非法"直销活动将束手无策,无能为力。最终,严厉的立法将不可能公平、公正地适用。

"一般说来,无牌'直销'的企业对政府有关部门的公关成本尤其高。"据了解,无牌"直销"企业对执法部门的公关是为求得工商、公安等部门高抬贵手,而"上面"有的人拿到了公关好处,就睁一只眼闭一只眼,没人举报就相安无事,有人举报就轻描淡写地回应。

哪怕是拿牌企业,同样存在求执法部门高抬贵手的问题,而与无牌企业不同的是,这些企业通常在银行缴纳了大量的保证金,任何违法行为被查处都将面临巨大的经济损失在这种情况下,给相关部门"好处",减小被"叮"被罚的概率已成一个公开的秘密。

依赖于监管部门的暧昧态度,无牌企业和有牌企业开始在直销这条道路上寻租权力保护。

于是，就出现了企业一次次打擦边球，甚至越界，监管部门却一直态度暧昧，如此恶性循环，导致直销市场成为灰色利益的载体，从而失去其本身应当具备的在法律保障下的自由竞争态势。

三、两个条例修订建议与思路

2016年，李克强总理的政府工作报告再次强调将释放内需潜力作为重点工作。在"大众创业，万众创新"的大背景下，全国两会上，两会代表也纷纷建言修改《直销条例》及其相关规定。代表们建议进一步激活直销业在扩大内需方面的作用。他们表示，现行的涉及直销业的政策法规已无法适应行业发展的需求，建议修改条例为直销企业创造更大的空间。法规滞后不仅影响到行业的快速发展，也导致了监管权力的寻租，修改法规已是迫在眉睫。

（一）放开多层次直销，加大监管力度

以多层次直销为例，由于多层次直销法外运行，直销员奖金拨比远远超过条例规定，实际上大约40%至50%，无法与税收部门对接，企业营业税、所得税和个人所得税大量流失。而同时，这些企业为了避税进行的"公关"行为，也给政府形象造成了很坏影响。

"应该放开多层次直销，加大监管力度。"多层次直销很有希望成为社会经济发展的新动力，建议国家应该部分放开多层次区域直销，并加强产品监管，监督直销企业执行无理由退货、无因退货。

此外，现行《直销管理条例》仅规范了单层直销的经营模式，而并未将会议营销、体验营销和微信营销等类直销模式纳入规范。建议将新兴经营模式纳入监管范围，在制定《直销法》时，以特征、条件等标准取代狭窄的直销定义，将现有的类直销模式纳入法制监管范围。

（二）让更多好商品进入直销渠道

当前直销产品的类别主要是化妆品、保洁用品、保健食品、保健器材、小型厨具、家用电器等 6 类，同质化严重。据商务部公布的 2015 年直销产品数据显示，化妆品占到了 80%，保健食品占 12%，全国直销企业几乎卖的都是化妆品、保健食品。当前不少日化、医药行业的大牌企业都进入到了直销行业，但金牌产品不属于"直销六类"，同时一些受到市场欢迎的商品，比如未获保健批号的特殊食品、新纤维服饰、家纺产品、特殊用途小家电等广受欢迎的产品也未进入规定类目。

"'直销六类'的规定已不利于进一步扩大内需。"应根据市场需求，逐步扩大直销产品类别范围，促进直销企业的快速发展。

我国要求直销企业设立服务网点的初衷，是便于消费者、直销员了解直销产品价格，便于退换货，但现实情况是，随着互联网和物流的发展，直销企业在网上的客服水平完全可以满足消费者的上述需求。为减轻网点建设对直销企业带来的负担，政策应允许直销企业根据自身特色，至少在每一个地市建立一个服务网点，以改变现在过于密集的服务网点设置。

同时，建议在国家大力倡导"互联网+"模式的背景下，取消目前对于直销区域的限制，并呼吁建立直销企业牌照退出机制，对于严重违反管理规定和长期闲置牌照的企业应当取消所发牌照，保障行业牌照资源的有效利用。

（三）建议放开对委托加工的限制

关于直销企业奖金拨出比例问题，直销条例规定"奖金超过 30% 上限"背离了市场运营状况，因为很多传统企业的营销费用已远超这一比例，建议应修改《直销管理条例》第二十四条，将报酬总额提高至不超过 60%。

商务部 2016 年 9 月发布的《直销产品类别及生产指引（试行）》，对每类化妆品具体定义、用途、质量乃至生产企业类型、资质都做出了严格规定，应适当降低准入标准，让更多的直销企业灵活发展。比如条例规定母公司对直销企业，或直销企业对控股公司，持股比例应不低于50%，但从实际情况看，即使持股比例低一些，也可通过持有股份对公司决议产生重大影响。

关于直销企业委托加工产品被禁问题。2016年7月颁布的《保健食品注册与备案管理办法》中已明确禁止贴牌生产，虽然这杜绝了无牌照企业的租牌行为，但也严重制约了直销企业扩大产品种类的需求。例如，某集团有化妆品和保健食品的生产基地，若想涉入其他领域的产品种类，选择委托加工的方式会降低生产成本，禁止委托加工势必会让直销企业建立实体生产基地，其投入的成本将会增大。

建议逐步解禁委托加工，让直销企业在不过多投入成本的情况下使产品更加多元化，丰富直销市场的种类。

（四）将"保护直销员合法权益、促进直销业健康发展"写入立法宗旨

规范我国直销行业的行政法规《直销管理条例》于2005年颁布实施。从该条例第13条、第18条、第21条、第24条等规定来看，直销企业及其分支机构负责对招募的直销员进行业务培训和考试，并颁发直销员证，这表明直销企业对直销员有一定的管理支配权。至少应当按月支付直销员报酬的规定，这样更显示出双方能存在劳动关系。然而，该条例第15条、第16条、第19条及第25条又规定直销企业应当与招募的直销员签订推销合同，不得招募直销企业的正式员工为直销员，直销员拥有与消费者一样的退换货"冷静期"，这些规定又表明直销员与直销企业之间并非劳动关系。现行法律法规对直销员"法律身份"界定不明，直接导致司法实践中直销员起诉直销企业却陷入维权困境的案件屡有发生。针对以上问题，笔者提出三方面立法建议。

我国现行《直销管理条例》颁布于2005年,然而就合法的直销行业,《直销管理条例》未能及时根据实践发展需要进行修改与完善。从该条例第一条规定的立法宗旨来看,立法未突出"保护直销员合法权益、促进直销业健康发展"的意旨,而是一切以加强行业监管、维护社会稳定为根本。然而,直销员是直销企业与消费者之间的桥梁与纽带,重视保护直销员的合法权益,有利于促进直销行业健康和可持续发展,有利于引导及规范直销这种商业模式在市场经济中发挥积极作用。因此,笔者建议应将"保护直销员合法权益、促进直销业健康发展"作为立法宗旨,写入《直销管理条例》。

(五)清晰界定直销员与直销企业之间的法律关系,明确直销员的"法律身份"

正如上文所述,我国现行法律法规对直销员"法律身份"界定不明,直销行为的特征是一个重要原因。直销员与直销企业之间的基础法律关系往往是买卖合同关系,双方的买卖行为使得直销产品的所有权转移给了直销员,直销员可以按照双方在此基础上约定的委托推销关系,在不固定地点走访和宣传直销产品,推销产品给最终消费者,从而获得直销企业的"奖励报酬"或所谓的"会员折扣"作为其从事受托行为的补偿,也可以自己消费产品。因此,从以上直销行为的特征来看,直销员与直销企业之间的法律关系十分复杂,《直销管理条例》规定的双方签订的推销合同也兼具了买卖、委托、劳务等多种合同特点。

准确界定直销员为直销企业提供劳动的行为在法律性质上究竟属于劳动关系还是劳务关系,对于保护其权益十分必要。从目前我国劳动法的理论和实践来看,当事人之间是否存在管理与被管理的隶属关系是界定二者区别的关键因素。而直销员并非直销企业正式员工,双方之间是平等的民事法律关系,反映出的是企业在推销产品上使用劳动力的商品交换关系。另外,将直销员纳入劳动关系进行管理，将加大企业的社会责任和经济负担，不利于发挥直销企业用人灵活的优势。因此，将双方之间的法律关系界定为劳务关系更符合实际情况，也更有利于直销业的可持续发展。

（六）完善社会保障制度，注意相关规定的协调统一

理清了直销员与直销企业之间劳务关系的法律性质，建议立法者在《直销管理条例》中进一步明确直销员应依法享有我国社会保险法第2条规定的各项权利。此外，还应注意相关规定的协调统一，例如，《最高人民法院关于审理劳动争议案件适用法律若干问题的解释（三）》第八条规定的情形能否适用于直销业，如果可以适用，新用人单位在存在双重劳动关系的情况下如何为劳动者缴纳社会保险费用，均需明确并制定相关配套规定。

总之，准确的界定直销员为直销企业提供劳动的行为在法律性质上究竟属于劳动关系还是劳务关系，对于保护其权益十分必要。法律的制定，是使市场得以健康、顺利运行的保障，在直销的市场上，直销员的根本利益如果得不到合法维护，会直接伤害到企业乃至整个直销行业的运行。

四、我国对《直销管理条例》和经济秩序重建所做出的努力

（一）《直销管理条例》第十一条的修改

2017年3月21日，国务院发布了《国务院关于修改和废止部分行政法规的决定》（国令第676号），对36部行政法规的部分条款予以修改，其中将《直销管理条例》第十一条修改为："直销企业有关本条例第八条第一项、第二项、第三项、第五项、第六项、第七项所列内容发生重大变更的。第九条申请人应当通过所在地省、自治区、直辖市商务主管部门向国务院商务主管部门提出申请。申请人持国务院商务主管部门颁发的直销经营许可证，依法向工商行

政管理部门申请变更登记。国务院商务主管部门审查颁发直销经营许可证,应当考虑国家安全、社会公共利益和直销业发展状况等因素。第十一条直销企业有关本条例第八条所列内容发生重大变更的,应当依照本条例第九条第一款规定的程序报国务院商务主管部门批准。

此次的修改,终于"千呼万唤始出来",说明直销法规的修改完善已进入启动的程序。

这是继 2005 年两部条例颁布以来,首次由国务院层面对直销法规进行调整。历数 12 年,从雅芳获得第一张直销牌照起,至今已有 82 家获牌直销企业,但就一个行业的发展来讲,其仍难以追随中国经济的发展步伐。可仔细想来,作为舶来品的直销在进入中国后,并没有因为水土不服而产生巨大的不良反应,也没有因为中国本土化国情而选择退缩与放弃,反而一度在被动的情况下选择主动创新,不断探寻一套适合中国国情的发展模式。这充分说明,直销在中国有可持续发展的可能性。但之所以困难,一方面是因为直销这种营销模式的特殊性,让中国大众一时难辨与传销之分;另外一个重要原因便是因为直销法规没有得到相应调整,以法律的形式促进直销业的正常发展。

从目前来看,直销法规的调整并非一蹴而就,需要相关部门加快、加强对直销法规进行相应的调整,甚至是考虑、研究制定出台《直销法》,这既是正确引导和规范我国直销行业发展的需要,同时也是用法律形式规范直销行业发展的必然要求。

(二)直销业的经济秩序的重建

中国的直销领域是充满着经济的博弈与秩序的重建。商务部今年将研究制定促进直销业发展的指导意见,以解决行业转型升级不到位、市场竞争不公平等突出问题。同时,国家工商总局反垄断与反不正当竞争执法局又发出了关于开展直销行业退换货制度落实情况检查的通知,要求对直销企业是否建立并实行了完善的换货和退货制度，对经营者和消费者的退换货权益保障展开检查整顿运动，这正是对直销业秩序进行重建。这其中，也许有文明的冲突，也许有经济的博弈，但是直销业内的众多纠纷与事件都大多与产品的退换货不无关系，这是一次极好的秩序重建运动。在法律法规的完善与整顿秩序的同时，相信中国直销业的发展环境会更加恰如其分、融入生活。

参考资料：

[1]《湖南专家呼吁修改直销条例》，2016.6。

[2] 庞涛，《劳动法应明确直销员"法律身份"》，2014.9。

电子商务篇

Electronic commerce chapter

3.1
社交电商对直销发展的影响

摘　要：据调研数据显示，无网购行为网民占3%，而从未在社交平台购物的网民则有11.6%。同时，在网购比例中社交电商消费量在10%至20%的人数高达6成，这意味着未来社交电商的渗透人群覆盖具有较大发展空间。目前社交电商的核心人群就是80、90后，且占比高达74%以上。这是一群爱社交、爱分享，注重口碑、价格、产品质量与服务体验的网络消费族。也可以说是以"人"为中心的消费升级的一个体现。据相关数据统计，超过60%的用户受到好友推荐、社交分享的影响而有过购买行为。

关键词：直销法律法规制度 多层次直销 商业伦理规范 市场准入制度

一、从行业发展前景来说，"社交电商"行业正在兴起，未来市场空间巨大

直销行业中所流通的商品都是直销企业厂家直接供货的，直销人员直接面对的是商品的消费者。而直销行业中的很多直销企业注重产品品质，研发产品技术，因此直销产品的成本与传统零售市场中的同类产品相比较，价格相对较高，因此很多人就会感觉到被骗。此外，直销企业在拓展市场过程中，由于与经销商并非是雇佣关系，没有劳动合同，因此对于市场运营规范监管力度不足，导致出现许多违规、涉传行为，让公众对直销产生误区，认为直销就是传销。

那么，针对"直销"的种种诟病，需要怎样去解决呢？在互联网时代，需要"电商"的概念加入，利用互联网的手段也许可以改变一切。

首先，直销的体制就是依靠人与人之间的关系而建立起来的，这个隐含的元素则是社交，而互联网恰恰可以强化该元素。比如现在流行的"微信、QQ、微博"等社交软件都是人群的聚集地，并可以突破空间，拉近人与人之间的关系，是可以推动直销的发展的。

其次，互联网让所有的商品的信息及价格都是公开透明的。这对于想要通过产品价格蒙骗来发展下一级的推销员来说，无疑是一个限制。通过互联网可以加深直销人员和消费者之间的沟通与了解，同时直销人员也能够通过互联网改变自己的推销方式，可以利用现代的互联网技术，通过线上的方式即可达到与消费者之间的购销。

最后，互联网电商的出现解决了商品销售中制约其发展的两大因素——时间与空间。这两个问题的解决，让很多人可以利用

碎片化的时间来进行推销,在家里也可以工作。而对于消费者来说,利用碎片化的时间购物比东奔西跑要轻松得多。同时,通过互联网中的大数据、云平台、物联网等技术手段,商品销售效率也在逐渐提高,更利于商品的流通。

中投顾问在《2016-2020 年中国社交电商行业深度调研及投资前景预测报告》中提出,2015 年,各大企业凭借原有的电商基因和品牌积累,纷纷试水移动端,开发与运营移动端 APP,并逐渐形成了一批代表性的平台微商,如口袋购物、拍拍小店、微卖、有赞等。经过多年积累与发展,平台型微商产品、推广、交易、数据管理等逐渐得到认可;中商产业研究院预测,由于平台型微商具备货源质量保障、流量扶持政策、丰富达人资源等多方面优势,解决了微商交易过程中交易机制、信任机制、消费者保障等核心问题,未来个人微商与品牌微商将继续向平台型微商融合,未来更多高黏性商家、分销商将聚集于平台型微商,在社交电商行业日益规范的同时,不断发展壮大,有望成为产业的主导者。

未来网络购物向移动端转化已成为大势所趋,优质商品、供应链、社交场景向购物场景转换能力等将成为社交电商关键竞争要素,社交电商将由零售通道向呈现商品、社交、终端、平台及第三方等的多元化消费生态转化。社交电商针对传统平台商户流量成本高企、消费者购物效率低的痛点迎需而起,行业发展潜力及成长前景被看好。

2017 年 5 月 19 日,中国互联网协会微商工作组秘书长于立娟女发表了《社交电商引领电子商务新时代》的公开演讲,其从三个方面分析了社交电商:一是从理论上分析社交电商带来这么多的机会和发展的原因,二是对社交电商的看法,三是社交电商新契机。

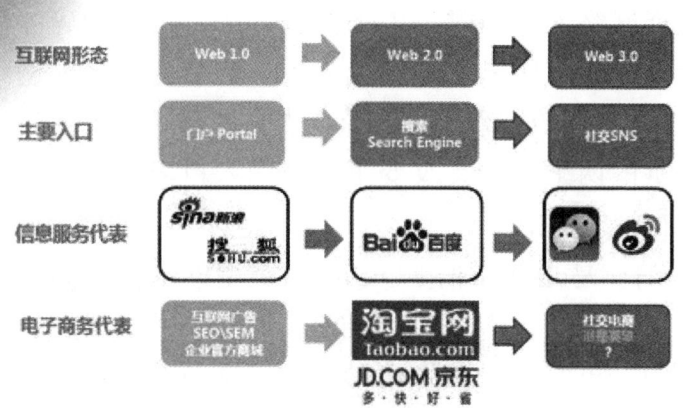

进入社交电商的 3.0 时代。社交或电子商务、信息发展的三个过程。如今，电商也进入了快速发展阶段。对于社交电商来说，第一个阶段 web1.0，就是新浪、搜狐此类平台解决用户对于信息快速有效获取的问题时期，在这些问题的解决过程中，也逐渐产生出商业价值。同时也出现了广义上的电商，互联网广告、搜索引擎，以及具有代表性的传统商城，至此社会进入到广义电商阶段。

第二个阶段则是互联网信息 2.0 时代。在这个时代，信息大量过剩，商家通过搜索把信息进行有效组合，让用户可以根据自己的寻求搜索到感兴趣的内容，该时期成就了谷歌、百度等第二类企业发展，这些企业至今依旧对人们非常重要。而该时期，在电商领域产生了以淘宝和京东为代表的网购平台，其到今天为止仍然是以流量为主，但现如今也面临着如何持续有效获取流量的问题，因此阿里要解决的问题是其社交电商如何更好地发展突破。

第三个阶段，随着互联网技术不断发展，很多人利用互联网为自己赢得"话语权"，将自己作为一个自媒体中心，以网状结构、社交化的形态，与更多人进行交流。因此，出现了社群、社区、社交网络的平台，如微信、微博，这些都能以自己为中心向四周发展联络人，同时，电子商务的平台也开始碎片化，其核心也慢慢被去掉。所以，以搜索为中心的电商平台也遇到了巨大流量的瓶颈，所以逐渐产生了叫"社交电商"的平台。"社交"是非常关键的两个字，其改变了用户的入口习惯，也迸发出新的商机。但在社交大的平台里，腾讯首当其冲，据悉，截至2016年，有70%的交易是在微信+QQ这种类型的平台上完成的。在这样的情况下，没有一个顶尖的企业在社交平台上出现，更多还是分散出现的。虽然到现在为止，有一些微商的企业已经做到年度销售额几十亿甚至到百亿的规模，但是仍然没有形成垄断性的平台。所以，在新的历史时代，其实每一个愿意创新的企业和个人都愿意有这样的发展机会。希望再过三五年，经过各位的努力，可以成为顶尖的企业。

二、从社交角度分析微商、直销与社交电商的共通性

从社交角度来说，微商、直销、社交电商三个领域中都具有社交因素。

（一）从人联网到互联网——"移动＋社交＋电商"模式登场

在社交点平台兴起的时代，电子商务进入了一个新时代。电子商务的定义，即社交电商是基于人际关系网络，利用互联网社交工具，从事商品或服务营销的经营行为，是新型电子商务的重要表现形式之一。微商可以归纳为社交电商的形式，它是由长尾效应组成新的业态。

随着微商的快速成长，微商这个以草根为主的群体从下向上刮起了一阵风，并形成巨大的规模草根并推向主体，形成了巨大

规模。同时，社交媒体的电商化也让很多独立的微商品牌化。

　　社交电商是分享经济的一个组成部分，微商已经成为新商业形态，给这个商业的进步发展提供着理论基础，这也为分享经济做出了重要说明，第一个因素就是公众。从事微商事业的多是个人，且在事业上没有太大成就，还有一些类似于全职太太等群体。大量公众的参与，使这样一个形态快速传播，并被广为接受。第二是闲置，闲置往往会带来很大的动力，如在摩拜、ofo之前，类似月骑自行车这样的分享经济形式有吗？也有，只是摩拜、ofo这两者的崛起发展得非常快。微商也是如此，它利用了闲置的人际关系，将人际关系做有效的传播，从而获得较大收益。第三即是平台，微商虽然没有一个中心化平台，却有不少百亿规模的平台，更有专业的第三方技术平台。同时，也有传统品牌供应商作为产品支撑、前台有效支付等技术应用，让微商这个平台越来越具有张性，可复制性越来越高，带来了长期的发展机会。第四是收入，如果没有收入就不会有大的发展，而收入是满足人的刚性需求，这样的业务形式一定会有大的发展机会。这四个要点符合新经济的发展规律，所以发展较快。

　　微商呈现出有价值的发展特点，传统行业想深入交流、了解微商，甚至想拿出品类做实验。同时，微商总结经验和可用规则，逐渐把这些扩大为了可复制的群体。另外从管理角度来讲，相关部门也着手探讨相关管理机制，摸索分平台、分模块、分责任等进行有效管理方法，以促进该行业的规范发展。

　　当然，新的技术创新会形成新的思维创新，通过技术创新，可以让更有体验感的好物品更容易销售。未来，基于互联网的快速发展，在这个消费者连接力的问题解决之后，更多基于互联网下半场带来的新模式、新思维、新技术会为更多人带来新契机。

　　由此可以看出，社交电商与微商还有直销之间的关系，应当是很相近的。

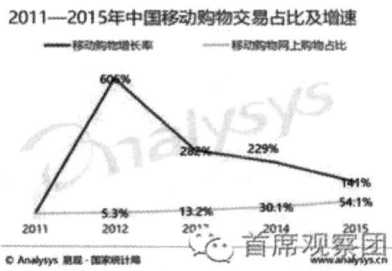

在直销行业中，社交是直销销售行为过程中不可或缺的基因因素。因此，在社交电商兴起之时，社交电商也被很多人认为会是直销行业发展的下一个风口。

2011年是以PC为王的电商1.0时代；2014年移动端发展迅猛，进入移动APP为主的电商2.0时代；2015年，社交电商崛起，电商3.0时代来临。以有赞、口袋购物、微卖等形成一批代表性社交电商，经过多年的积累与发展迅速崛起，社交电商产品、推广、交易、数据管理等逐渐受到公众的认可与关注。

据调研数据显示，无网购行为网民占3%，而从未在社交平台上购物的网民则有11.6%。同时，在网购比例中社交电商消费量在10%至20%的人数高达6成，这意味着未来社交电商的渗透人群覆盖具有较大发展空间。2016年，许多社交电商平台商户数实现了200%以上的增长，用户数实现了10倍以上增长。

（二）从细化人群偏爱程度上来看，社交电商是现有主力消费军80、90后的钟爱渠道之一

目前社交电商的核心人群以80、90后为主，且占比高达74%以上。这是一群爱社交、爱分享，注重口碑、价格、产品质量与服务体验的网络消费族。也可以说是以"人"为中心的消费升级的一

个体现。据相关数据统计显示，超过60%的用户受到好友推荐、社交分享的影响而有过购买行为。这就不难理解，生活中经常都会遇到向身边某一方面的"老人"打听经验的状况了。比如，要购买人生第一部相机，除了上网做功课外，不免要向身边的资深摄影发烧友打听一下，给自己购买相机来个靠谱的建议与推荐。在信任分享的基础上，具有价格优势与良好体验的商品或是服务已越来越受到社交电商消费者的认可。

以微信为例，它已经成为拉动信息消费的重要力量。2016年，社交电商的商家规模超过了千万，社交工具对信息消费的拉动突破1800亿元。预计到2018年，市场规模将有望突破万亿。也就是说，未来三年社交电商将有十倍以上的拓展空间。

面对如此庞大发展空间的社交电商浪潮，对天生带有社交属性的直销行业来说，无疑是个很好的发展契机。直销企业若能精心布局、打造好企业自身的社交电商平台，将会成为其征服产品市场的一把利刃。移动社交电商所具备的庞大人群流量、丰富达人资源等优势，可以解决直销交易过程中信任危机、消费者保障等核心问题。因此，移动社交电商平台的打造将成为各大直销企业展开竞逐市场的重要销售端。

而在积极布局移动社交电商的规划中，必然需要移动支付作为坚强后盾，方能水到渠成。2007年之后，为了迎接3G时代的到来，很多专业支付技术机构相继推出移动支付产品，抢先占据了移动支付领域的话语权。至今，移动支付包含扫码支付、快捷支付、mPOS支付等多种支付方式，支持移动端各主流设备，覆盖H5/APP多终端支付，从而满足了直销企业的会员进行线上充值、线下实体店充值的多场景支付需求，让用户在手机上选择商品、下订单、完成支付的整个购物充值流程，随时随地可以享受充值的便利性。

社交电商行业发展潜力及成长前景被极度看好，未来社交电商将是大势所趋。这些大数据也表明,我们正在经历一个美好的时代,有着很广阔的机遇。

三、互联网+带来效率大幅提升——直销电商短期内井喷

在"互联网+"与创业浪潮的迭起之下,直销公司也开始全面实施数字化战略、体验战略和年轻化战略,依托其直销模式进行转型升级。"互联网+直销"猜想,或许能给我们一些启发。

互联网化能够极大提升沟通效率、资源使用效率,已是不争的事实,小米的爆发式成功正有赖于此。直销体系的内外沟通效率以及各种资源使用效率,显然会随着互联网化以及微信、微博、APP的使用几何级数提升。由于直销行业建立在以社交为基础的商业模式之上,因此直销早在互联网出现之前就被称为网络销售;而且直销网络在社交媒体出现之前,已织就了一个强关系的"人联网"。直销"人联网"多对多的信息信任分享、面对面互动、利益交织、自我拓展的特点,正是社交网络营销所追求的。

(一)直销互联网化,加快行业年轻化进程

直销行业的营销人员年龄层分布较广,但与其他行业相比较,直销行业的年轻人员占比较少。

直销行业的"人联网"属性在根本上与互联网有种"天生是一对"的契合,直销行业有人联网、互联网这样两双"隐形的翅膀",只要敢于消除互联网时代思想上的壁垒与排斥,打好既有优势的牌,就一定能够在互联网的浪潮中打下一片天地。

不可否认,移动互联网正在逐渐改变我们的生活。微信的诞生,开创了中国的O2O时代。全球已有16亿手机用户、超过9亿人群每天都在不停地使用微信,有人的地方就有商机。对于年轻人来说,新兴事物和联系方式更能引起他们的兴趣,而众多直销企业针对年

轻人制定的网络化培训方式更能吸引年轻人的加入，推动行业的年轻化进程。

（二）一部手机，便可让业绩不断攀升

uber，一个美国的手机软件，颠覆了全球几亿人的生活和出行方式。而来自中国的滴滴打车同样发展迅速。他们的成功都起源于一部手机。现在，你利用网店和微店也只需一部手机就能重新构建起零售及直销的新秩序。移动端开发，打破了原有传统企业创造业绩的方式。

（三）"互联网+直销"分析

直销模式在中国很早以前就存在了，但为何一直都没有成为主流？这是有几大原因：一是在中国多年来都以中心化的业态为主，每个人都需要有自己的工作，都需要固定在办公室上班。二是受当时的主流社会及传统观念的影响，在无固定场所上班并不是佳选。第三是直销的管理成本太高，因为当时没有像我们现在的移动互联网终端，直销传播或培训需要面对面的服务，管理成本太高。所以，直销模式一直都存在但缺没有成为主流。

而现如今，"互联网+直销"的诞生无疑是对传统直销模式的升级与优化。社交平台以及互联网平台可以进行快速的传播和组织管理，降低管理成本。最重要的是建立直销整个业态里的消费者关系，其实就是一种人与人的关系。而在传统商业形态里，无论是线下还是线上，其实归根到底是一种人和店的关系，是一种买卖的交易关系。"互联网+直销"作为以人为销售通路的模式更容易产生信任与情感，从而更好地影响人的消费和决策，也就是直销模式的优化升级，更便于人人参与，因为顾客通过利用互联网社交平台很自然地就可以进行分享。营销大师克里曼特·斯通说过："未来的营销不需要太多渠道，只要能让你的产品进入消费者的手机就是最好的营销"。目前，微信作为一个以分钟为频度的应用已经占据了用户大部分的

碎片时间，所以只要能让你的产品进入到消费者的微信就是最好的营销。

四、电子商务对消费群体的影响

电子商务的发展，让消费者对于线上服务青睐有加，可以说电子商务使各行业消费者的消费习惯产生了巨大改变。

（一）电子商务中消费者的层次划分

1、节约时间型。经常可以在双职工家庭中发现，他们愿意通过购买支付额外或更高的价格来节约时间，而不管是否喜欢在线购物体验。

2、购物逃避型。他们不喜欢面对面购物的体验，网络成为了他们避免拥挤、排队、堵塞的手段。

3、对时间和价格敏感型。仅利用网络来收集材料，节省购物所需要的精力，由于种种原因，他们更愿意通过网上查询后在传统商店购买商品。

4、品牌忠诚型。他们信任特定品牌，无论是传统购物还是电子商务，这很可能是会给商家带来最高人均收入与利润的消费者群。

5、单身购物型。客户上网不仅是为了购物，还为了获得银行服务、交流、游戏、新闻以及其他活动。

6、追求时尚特色型。通常是一些年轻人，他们选择电子商务消费的原因可能主要是由于在他们看来这很前卫，而并没有考虑过自己是否真的需要这些产品。

（二）电子商务下消费者行为特征

1、消费心理个性化

消费品市场发展到今天，多数产品无论是在数量还是质量上都极为丰富，消费者能够以个人心理愿望为基础挑选并购买商品或服务。现代消费者往往富于想象力、渴望变化、喜欢创新、有强烈的好奇心，对个性化消费提出了更高要求。他们所选择的已不再单是商品的实用价值，更要与众不同，充分体现出个体的自身价值，这已成为他们消费的首要标准。可见，个性化消费已成为现代消费的主流。

2、消费的主动性增强

有人称，网络时代的消费者是"坚持己见积极为自己的主张辩护"。他们不习惯被动接受，而习惯于主动选择。这种消费主动性的增强一方面来源于以互联网为标志的信息媒体技术的发展，另一方面则来源于现代社会不确定性的增加和人类需求心理稳定及平衡的欲望。网络时代信息技术的发展使消费者能够更方便地进行信息的收集、分析并进行双向沟通，从而在商品选择上拥有更大的主动性。

3、追求购买的方便和购物乐趣

目前，人们的消费过程出现了两种追求的趋势：一方面，人们的生活节奏加快，消费者会对购物的方便性有越来越高的要求，他们追求时间和劳动成本的尽量节省，希望购物能用较少的时间获得更高的价值，希望少一点麻烦多一些选择，特别是对需求和品牌选择都相对稳定的日常消费者而言这一点尤为突出；另一方面，由于劳动生产率的提高，人们可供自由支配的时间增加，购物已成为某些消费者的生活乐趣，这可以使他们保持与社会的联系，赢得尊重，减少内心的孤独感。对这些人而言，购物是一种精神享受。今后，这两种消费心理都会在较长时间内并存。

4、价格仍是影响消费心理的重要因素

从消费者的角度来说，价格已不是决定其购买的唯一因素，但却是消费者购买商品时肯定要考虑的因素。网上购物之所以具有生命力，其重要原因之一在于网上销售的商品价格普遍低廉。因为正常情况下网上销售的低成本使经营者有能力降低商品销售的价格，并开展各种促销活动，给消费者带来实惠。

（三）电子商务下的消费者行为——网上购物

网络基础设施的不断发展与完善，网民规模的不断扩大，网络服务质量的不断升级，在物质方面给电子商务提供了牢固基础，再加上由于网络不断深入人们的生活，网上购物和网络活动已经成为大众生活的一部分，电子商务理念越来越被人们接受。互联网和电子商务的发展，带给普通网民最实质性的便利及好处便是网络购物。随着我国网络购物环境和相关配套环境的改善，网络购物市场的增长趋势明显，发展潜力充足，网购已经成为大众购物的常态，双十一、双十二更是网购普及的标志。网上购物成为了消费者的购物大趋势。

（四）从传统到电子商务时代，消费者行为的改变

从购买行为的本质来说，它是消费者在特定的情境下完成的，而在传统的零售商业情况下，消费者购买决策的做出是与销售现场的环境密切相关的。销售人员的态度、说服工作、销售现场的氛围及销售刺激会对消费者的购买行为产生影响，消费者经常会在销售现场就做出购买与否的决定，消费行为存在一定程度的冲动性。然而，在互联网上，购物网站难以达到销售现场的刺激效果，也没有推销员的说服，购买商品的压力也没有了，消费者不必考虑销售人员的感受及情绪，购买行为更趋理性。消费者习惯于在网站与网站之间频繁地转换、浏览，比较与选择的空间增大了，导致顾客会轻易放弃或轻易转向其他商家进行购买。

在传统商业模式下，由于信息不对称，即生产经营者总是拥有比消费者更为专业、更为丰富的产品知识，这使得消费者在做出购买选择时通常会较多依赖于生产经营者传递的信息。传统的大众媒体（如电视、广播、报纸、杂志等），都是单向信息传播，强制性地在一定区域内发布广告信息，大众只能被动地接受，商家不能及时、

准确获得消费者反馈的信息。而网络则具有无比广泛的传播时空、非强迫性和全天候传播等特点,消费者可以随时随地主动阅读广告、访问企业站点等,广告内容也更直观、生动、丰富,更新较快。消费者还可以通过友情链接或搜索引擎访问竞争者的网站,将他们的产品相关信息、产品网页进行对比分析,可以较系统全面地了解商品特性。消费者之间可以通过网上的虚拟社区,彼此之间交流思想,传递信息。消费者对商品从无知过渡到有知,从知之甚少到耳熟能详。消费者的购买行为有从"非专家型购买"向"专家型购买"转变的趋势。

五、传统电商 PK 社交电商

随着移动互联网的飞速发展与普及,社交电商逐步成为了移动电商时代风口浪尖上的弄潮儿。不少商业大咖都表示,虽然传统电商也有自身的优势,但在不久的未来,社交电商势必会逐步取代传统电商,不仅因为社交电商是时代的呼唤,阿里、京东等这些大咖也在推动着社交电商的发展,更因为为商家提供移动社交领域解决方案的企业越来越多、越来越成熟。

了解一个行业的发展与未来的走向从来都不能只听一家之言,业内的大咖们怎么看?今天就一起来看看大咖们的战略前瞻。

刘强东(京东集团首席执行官):社交加上电商为消费者带来了不同场景的消费需求的满足,随着 90 后的成长、00 后即将闪亮登场,他们两代人对购物的需求和我们 70 后和 80 后有着很大区别,他们经常会通过微信分享买到的好东西,向身边的人、朋友推荐品牌,给品牌带来的价值要比广告来得更为直观。未来的时代注定属于移动社交电商,随着移动设备的不断发展,我相信购物会变成"所见即所得",随着 3D 虚拟技术的发展,甚至可以做到所想即所得。

马化腾（腾讯公司控股董事会主席兼首席执行官）："社交+电商"这种企业之间的合作在全球都没有发生过，我们腾讯通过与京东的合作在中国第一次尝试加以打通。对于社交电商的未来，我还有更多的期望，其有很大潜力。自2015年以来，移动互联网线下商机的结合已经形成趋势，O2O的模式中国领先于全球。我们已经意识到，社交电商的未来不可限量，我们希望所有合作伙伴一起来探索这样一个社交电商的全新时代。再小的个体也有品牌，大的平台商更需要经营自己核心的粉丝群，通过社交平台、电商平台与完美的物流供应链来支持。

张近东（苏宁云商集团董事长）：不能简单地将社交化等同于微博宣传、微信推广，更不能把千军万马搞微商当作是实体零售转型的主导路径。只有通过社交化的人与人的互动服务，才能提供有个性、有温度的服务。实体零售插上移动互联网的技术翅膀，通过社交化的用户服务，抓住个性化、差异化的需求，进行精准营销，是实现智慧零售的重要途径。

马云（阿里巴巴集团创始人）：传统模式的高成本和激烈竞争导致社交电商成为了最佳选择，不知不觉你会发现家里已经有人在使用社交电商产品，周围做社交电商的人也越来越多。未来两年，中国将会有30%-45%的人从事社交电商。这也意味着，每个家庭将会有80%的人以社交电商的形式创业。

张瑞敏（海尔集团董事局主席）："社交电商时代"的核心竞争力就是"诚信"。而拥有诚信的方法只有一个，构建"社群经济"。社群经济不是如"罗辑思维"般先尽可能多地把用户聚集在一起，形成强大的流量势能，然后在其中主观性地卖商品，而是要用"需求"倒逼"连接"，发现什么问题就解决什么问题。这是一个非线性的，追求"浮现"机制的思维模式。

周希俭（中脉健康产业集团董事局主席）：生意的根源在于人，

人在哪里，商机就在哪里。社交流量决定财富容量，互联网经济的未来蓝海就是移动社交零售市场。"分享健康、分享快乐"本来就是一种社交，传统直销移动社交化、社交零售直销模式化，就是脉宝云店的发展方向。中脉布局社交电商有着天生的优势，中脉有着宽广的渠道资源。脉宝云店将借助于移动互联网的东风，拥抱移动互联经济的挑战及机遇，开启传统直销移动社交化、社交零售直销模式化的新征途。

移动互联网为电商和在线社交的发展与普及提供了支持，用户通过具有相似生活背景和审美偏好的关系链便能获取购物资讯、实现购物行为，随后再通过社交网络分享购物体验，从而引发社交关系之间的交互、关注与口碑传播，以激发产生后续的购物行为。据统计，2016年中国有6.8亿人在使用社交网络，接近于全球社交网络用户的1/3。随着移动互联网和智能移动终端的全面普及，移动社交领域亮点纷呈。社交平台的普及，对于直销行业来说将会是又一个能够挖掘客户的潜在市场。

参考资料：

[1]《新零售趋势下的社交电商将怎么发展？》，2017。

[2]《观察：社交电商或成直企发展的下一个"风口"》，2017。

3.2
微商对直销发展的影响

摘　要：随着社会科技的发展，互联网早已经融入到人类生活的方方面面。互联网与新媒体相结合，给社会带来了更大突破。微信作为互联网与新媒体相结合之后的产物，具有实时便捷的优点，很多商家发觉到了商机之后，微信营销也就应运而生。现在，已有越来越多的人投入到了微信营销的大潮流中。

关键词：微商　经营者　微信营销

　　近年来，中国移动经济的发展速度及增长数字都相当惊人。移动电子商务在这样的环境下也经历了从无到有、从起步到成熟的崛起过程。这其中也成就了一大批微商从业者，他们似乎在一夜之间横空出世，开始了于朋友圈的各种产品销售。

　　随着传销组织的潜入，微商也被贴上了各种"杀熟"、"传销"的标签，门槛低、时间短、投入少、收益高的宣传一度让人们认为微商的经营模式就是各种悠哉游哉地"刷朋友圈"。其实不然，微商之所以能够发展迅速，形成很大规模，可以说与其层层代理的模式是不可分割的，很多微商受益者都是依靠发展下级代理，层层批货囤货的模式赚得盆满钵满的。

一、有利可图，消费者、经营者实现共赢

微商的强势发展是有目共睹的，一直以来，微商通过各大社交媒体的宣传推广逐渐遍及了我们的日常生活。而微商在塑造了新兴消费生态的同时，也暴露出了诸多弊端，但是微商全面推出全新商业模式——电招微商充分解决了传统微商的困难及问题，让微商迎来了发展的新局面。

电招微商这一名词可谓给微商市场带来了全新的发展态势。这个由微商梦工厂旗下开发、延伸出的商业模式充分避开了传统微商发展的弊端，以电视引流的方法为微商带来了理想的客流与财富。在经历了2015年微商的淘汰与筛选后，电招微商让真正有实力的大品牌能够通过电视广告投放传递招募信息、进行品牌宣传、产品宣传、模式宣传，为微商带来客源，最终协助其成交。这一新模式的开展彻底解决了传统微商的流量和客源问题，更使得原本充斥于微商市场的不入流小品牌被真正专业的大品牌所替代，保证了微商整体发展的健康态势。

以"品牌+品质+售后+电视招募+客源+成交"为核心的电招微商，关键在于品牌的电视广告宣传，有实力的大品牌借助于电招微商模式，通过电视广告投放来进行微商粉丝的招募，并进行品牌价值、产品品质的传递，充分解决了微商发展中的流量客源问题，协助了成交的完成，引领微商进入到健康发展的新轨道。

如今，微商已经从最初的刷屏卖货改为招代理发展下线了，从晒商品图片改为晒提成佣金。诸如一级代理、二级代理、三级代理，甚至更多，这些代理商把货发给真正卖货的微商，然后由这些微商再卖给消费者。这样一级一级发展下去，假设每人每天推广一个客户，算上代理商在中间赚取的差价和返点，利润确实可观，不仅真正实现了"足不出户"就能轻轻松松把钱赚，而且还形成了"全民微商"

的强大规模。

另一方面，微商的"裂变分销"政策也促使消费者变成经营者，通过官方二维码生成购买链接，统一接受、统一发货，采取终身提成的返利政策，实现持续消费就会产生持续收益。对于企业而言，可以将更多的消费者转化为产消者，对产消者而言有利可图，乐此不疲。

二、市场混乱，法律规范任重而道远

任何事物都是一把双刃剑，虽然社会已进入到"全民微商时代"，很多人期望在微商领域掘金，但无论是招代理发展下线还是裂变分销都存在着多种弊端。首先，微商更多的还是利用亲人朋友间的网络进行销售，而友情与利益往往是把双刃剑；其次，微商绝大多数是基于朋友圈的营销，是通过一点点汇集人脉关系进行销售，而在移动互联网的扁平化时代里，人数过多的低效益商业模式是存在社会安全风险的。微商行业也将逐渐远离暴利。

另外，微商这种层级代理以及金字塔式的奖励体系模式容易造成微商市场的混乱，对微商的良性发展很不利。与此同时，目前并没有相关的法律条文来界定，合不合法也只是由商家自说自话。一旦出现纠纷，就会出现取证难、消费者权益无法得到保障等问题。

三、火热之后的思考

盲目追捧，出现了弊端之后热度退却，带给了人们更多的思考。当渠道越来越窄，当转化率越来越低，当红利逐渐消失，当市场被寡头瓜分，当只是为了"赔本赚吆喝"时，我们知道，当初那个靠"流量 + 转化率"的微商 1.0 时代已经过去了。

那既然微商发展到了如此地步，直销能否凭借微商转型，这也是一个值得思考的问题。对此，也有很多专业人士做了思考，并提出了各种观点。

企业大咖观点如下：

胡国安（绿之韵集团董事长）：微商在"风口"频现的时代背景中应运而生，虽然在政府、舆论、技术、人脉等方面具有得天独厚的优势，但是微商处于野蛮生长的初级阶段，各种缺点也在暴露，信任危机、缺失理智、同质化现象严重、商业模式不规范等问题充斥着行业。

微商想要长远发展，应弥补缺点，吸收传统的经销模式以及创新销售，取长补短，结合各种模式的优势创新微商模式。因此，微商转型直销成为优化趋势。"直销＋微商"，是直销行业和电商行业的突破，它可以弥补直销产品不足的缺陷，亦可解决微商的以下问题：第一，与消费者没有沟通机制，对产品的选购没有引导；第二，假冒伪劣产品不可阻挡；第三，没有售后服务机制，产品使用没有辅导；第四，没有地面店铺等等。

那么，直销与微商如何才能更好地融合嫁接？直销行业应该用辩证的观点、包容的心态，以及机会的视觉看待微商，要统一思想、高度认识到两个重点：其一，坚持"把最好的产品以最快的速度传递给最需要的人，对任何能够导致"快速渠道"的新生事物不能置之不理，微商渠道则是其中之一；其二，"直销＋电子商务"，对于电子商务领域任何具有创造性与挑战性的变革，我们都不能置若罔闻，微商作为电子商务的一种延伸业态，直销人则需要持续关注。

因此，行业应该看到微商的这三种力量：巨大的模式创新力、传播的爆发力，以及全民参与的扩张力，勿以商"微"而不为。有条件的实力企业可以主动参与，从而打造出微商领域的"领先样本"来。

施光辉（三生供应链中心总裁）：新兴的市场在初期都会有大量发展空间与机会。而直销在中国历时已久，近两年也已经不断有更多的企业加入到直销行业，所以微商转型做直销的发展空间、机会相对的可能性会很小。

或许有人会说，微商也是基于人脉的基础，两者不是有一定关联吗？诚然，微商跟直销是有着一定相似性，但同时两者也存在着很大差异。从形式上看，微商大都以小型团队的形式存在，其独立运作性和流动性较强，很容易独立出来，这直接导致了人才、团队的流动性较大，企业跟微商团队之间的黏性很低。而直销的团队一般都形成了规模，不管是系统的成立还是直销人员的参与都是基于对一种文化的认同，所以每个直销人在被文化、情怀影响的基础上经营自己的直销事业往往都具有更大的动力、更持久的忠诚度。另外，众所周知，微商主要依赖于互联网的传播，而对于直销企业更加强调的是线下的交流，互联网只是一种辅助工具。

所以，微商想要转型做直销并不是动动嘴，在朋友圈里高调吼几句就可以的。建议如果真的下定决心做直销，那么就应先从产品、技术、团队建设等几个方面入手，全面做好直销的准备工作，未来将会是一场持久的战役。

钟建和（炎帝生物董事CEO）：微商转型直销的原因在于，直销是一个新的发展趋势潮流，如今，直销模式相对成熟，并且有国家政策的大力支持。微商是一个创新性模式，无法长远发展，需要寻求发展的根源，而直销则具有许多优势，有系统培训、互联网互动、产品分享，认同感高，所以，微商转型直销是一个很好的选择，但不能说是唯一的出路。

微商作为一种兴起的潮流趋势，虽然现如今深受追捧，但潮起潮落，潮流总会退去，因此，把握微商命脉，掌握发展趋势是企业在微商领域寻求发展的重点。直销是落地的人对人传播模式，在培训上有一定的套路，在中国的政策法规中，有相对完善的条例规范，但微商却是摸着石头过河，还欠缺很多东西，模式上也受到了很多质疑，如涉嫌传销、金融诈骗等。所以，微商的转型是寻求合法性保护的一种选择。

对我个人而言，互联网只是一个工具，可以借助与利用，但不能以互联网为根本，互联网平台不是万能的，到目前为止也没有哪家企业是依靠互联网起家的，而一直在微商领域相对较活跃的某些企业也并不见得发展得很好。工具会跟着时代的不断更新进步而不断被淘汰，只有人才是根本，只有依靠人，把市场团队建立好、把服务和产品落实好，才是长久发展的关键。

微商的发展前景或者转型成功与否都无法预测，任何有生命力的东西都有其发展规律，生命力不同所得到的结果也不一样，而只有清楚自身的优势和劣势，去寻找一个平衡点，才有发展的可能。

邓盛（六一集团副董事长）：微商转做直销，可能基于三个层面：其一，传统微商的基础并未打好；其二，对目前模式以及状态的未来信心不足；其三，未能找到更好办法解决目前存在的问题。

目前的微商存在的问题有：第一，轻关系，重交易；第二，无后续服务，安全保障缺失；第三，行业较乱，品质无保障。如今微商面临的最大难题可谓是口碑与质量——即品牌建设与科技含量的问题。但没有一个行业是是能够永久成功的，只有顺应时代的思路才能决定你的出路。哪怕是直销行业，在发展前期也碰到了同样的问题，这是一个自然、成长的过程，只要企业能在当下抓住时代的风向，合理规划，同时凸显自己的优势与领先地位，才能获得生存的新机。

直销与微商，其实就好比"汽车"与"飞机"这两大交通工具，不能说哪个好哪个不好，其应该是并存的，或者说应该是相结合的，相互取长补短，共造一个双赢的状态。但是对于微商转战直销来讲，还是希望其不要把自身的"本"丢了，应该要注重几年以来累积的影响力及地位，再把自己的品质口碑与公信力建立起来，切忌盲目跟风。微商转型直销的持续发展，让我们拭目以待。

行业专家观点如下：

王君平（直销行业专家）：短短几年，微商经历了从诞生到迅猛发展、到裂变为遍地开花，到进入整合转型期。互联网衍生的营销模式发展的速度，超越了之前所有经济形式的发展速度。

微商成本低廉、模式简单、容易复制而大量裂变，小公司、小经营个体层出不穷；而产品质量、售后服务难以保证，呈现出了公众信任危机，一些微商经营者开始思考该如何去规范与完善。但不能说微商就遇到了难以克服的发展瓶颈，也并不是说微商今后就没有生存发展的空间了，转型是把不完善的地方加以完善、把欠缺的内容予以加强，这是一个行业或者企业很自然的发展过程。

对比微商和直销的特点就会发现，微商利用微信朋友圈迅速传播与管理，分配制度简单，为草根提供了创业机会，把速度优势发挥到了极致。从行业体量来看，单个企业体量的发展已超过了直销当年的规模。在大众创业、万众创新的年代，政府对待这一经济新生事物也采取了包容的态度，任其野蛮生长。但微商产品单薄、文化浅薄，互联网维护消费者关系难，建立稳定成长的销售团队难。而直销，政府立法管理，企业守法经营，在产品、服务、文化等方面越来越精细化发展，并且营销模式涵盖的范围较广，如专卖店、会议营销、体验经济、粉丝经济、互联网工具等，得其一就可立足于商海。目前，直销也需要寻求突破点，需要借鉴其他行业的优点，因而一些直销企业也涉足了微商。

万马奔腾的微商是暂时的，之前的微商还是建立在产品和价格信息不对称的基础上发展，互联网法则也在洗礼着这一简单粗糙的模式，为了生存，微商开始进入到优胜劣汰，品牌整合的时代。微商转型直销并不是唯一的出路，转型的关键也不是简单变身为直销，而是借鉴直销的优势，把微商欠缺的加以弥补、把不擅长的加以完善。无论是哪种营销模式，都需要从企业经营的根本出发，做好产品与服务，巩固客户群体，发展销售队伍。

微商和直销的一些运作上的不同，在转型中也需要注意，如微商利用社交平台，使快速大量发展直接客户成为可能，服务与管理呈现出扁平化特点；直销在人力构架上注重深度培育骨干，服务和管理呈现出精细化特点。再如微商的基干力量是在校大学生，而《直销管理条例》则把大学生列为"七类人"，这些都需要转型者思考。

王利明（道道国际传媒总裁）：微商转型直销，可以说是必然的结果。从本质上来看，微商的发展和直销的发展有着惊人的相似之处，微商与生俱来就含有"直销因子"，只是微商主要是以线上为主，直销则以线下为主，两者都有会议营销、都依靠朋友圈、有专业的培训等等，模式极为相似。因此，微商要转型其实也并不难，也在常理之中。

直销的本源是把好的产品推介给身边的好友，微商起初也是一样，只是微商是通过自己的移动微信圈传播给自己的亲朋好友，而直销则以口口相传为主。但微商发展到一定程度，便会逐渐出现诸多不规范的行为，如低劣产品、假货、虚假宣传等充斥着整个微商环境，最终导致这个行业的信任度降低，甚至被扣上了涉嫌传销的头衔。不管是通过线上还是线下，本源都是要把好的产品推介给自己身边的人，微商主要依靠网络平台，缺少线下的连接，很难真正落地把顾客服务到位。而这恰恰是直销的优势之所在，直销注重地面网络的联系与维护，可以把服务真正做到"家"，这也是微商需要借鉴的地方。

微商进入直销是一个趋势，未来可能将会有更多微商企业转型直销，直销若拥抱微商更是一种升华。无论是哪种营销模式，只要是从企业经营的根本出发,做好产品与服务,巩固好客户群体,就能够制胜。

陈春来（电商领域专家、将来科技总裁）：微商转型直销,最根本的原因在于微商利益分配机制简单,无法获得合理的分配,没有长远、细化、科学的管理模式,所以无法支撑长期的发展。同时,微商本身发展中也出现了诸多不规范之处,例如出现许多假货,虚假宣传,许多小的微商团队也做品牌,出现了严重的囤货现象,囤货带来的大量低价串货销售导致负面事件此起彼伏,其宣传渠道不畅通,导致微商业务不被信任等等。而直销则有不能阻挡的魅力,直销模式相对规范化,有系统的管理模式,有利于解决产需矛盾,也能够有助于社会解决就业问题。

对于微商的转型,我个人持看好态度,但要理性看待直销行业的发展,直销也有不成熟的地方,应结合自己的优点进行优势互补,这样成功率会大很多。从目前来看,微商转型直销成功的案例有不少,我所了解的一个团队最初是做微商的,后来加入了某美资直企,通过模式的优化,市场业绩做得相当好；另外还有一个微商团队加盟了一家外资直销企业,也获得了业绩的暴涨。而许多微商没有转变营销模式,最后缺走向了灭亡。

总之,微商转型直销是一个新的趋势,无论是对微商本身还是直销行业来说都是好事——对于微商来说,能够借鉴直销的优势,使管理模式发生变化,改善利益分配机制。对于直销行业来说,微商也有自身的优势及特点,例如了解年轻客户群体的消费观念,这一点值得一些老牌直销企业学习。另外,微商转型直销能够使结构更加稳定、改变观念,这样搅一搅,可以为直销输入新鲜血液。

市场一线观点如下：

李圆福（聚缘国际系统创始人）：微商基于电商起步,具有发展价值，是一项值得发展的事业。微商平台主要依赖于微信，微信本是一个很好的推广平台，但也容易造成一些局限，如不得不以微信社群为中心，有一种无法真正落地的感觉，而这种模式又会轻易导致信任危机。微商若要持续正统的发展，也需要一个官方的身份认可。如今"互联网＋直销"的商业风向盛行，微商转型直销是必然的趋势，相信未来也将有更多的微商转型直销。

而微商发展到如今遇到了哪些瓶颈呢？首先，是分配模式的混乱，这种买产品成代理的上下级关系极不成熟，缺乏系统化的管理；其次，直销企业以人和文化为中心，注重线下教育培养，忠诚、信仰都是直销人所看重的东西，而微商则只体现了线上教育，并且明显火候不足；第三，产品缺乏质量保障；第四，顾客、经销商不稳定，流失率大。

在这种"互联网＋"的时代，对于微商转型直销有几点建议：第一，了解客户兴趣爱好，建立一个基础客户信息的数据库，以供留住客户、开发客户使用；第二，着力解决信任、沟通等残留的问题，降低信任成本；第三，合法、有序发展；第四，注重以产品为中心与导向，以好的口碑建立市场地位。

欧阳诚（苏州绿叶训练营总教练）： 微商转型做直销是发展的必然趋势。在过去的一年里，微商可谓是红透了半边天，但很明显，今年我们已经感觉到了微商这个词已经渐渐淡出人们的视野。

大多数做微商的人，其初衷都是为了挣钱、成就自己的一番事业。但真正做了微商后，很多人会发现账户上是有不错的进项，但钱大部分又都放在了囤货上，再加上微商的多级分销体系，其实最后大部分的微商是收入甚微甚至入不敷出的。也正是意识到了这一点，现在很多微商开始慢慢尝试转型。而鉴于微商和直销都与"人际"联系有比较紧密的特性，很多微商便纷纷将目光转向了直销。

微商转型做直销，从长远来看是一项更适合市场发展、自身需求的发展策略，但这其中需要经历一个从网上过渡到地面的过程，必须要将一切都落到实处。对于微商个人在转型时首要的就是选择一个靠谱、有实力的直销企业，好的产品、好的平台是关键。其次，一个好的导师、好的领导、好的教练也是你事业成功的必备条件。直销企业里业绩的倍增都是依靠于人才的倍增，所以你想要有好的直销事业首先就应该让自己成为一个好的直销人才，这对于很多微商来说还需要一个漫长的探索过程。而微商企业想要转型做直销，也需要充分做好人才、市场等各方面资源、资质的储备，最终才能在直销的行业大潮内乘风破浪，开拓出一片新天地来。

海鸥（春芝堂 ABM 系统）：自从微商诞生之日起，我就一直在关注微商的发展。很巧合的是，我有几个朋友参与了广州思埠微商项目，这让我有机会更清晰地了解以思埠为代表的中国微商发展历程。就目前而言，随着微商乱象屡次被中央电视台等权威媒体曝光，微商这一小群体被推到了风口浪尖上。官方权威媒体的曝光使得微商已经很难再通过最初的"熟人经济"继续驰骋于无人监管的朋友圈范围之内。各种传统媒体和新媒体也向微商发出了最严厉的质疑与警告。在中国，舆论导向很重要，可以影响一个人也可以影响一个行业的发展，所以，就目前而言，微商面临的最大危机是官方和社会舆论危机导致的发展困境。话又说回来，微商在兴起之初，正是由于缺少监管，才有了一年的红利时期。

在这一行业危机下，很多微商的企业利润被严重压缩，现在，微商经过井喷式发展后已进入到相对平稳时期。许多微商发现自己的销售量大幅下滑了，甚至有媒体发出了"600亿微商市场大败退'杀熟'杀成'最熟悉的陌生人'"的呼喊。可见，现在的微商已经到了急需转型的阶段。在 2015 年就有相关报道称，思埠集团早已开始试运营直销业务，并着手准备申请直销牌照。并且调整了运作部署，开始由线上往线下发展的趋势。我进一步观察到，思埠近期已在全国范围内布局线下体验店，并称将实现"百城万店"计划。这也是在不断向直销模式靠拢的一个迹象。可见，思埠确实打算走直销路线，至少从目前的形势上看是如此。

当然，微商转型直销的路未必会一帆风顺。如何做好二者之间的衔接很关键，因为微商注重的是线上销售，而直销至少在目前看来还是以线下销售为主。所以，如何从线上过渡到线下是微商企业所需要思考的一个关键问题。当然，直销与微商模式的结合未必不代表着一种趋势，或者说新型直销、新型微商，抑或叫"微直商"。微商模式有着良好的线上运作机制，如果能够结合直销模式便会很好地甩开"传销"的帽子。但同时，转型直销也意味着要在直销相关法律的大框架运行，这与微商之前的野草式发展有着很大不同。所以，即使转型直销成功了也要戒骄戒躁，把产品与服务放在第一位，增加客户线上和线下体验才是转型直销后摆脱微商发展困境的前提及保障。

所以，通过这些观点我们不难看出，微商对于直销发展的影响还是相当巨大的，它们有相似之处，也有不同的地方，互相之间有联合点，也有本质的不同。而最重要的，还是要将微商做到正确的道路当中去。在这里，大概可以总结出以下几点——

（一）直销行业微信消费潜能大

近八成直销行业人士都已经开通了微信支付，他们都有可能被开发成行业微信的消费对象。而且，从行业人士的微信消费项目和消费次数来看，购物发生的概率最大，对直销行业消费产品具有很大的吸引力。

（二）中低端价格产品微信成交率最高

从直销行业人士的微信消费额度来看，超五成人都偏向于选择500元以下的消费项目，可见，人们的微信消费理念还没有完全同步于实体消费，中低端价格的产品被接受度更高，这对直销企业有着参考意义。

（三）直销行业微店的业绩效果不明显，但附加值大

从直销行业人士逛微店、购买产品的概率这两组数据来看，微店在直销行业并没有产生多少营业额。但是，近两年来，直销行业的微店数量却都在成倍增长，这与微商通过开微店在人脉资源、会员方面更受益有关。

（四）直销行业正规微商呈增长趋势

实际上，随着微店的增多，直销企业统一开发的微商平台有所增多，相对于以往传统微商的杂乱无章，有微店、有直销企业备案的正规微商将会更受欢迎。加之近七成人都看好微商的未来发展，直销行业的正规微商更有发展前景。

这几年微商的迅猛发展，使越来越多的人把直销和微商放在一起加以对比，在新零售时代的变革背景下，其特点是什么？之间到底有何区别？两者能否融合并发挥更大的能量？

在模式上，直销实质上就是通过简化、消灭中间商，来降低产品的流通环节成本并满足顾客的利益最大化需求。简单来说，就是生产商不经过中间商把商品直接销售到顾客手中，减少中间环节降低销售成本的一种销售模式。比如保险公司的经纪人，他们靠的是通过个人的人脉关系将保险售卖出去，并在这一个过程中获得提成收入，在这个过程中有产品交易，也没有形成拉人头的层级结构，这是区别于传销的地方之一。

而微商则是采取互联网的方式，利用社会化营销模式，运用新的手段把业务模式进行了升级。中国互联网协会微商工作组发布的《2016微商行业发展报告》中对微商进行了定义：微商是"互联网+"国家行动计划下诞生的新模式，是促进电子商务创新发展的新动力，是促进人们消费的新机制。

有微商企业代表表示，当微商与直销不期而遇，当直销融合了

微商种种优势后，一定会开启新的商业模式。微商与直销从基因方面讲有很多契合的地方，两者之间的体验、分享、共享既有共通性也有差异性,微商是基于移动互联网的模式,利用社会化营销的方式,迅速传递信息，快速达成交易。而直销则是采用旧的体系模式，即线下熟人关系，需要详细讲解、体验等措施才会达成交易。微商与直销的互补性决定了两者可共融，并可提高效率。微商的优势在于利用互联网的传播优势，全网营销，产品覆盖面广，渠道多样且服务能力强。直销行业的优势在于品牌沉淀、产品研发以及培训体系等。新旧两种以分享为基础的营销模式相结合，一定会迸发出新的火花来，使商业价值发挥到最大化。

微商发展到现在也经历了几年时间，可以分为三个阶段。第一阶段是野蛮发展时期。主要是通过暴力刷屏、牛皮藓广告图来污染粉丝的视觉。牛皮吹破天,晒单晒截图,晒完豪车豪宅,再晒游艇派对。这些造假图片带来了很不好的影响。第二阶段是初具雏形时期。卖家直接与厂家合作，厂家直接发货自己赚中介费。在这一阶段，微商的产品得到扩充，这一阶段卖家不用担心积压货品，所以更注重广告营销，但是依然没有跳出朋友圈的范围，买家寥寥无几，营销效果甚微。第三阶段是分销时期，为了解决受众面、局限性小的问题，于是开启了分销的玩法。只要是在买家店铺购买一定金额的产品就可成为下级代理商，而下级代理商销售出一定产品就可以获得一定的佣金。这样的方式，打开了微商的局限性，也大大提升了卖家的积极性。目前的微商正处于第三个阶段。

所谓发展的影响，实际上是相互的，微商与直销之间，是相互发展、互相影响的关系，辩证统一地看待才是正确的眼光。当然，如何将微商的发展引向正确的道路当中去，是接下来我们需要考虑的问题，毕竟只有在正确的路上才能对直销的发展产生有利影响。面对这样的情况，发展专业的微商团队就很有必要了。需要公司或者团队这些群体的加入，带着专业的知识、专业的团队、专业的产品，来推动微商向着更好的方向发展。未来可以开发出很多相对应的新型发展模式，互相取其精华、去其糟粕，共同良好地发展，微商将变得越来越规范化，直销也能得到新型的发展方向和更好的发展技术。相信只要坚持了该做的，未来就一定会获得美好的结果。

参考资料：

[1]《微商模式是直销业第三次转型一个新趋势》，2016。

[2]《微商+直销，才是2017的最终出路吗》，2017。

3.3
互联网+背景下直销业对共享经济的促进研究

摘 要：共享经济这个术语最早由美国得克萨斯州立大学社会学教授马科斯·费尔逊和伊利诺伊大学社会学教授琼·斯潘思于1978年发表的论文中提出。在众多定义中，一个相同点是共享经济需要有一个由第三方创建的、以信息技术为基础的市场平台。个体借助这些平台，交换闲置物品，分享自己的知识、经验，或者向企业、某个创新项目筹集资金。

关键词：共享经济 行业转型 互联网+与分享

近几年，随着"互联网+"概念的提出，关于其与直销还有共享经济的讨论热潮就没有停歇过。现在其已然成了发展的趋势。

很早之前，在一片草原上有甲乙两个牧民放牧，甲乙两个牧民后来发现谁少放了羊谁吃亏，他们俩便不加限制地放牧，最后把草都吃光了，这个就是所谓的哈丁公地悲剧。

哈丁草地悲剧表明对于集体资产如果产权不明晰，所属成员不珍惜，最后就会把资源耗尽了。所以，经济学家得出了一个结论，在什么情况下都需要有明晰产权的制度设计，才能提高社会效应。但是产权被明晰以后，新问题便出现了，现在有钱人就任性，比如有钱人可以一口气买四辆车，甚至再买六个车位，虽然产权很明晰，但并不能阻止资源的浪费。从整个社会角度来看，并没有达到资源的最佳配置。

因此，哈丁草原的悲剧是建立在一个信息不对称基础之上的。在上述故事中，甲乙牧民使用草原的次数没法计价，也不清晰，所以在这种情况下，他们个人出于理性思维，谁用的多，谁收益就好，最后反而大家利益都受到了损失。那么，产权明晰就是在这种信息不对称情况下的，经济学家给出的最好制度设计了。

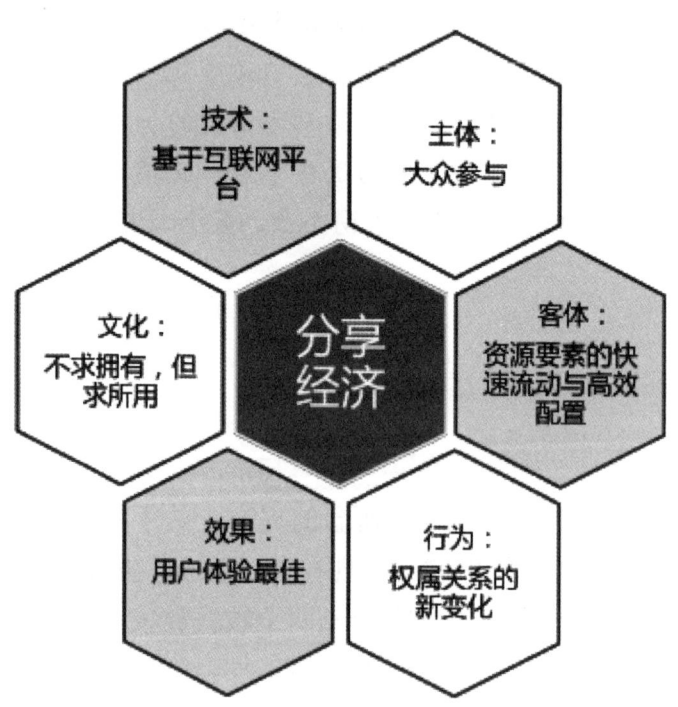

而资产专属性也与这个信息不对称相类似，比如一套流水线只能生产一类产品，生产第二类产品就需要再换另外一套生产线，这就叫资产的专属性。因此，在这种信息不对称和资产专属性的情况下，传统经济学有一套制度设计，比如说对于公共物品就认为产权越清晰越好，对于生产方式就认为规模经济和差异化二者不可兼得，你

企业要么做规模经济、要么做差异化,需要在二者之间寻找某种平衡。

一、互联网+背景下的经济本质发生变化 新制度需适应共享经济的发展

而在互联网+的背景下,这一套制度设计甚至是经济学描述的方式则发生了变化,如大数据便可记载甲乙两家牧民谁放的次数多,就很容易知道什么时候有些过度了。在工业4.0背景下,智能制造就可以让个性化和规模经济二者兼得,现在位于山东青岛的红岭西服便既做到了规模经济又做到了个性化。总之,传统经济学描述的对象发生了变化,建立在这个基础上的制度设计也要随之变化。

很多经济学家没有意识到,传统经济学那套描述的对象本质上已经发生变化。如果不理解大数据、不理解智能制造,怎么能够描述新的经济现象呢?

那么,在反思经济学描述对象的基础之上,更重要的要反思制度设计。以汽车行业为例,每个人一辆车,闲置时间是很多的,由此再租一个车位可能也是浪费,所以这个时候就诞生了一个新的制度设计,那就是所谓"共享经济",这个共享经济的制度设计,其作用就是资源的合理配置。

共享经济的第二个设计可以达到资源的无上限供应,如很多人加入到专车队伍中,可以使"出行供给"无上限。风吹雨打天气,原来不是专车的我也可以跨界担任专车司机,这就缓解了在极端天气下出租车"趁火打劫"的现象。美国另外一个共享经济的代表叫Airb&b,就是因为纽约当时发生了很严重的天气灾害,很多人无法回家,一个标间旅馆价格涨到1400美元以上,与此同时,很多人出去度假了,空闲的家庭房子有很多,把这种出去度假人的房间给游客用不是很好吗?这就是Airb&b创意的起源。共享经济合理配置了

资源，使得那种趁火打劫的情况降低了，这就是其两个最重要的社会效益。

二、新制度的设计需要顺应生产力方向及积极引导被冲击行业的转型

共享经济虽然很好，但同时也动了别人的"奶酪"。动了经济学家的"奶酪"，经济学家最多说"互联网+"不行；动了企业家的"奶酪"，企业家之间最多打打嘴仗；而动了出租汽车司机的"奶酪"就危险了，会导致直接的利益冲突。所以，在这种"互联网+"与共享经济的背景下，新旧利益该怎样调整、怎样协调，需要重新进行制度设计。

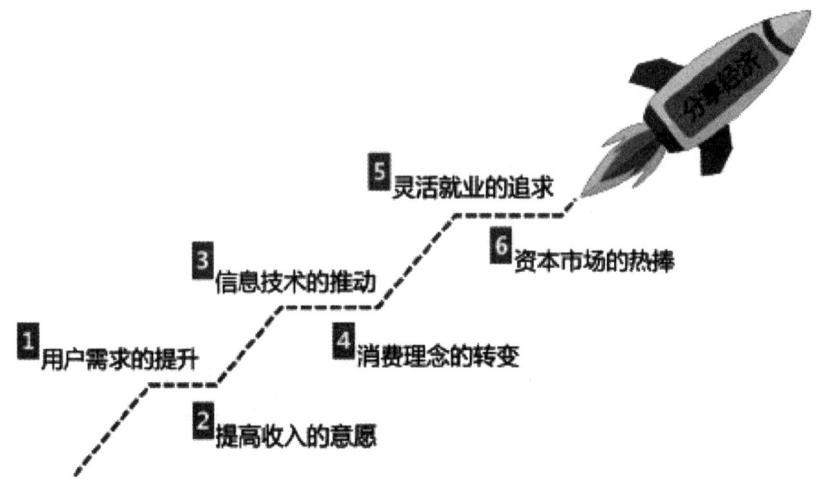

因此，首先要分清，谁是先进生产力的代表，谁代表了先进生产力，谁代表了未来的方向，这是一个大是大非问题。对于代表先进生产力的，对它的制度设计就应该是一个逐步规范的过程。其次要关注受到冲击的行业，对被冲击的行业该怎么办？对它的制度设计应该是有序转型，所以一个是逐步规范，一个是有序转型，这就

是对解决互联网+冲击的方案,需要"刀切豆腐两面光"。

(一)借鉴电子商务,先降低门槛促发展,后分类管理严规范

行业要逐步规范起来。其实,电子商务起步的时候也遇到过类似问题,当年淘宝曾经被要求所有的人都注册,只要在淘宝上是卖家都要到工商局注册、纳税,但如果真的让大家都注册缴税,网商的人数会减少80%,因为很多大学生在不知道能否赚钱的情况下会索性放弃。

所以,在行业刚刚起步的时候,最重要的措施就是放低门槛,当他以这个为职业挣钱的时候再逐步规范化。因此,一个新兴行业的兴起首先需要降低门槛,其次才是分类管理。

(二)协调出租车行业有序转型,改变特许经营的方式,化解社会矛盾

在出租车面临网约车的冲击下,应当根据趋势及时转型,转变过去特许经营的方式,通过互联网平台提高效率,减少空车现象。

互联网+一般会引入一个词,即风口在哪里?所以,现在"互联网+"这种以O2O为代表的打车、旅馆爱大厨、功夫熊,就是现在最强烈的风口。在风口之上,按照雷军的说法可能有几只猪,恐怕这只猪最大的现在还是滴滴。我们看它怎样处理技术发展和规制的关系,这是永恒的话题,创新比较快,在专车市场上做得最好的还是滴滴。因此,我们应该更关注如何符合数据流规范的问题。

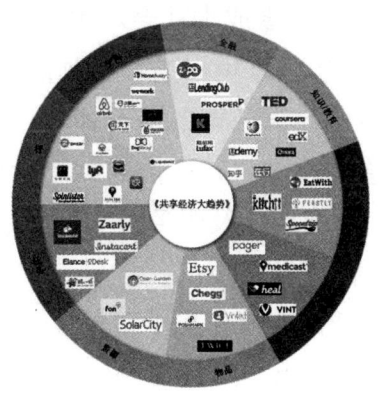

"互联网+"这个概念时刻影响着社会上非常流行的共享经济，二维码扫码支付、共享单车、专车服务等子行业也时刻充实着这些概念。当然，还有一个很鲜明的例子，作为一家成立仅7年的公司，在线房屋租赁网站Airbnb已经在全球3.4万个城市拥有了超过100万个房源。而世界最大的酒店企业洲际酒店集团，其官网数据显示，也只是在全世界近100个国家和地区拥有接近67.4万间客房。Airbnb是共享经济的代表。这个在1978年就已提出的概念，在"互联网+"的助推下迅速成长为了新的业态。但专车、顺风车等共享经济业态最近遇到的政策麻烦也表明，共享经济给现有制度设计带来了新的不确定性，比如它的盈利模式尚未清晰、信息安全问题如何保证，以及保险体系如何支持等。

三、共享改变经济

在众多定义中，一个相同点是共享经济需要有一个由第三方创建的、以信息技术为基础的市场平台。

共享经济实现了更好的资源合理配置。待专车、拼车等服务成熟以后，私家车的使用效率可能会提到最高，也许以后人们就不用再买车了。

在2014年出版的新书《零成本社会》中，美国经济和社会学家杰里米·里夫金做出了关于未来世界的三大预测，其中之一便是"协同共享经济将颠覆许多世界大公司的运行模式"。他在书中写道，"向零边际成本社会急剧迈进，并在协同共享上以接近免费的方式分享绿色能源和一系列基本商品及服务，这是最具生态效益的模式，也是切实可行的最佳可持续经济模式"。

共享经济目前也已在国内演化出了多种业态，比如个人对个人、不提供司机、将私家车出租出去的P2P租车模式，分享"空座"的顺风车拼车模式，以及数量已近百家的众筹平台等。甚至于推动共享经济发展已被纳入个别城市主政者的工作思路。2013年9月出版的《郑州日报》上有一篇文章中称，"郑州市委书记吴天君要求各级领导干部结合各自工作实际，推动我市共享经济的发展"。郑州市委政策研究室当时还从城市规划、城镇化建设、产业集聚区建设、财税政策体系、培育共享市场体系、监管体制建设等方面提出了具体的路径设想。

但从美国到中国，共享经济模式面临着不同的形势。美国的商业环境比较自由，但中国的一些资源权属并不清晰，比如国有资产很难拿来做共享，因此中国的共享经济模式更多的受到自身制度、资源的限制。

四、要有不同的制度设计

在国内，共享经济考验着传统经济上产生的制度设计。"互联网+专车"的形式，它的可持续的商业模式到底在哪儿？说白了现在完全靠"烧钱"。这一点恰恰是主管部门所担心的，如果不烧钱了，城市客运市场该怎么办？毕竟出行还带有一些公益性特点。共享经济降低了行业的门槛，比如把自己家的房子都可以拿出来做客房，你看这把市场门槛降得有多低。

"互联网+专车"能够打破数量、牌照、价格等管制下的行政垄断，但同样要警惕可能形成的一两家企业把持整个市场的寡头经济。信息安全问题是共享经济带来的不确定性之一。这首先体现在保护用户的个人信息不被泄露，其次，在Uber、Airbnb等跨国企业已进入中国的情况下，该如何实现国家安全意义上的信息安全。此外，出行会产生大量数据，移动互联网企业可以利用这些资源创造新的应用、价值，但这些数据资源应如何界定，相应的制度设计应该引起各方面的重视。

由于生产与消费的界限某种程度上被代之以"合作式消费",共享经济比传统经济更深地触及到了消费者的利益。强制保险制度是网络租车业态中最重要的一项制度,因为消费者是其中最重要的利益相关方。而传统的车辆出行的保险体系,要么针对出租车,要么针对私家车,这意味着共享经济需要金融创新体系的支持。

这在国外已经找到了可以借鉴的案例。美国多个州的立法规定了网络运输平台要提供保险,并明确保险在驾车人和乘车人之间建立联系,甚至在乘客上车前、软件未打开、软件打开、乘客未上车、软件打开、乘客上车等不同环节,保险内容都有所不同。在监管政策尚未确定的时候,保险公司可能没办法去推动解决这个问题。目前国内有专车平台采取的是"先行赔付"的方式,缺乏创新保险产品的支持。事实上,对于整个共享经济来说,保险都非常重要,它起到了一定的行业发展保障和监管的作用。

五、何为共享经济

(一) 分享经济,到底分享了什么

"分享经济"最早于1978年由美国社会学教授发表论文提出,但在当时却生不逢时。而其在2011年却被美国《时代周刊》列为将改变世界的十大想法之一,如今在移动互联网的浪潮之下,它开始大行其道。Uber(优步)和Airbnb,是全球分享经济产业内的两面旗帜。两家创建于硅谷的公司,正在以"分享"的方式改变着世界。其中Uber成为了全球估值达到500亿美元用时最短的公司(5年零11个月),并超过小米成为全球估值最高的非上市科技公司。2014年,Uber在旧金山的业务收入高达5亿美元,是整个旧金山出租车市场的三倍之多。而成立仅7年的Airbnb已经拥有超过2300万用户,多于全球连锁希尔顿酒店的日住户的22%。

分享经济又称共享经济，就是指拥有闲置资源的机构或个人有偿让渡资源使用权给他人，让渡者获取回报，分享者利用分享他人的闲置资源创造价值。通俗地说，就是把闲置的资源提供给需要的人进行分享，同时提供者也分享由此创造的价值。比如，需要出行者不必每个人都买自己的车，外出旅行也不必每个人都订酒店房间。在资源有限的情况下，怎样才能最大限度地提高众人的生活品质呢？要么节约，要么共享，而节约会压抑欲望，共享似乎是最令人愉悦且牺牲最少的方法。如滴滴在原始打车模式的基础上，推出了快车拼车、顺风车、跨城顺风车，用90%以上的应答率和60%的拼成率将"分享出行、分享便利"的经营模式贯彻落实，解决了打车难的问题，同时将分享经济的模式与理念带到了中国的400多个城市，让2.5亿中国百姓切实感受到了分享经济带来的便利与舒适。

（二）分享经济，互联网技术发展大背景下诞生的一种全新商业模式

分享经济的特征是大众参与，资源高效配置，用户体验更好，是在互联网技术发展大背景下诞生的一种全新商业模式，它改变了原来集中式的发展模式，不再依赖于大量集中的资源投入，而是更高效地利用了社会闲置资源。在分享经济模式下，通过互联网第三平台或媒介，产品和及服务的生产者、消费者可以打破时间、空间、信息的分隔，实现个体之间闲置资源使用权的直接交易。人们可以通过使用权的暂时性转移，租或者借一种商品或技能，而不是通过购买所有权来享受其提供的服务。这种"不求拥有，但求所用"的新经济模式既符合供给侧结构性改革的要求，又满足了消费者的潜在需求，是中国经济发展的一股新动能。

在传统经济时代，企业的优势可以是多方位形成的，如行业地位、地理优势、品牌、客户网络等。而在分享经济时代，通过对整

个生产资源重新整合与分布，原有的竞争优势将被新的竞争优势所取代。以技术为例，掌握核心加工能力的企业与技术专家将由于分享平台的建立，从而面向整个分享制造网络服务。由于是全网络的竞争，谁掌握了核心制造技术谁就能获取最大的收益。而失去核心竞争力的企业，则将在分享经济中处于被动境地。

（三）分享经济的核心与本质

传统互联网实现了"信息分享"，而移动互联网则实现了"经济分享"。分享经济通过移动 LBS 应用、动态算法与定价、互评体系等一系列机制，使得供给与需求方通过分享平台进行交易。而云计算、大数据、物联网则大大降低了租赁交易的信息成本，减少了信息不对称，使原本不可能达成的租赁交易成为了可能，比如云服务机制，就是产品的占有权免费，但是需要使用费。这都可归纳为共享经济的实质。

在传统经济年代，资本等同于资产，也叫生产资料，并且这种生产资料不具有可复制性，比如工厂、设备、工人、商铺、土地等都属于生产资料。马克思认为，资本主义的根本矛盾就是资本家独自占有生产资料，产生了资产阶级和无产阶级两大对立的阶级。而在互联网时代，生产资料是可以复制的，也就是说资本具有了可复制性。比如淘宝可以把店铺无偿供给卖家使用，因为淘宝复制"店铺"的成本很低，最多仅需要扩充一点内存，而对于云计算来说，这些成本则可以忽略不计。只要他们设计了一套店铺模式，便很容易产生成千上万倍的溢价。而且淘宝的盈利模式不是收商铺的钱，而是收增值服务的钱。这也迫使淘宝需要吸引无数的卖家进驻，淘宝也因此无形之间承担起了公共的服务义务（即像公共产品那样免费提供生产资料）。

因此，在传统年代，资本是具有扩张性的，这种扩张性往往带有一定的侵略性。而在互联网时代，资本是可复制性的，这种可复制性往往带有公共服务的色彩。这也就是共享经济的本质，它大大促进了社会的和谐。我们每一个人，都将因为互联网的出现而有大大的收益。

未来的经济一定是分享型的。互联网的存在逻辑是优化社会运行，让一切商业和工作模式的损耗降到最低。互联网配置资源的核心方式是分享，它配置资源的效率大大超过了市场。

综上所述，传统商业模式是"劳动者——企业——消费者"，而分享经济模式则是"劳动者——共享平台——消费者"。按照这种发展逻辑，你会惊讶地发现：在未来企业将消失，只剩下不同拥有资源和需求的人，以及不同的分享平台。展望未来，分享经济将成为中国传统经济模式向互联网经济模式转型的重要一步，是在互联网技术发展大背景下诞生的一种全新商业模式。

六、"互联网＋"时代战略性新兴产业创新是共享发育的基础

我国未来新一代信息技术产业的重点发展方向将包括移动互联网和社会网络服务、云计算、大数据、物联网、下一代互联网、高端集成电路、新型平板显示、新兴软件等产业方向。"十三五"期间，战略性新兴产业的重要特征之一是信息网络技术在新兴产业发展中持续保持突出地位。"互联网＋"时代战略性新兴产业商业模式创新，需要考虑新一代信息技术产业发展为其带来的特殊商业环境的变化。从总体上来说，未来战略性新兴产业商业模式创新需要立足于"三个端口两个转换"，即两信息端口（人和物）、两信息转换平台（价值和信息）和一个分布式价值创造端口。

移动互联网是移动通讯与互联网融合的产物，人们通过使用无线智能终端（手机、PDA、平板电脑、车载 GPS、智能手表等），可以实现任何时间、任何地点、以任何方式获取并处理信息需求，

这是人的信息输入的重要端口。物联网是指通过智能感知技术、网络通信技术、数据融合技术，按约定的协议，将某一单位（区域内或行业内）的物品进行信息编码并输入全域互联网系统，从而实现各相关物品的信息链接与融通，是物的信息的重要输入端口，与云计算平台相互链接。3D打印是通过SAT与制造技术的融合，将设计好的物体转化为三维设计图，采用分层加工、叠加成型的方式逐层增加材料来打印真实物体，也称为增材制造。3D打印的推广使得分布式小规模生产成为可能，3D打印设备成为分布式价值创造的重要端口。

云计算是一种基于互联网的IT服务模式，指利用分布式计算和虚拟资源管理等技术，通过网络将分散的资源（包括计算与存储、应用运行平台、软件等）集中起来形成共享的资源池，并以动态按需和可度量的方式向用户提供服务，是信息转换的重要方式，可以与信息及分布式价值创造等输入端口有效融合。虚拟货币也称为数字化货币，是指能够流通于网络与现实社会之间的、具有现实兑换能力、社区协同性、去中心化等特点的货币，是"互联网+"时代线上或者线上与线下价值交换的重要媒介。

七、克服共享模式发展障碍的对策建议

完善共享模式创新中的配套体系。加强共享平台发展中所需的基础设施建设，如移动互联网基础设施建设和物流体系建设等。完善相关产业环节，尤其是完善社会征信体系建设。可考虑培育专业的信用服务公司，构建用户信用评级系统。通过跟踪用户点评共享网站及供需双方交易效果评价的数据记录，作为第三方对共享网站及其客户提供信用评级服务，如信誉服务网站（如Trustcloud）可以评估人们在网站上留下的良性行为和交易数据，并把该信息转化为

一个可以在共享经济时代随时使用的便携式"诚信指数"。在国家大的信用体系尚未全面建立时，新生的共享平台企业也可以通过自身的力量建立一个覆盖一定范围的信用体系以解燃眉之急。

共享模式具有独特的基本元素、工作平台与文化。基本元素包括出租者、购用者、第三方及其提供的网络信息平台、标的物、相关媒体、政府监管者等。交易主体包括出租者和租借者在内的交易方，可能是个体，也可能是企业或组织机构。在个体层面，以受过一定教育的、安全感较强的网络用户群体为主，并且年轻人居多，因其对网络平台的信息较为信任。共享网站是共享模式的支撑性平台，主要在于提供租借，而非买卖。作为中介枢纽，处于第三方的共享网站将规定系列交易规则、进行参与者背景审查、发布供需信息、发挥协调功能，降低参与者之间的交易成本。交易标的物指具有使用价值的物品。该类标的物或者价值额度大，购置成本高，且经常闲置；或者受时空限制，难以远距离随身携用，例如汽车和房产；或者是技能与知识等依附于特定人格的无形资产。该类物品在使用过程中，其使用权可以分割，或者不具有排他性。而该如何将共享模式更好地结合到直销行业当中去，值得我们深思。

参考资料：

[1]《"互联网+"时代下直销业的机遇与挑战》，法制日报，2015。

[2]《以"共享"理念驱动产业创新和经济转型——"互联网+"时代共享经济在我国的兴起及其发展趋势》，光明日报，2016。

[3]《直销+共享经济模式=新趋势！》，2016。

[4]《2016年是一场互联网"共享经济"革命！》，2016年。

3.4
"互联网+"环境下的企业创新发展

摘　要：自 2015 年 3 月 5 日李克强总理在政府工作报告中首次提出"互联网+"行动计划后，社会各界便掀起了"互联网+传统行业"热潮。"互联网+"行动计划重点促进了以云计算、物联网、大数据为代表的新一代信息技术与现代制造业、生产性服务业等的融合创新，发展壮大了一大批新兴业态，打造出新的产业增长点。同时，"互联网+"也对传统企业的营销模式、管理模式、支付系统等方面提出了更高要求，迫使企业纷纷转型，寻求突破。

关键词：创新　互联网+　结合发展模式

互联网时代的来临，或多或少地影响到社会上各行各业的发展。2014 年 11 月，国务院总理李克强出席首届世界互联网大会时指出互联网是"大众创业、万众创新"的新工具。自 2015 年 3 月 5 日李克强总理在政府工作报告中首次提出"互联网+"行动计划后，社会各界便掀起了"互联网+传统行业"热潮。互联网在生产要素配置中的优化和集成作用越来越重要、明显，已逐渐成为中国经济体质增效升级的"新引擎"。而互联网的创新成果也渐渐深度融合于经济社会的各领域之中，提升了实体经济的创新力和生产力，形成了更广泛的以互联网为基础设施和实现工具的经济发展新形态。

"互联网+"行动计划重点促进了以云计算、物联网、大数据为代表的新一代信息技术与现代制造业、生产性服务业等的融合创新，发展壮大了一大批新兴业态，打造出新的产业增长点，不仅为大众创业、万众创新提供了环境，而且也为产业智能化提供了支撑，增强了新的经济发展动力，进一步促进了国民经济提质增效升级。这一创新浪潮，快速推动着我国经济模式的创新进程，促进了我国经济的发展。

一、互联网时代经济发展现状

每一个时代总有一种主导技术平台引领着这一时代的创新，就像第一次工业革命中的蒸汽机、第二次工业革命中的电气化、第三次工业革命中的计算机。在当今这个时代，互联网已成为带领这一时代创新的主导技术和平台。经济发展模式也开始向移动互联网、云计算、大数据、物联网等与现代制造业融合转变，电子商务、工业互联网和互联网金融等进一步深层次融合。

（一）"互联网+传统行业"的发展现状

进入互联网时代的20多年来，互联网已经渗透到了全球政治、社会、经济的方方面面，彻底改变着每个人的学习、工作和生活。互联网时代，传统行业搭乘互联网技术东风获得了长足发展。在过去几年中，以经济方面为例，我国"互联网+传统行业"的理念在零售、金融等服务行业中获得了较高认知度，传统行业通过利用信息通信技术以及互联网平台，不但创造了互联网金融、互联网医疗、互联网教育等众多新型发展生态，还被相当广泛地创新应用于各领域。

对于零售业来说，过去几年，"互联网+"对零售业的意义大多在于销售渠道的拓宽。线上交易技术的发展，改变了消费者的消费方式，网购已成长为中国经济发展大军中一支不可忽略的力量。然而，尽管随着中国市场经济不断的发展，网购在更大的范围、更多的层面以更高的效率实现了资源配置，但零售业与互联网的融合还仅停留与表面，尚未达到更深层次的相融。而这一现象，在体验经济来临后则获得了突破。2016年，马云提出"新零售"模式后，零售业与互联网的融合更是达到了前所未有的深度。

对于教育领域来说，"互联网＋教育"的典型案例是由孟加拉国裔美国人、麻省理工学院及哈佛大学商学院毕业生萨尔曼·可汗在2006年创立的非营利教育机构——可汗学院（KhanAcademy）。这个最初只是为了帮助住在远处的亲人学习数学而试着把自己的教学影片放上网的行动，如今已经成为中国各大互联网巨头眼中的巨大教育产业商机和打破国内教育资源垄断的最佳工具。目前如腾讯、新浪、网易等互联网门户都开设了公开课或课堂栏目，并与教育机构展开合作，面向多层次人群开放课程。仅腾讯课堂每周上课的人数就超过7万人，课程总数达3万多门。

在医疗方面，据不完全统计，全国已有近100家医院通过微信公众号实现了移动化的就诊服务和快捷支付，累计有超过1200家医院支持微信挂号，已经服务累计超过300万患者。"互联网＋医疗"模式不但为民众就医提供了便捷、高效的解决方案，还通过远程的诊疗模式缓解了国内医疗资源分布不均等问题。此外，互联网的公开性和透明性也为缓解医患矛盾、提高整体医疗服务水平与提高医生阳光收入等方面提供了新途径，为医疗市场的发展提供了新动力。

事实上，互联网不仅正在全面应用到第三产业，形成了诸如互联网金融、互联网交通、互联网医疗、互联网教育等新业态，而且正在向第一及第二产业渗透。在农业生产、政府服务甚至公众参与城市治理等方面,互联网不断产生着创新,并改变了当前的游戏规则。农业互联网从电子商务等网络销售环节向生产领域渗透,为农业带来了新的机遇,提供了广阔发展空间。正如腾讯创办人马化腾所讲,互联网具有打破信息不对称、降低交易成本、促进专业化分工和提升劳动生产率的特点,为经济转型升级提供了重要机遇。而国务院2015年印发的《关于积极推进"互联网+"行动的指导意见》,则成为推动互联网由消费领域向生产领域拓展,加速提升产业发展水平,增强各行业创新能力,构筑经济社会发展新优势和新动能的重要举措。

工业互联网方面,互联网则正在从消费品工业向装备制造和能源、新材料等工业领域渗透,全面推动传统工业生产方式的转变。到目前为止,由德国政府提出的高科技战略计划"工业4.0"堪称是最高版本的"互联网+工业"模式。这是一个旨在提升制造业的智能化水平,建立具有适应性、资源效率及人因工程学的智能工厂,在商业流程及价值流程中整合客户及商业伙伴。其技术基础是网络实体系统及物联网,是一个将生产原料、智慧工厂、物流配送、消费者全部编织在一起的大网,消费者只需用手机下单,网络就会自动将订单和个性化要求发送给智慧工厂,由其采购原料、设计并生产,再通过网络配送直接交付给消费者。因为工业4.0模式具有的便利性、整合性、优越性,所以迅速被世界各国的企业、工厂认可并应用。

(二)"互联网+直销"的发展现状

目前,中国制造业尚有相当一部分需要补齐自动化和信息化的短板,有一批传统行业企业需要加快技术改造提升自动化、信息化水平。而"互联网+"模式的出现,将会为中国的传统企业转型升级提供一种可操作的模式。值得一提的是,"互联网+"模式不仅给大众行业带来了巨大改变,也给直销业带来了发展契机,促进了直销业的创新发展。

德国工业4.0的优越性吸引了大批直销企业的注意,以隆力奇、太阳神、康美为代表的直销企业纷纷行动,学习与应用德国工业4.0,加速推进工业4.0的落地,探索企业创新之路。这其中,隆力奇工业小镇最为出名。2015年11月20日,德国工业4.0中国首家试点项目启动仪式在隆力奇举行,标志着隆力奇作为德国工业4.0中国试点项目的正式启动。

工业4.0是基于工业发展的不同阶段做出的划分。按照目前的共识,工业1.0是蒸汽机时代,工业2.0是电气化时代,工业3.0是信息化时代,工业4.0则是利用信息化技术促进产业变革的时代,也就是智能化时代。

在探索智能化的发展上,隆力奇斥资6亿元建造了世界上最先进的"智能化新工厂":包括2.6万平方米的智能化化妆品净化车间、全自动原料、材料及成品高架仓、自动配送系统等。目前,隆力奇车间内的设备达33台套(产线),其中车间内自动化、智能化生产、试验、检测等设备25台套(产线),占总数量的75.75%。

隆力奇工业4.0工厂的落地,智能设备通过互联网实现直接联网,实现了从仓储、物流到生产的全智能化,实现了网络资源、信息、物体与和人之间的物联网及服务互联网。技术升级的改造,也在很大程度上促进了隆力奇管理模式上的创新,进一步加快了隆力奇升级转型的步伐,增强了其在国际同行业中的竞争力,并使得自身始终保持在行业内的领先水平。

作为中国老牌民营直企的代表,太阳神对接以智能制造为核心的工业4.0模式,提出了太阳神珍珠店模式4.0的商业4.0模式,对其商业模式进行了创新。太阳神珍珠店模式4.0以大健康产业为核心,用"互联网+"的思维将传统、直销、电商三大商业模式进行了有机整合,进行跨界营销。

目前,我国中药制药技术已普遍实现了管道化、半自动化和自动化，处于工业2.0水平，但距离数字化、智能化制药，达到工业3.0、4.0级还有很大差距。

作为中国中药制药技术创新的先驱，康美药业不仅使业务贯穿于中医药产业链上、中、下游各关键环节，率先打通中医药全产业链，成为国内少数生产线达到4.0水平的企业，还率先打造了在全国推广示范的"智慧药房"，打造了由网络医院、智慧药房、智慧养老等组成的"智慧+大健康"产业平台，探索工业智能制造4.0。

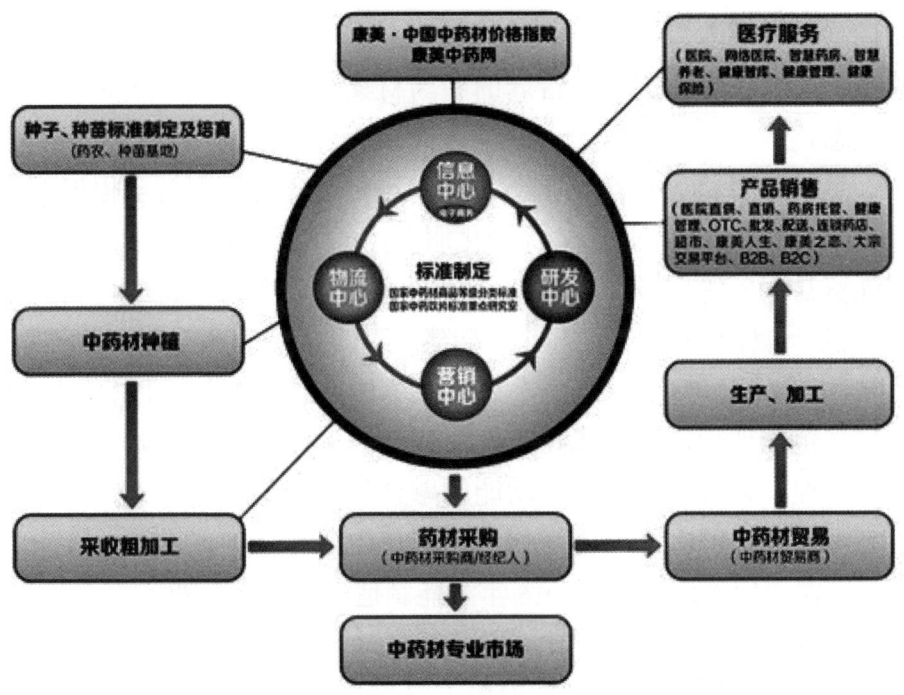

金士力佳友是依托中药现代化国际化领军企业天士力集团建立的直销企业，依托天士力集团的工业4.0模式资源，金士力佳友在直销大军的竞争中优势明显。

目前，由天士力集团投资的天士力现代制药工业4.0示范工厂项目正在建设中。天士力现代制药工业4.0示范工厂项目，主要建设以中药提取生产为核心的东北道地药材深加工项目，建设周期为5年，预计2020年可投入使用。项目全部建成后，将实现生产过程的自动化控制、全线质量在线监控，最大限度减少人为误差，降低人力成本，提升产品质量控制水平及稳定性。

此外，由天士力在安国投资建设的安国数字中药都也是"互联网+直销"商业模式创新的代表之一。

安国数字中药都引领的数字本草公共服务平台首创"三网合一"新模式，是国内首家整合中药材行业全产业链资源的数字化专业公共服务交易平台，突破了古老的中药材集市贸易模式，成为了一种新业态。

这一平台将中药材电子交易、中药材第三方检测与全程追溯三大核心服务融合信息服务、标准化服务、仓储物流服务、金融服务、国际贸易服务等服务体系，把"种药、寻药、买药、卖药、用药"五种客户群体有机地联动起来，构建起"信息、追溯、质检、仓储、金融、电商、标准化、国际化"八大服务体系，从中药产业链的源点，实现规范基地种植、现代物流药材收储、标准化加工、质量检测、价格管控、金融服务等复合功能的融合贯通，构建起了大健康数字生态圈。据了解，因天士力创建的现代中药智能制造模式，天士力还被国家工信部评定为"2016年智能制造试点示范企业"。

从大的产业体系上看，20多年来，天士力以现代中药奠基立业，走出了一条从研发、制造到商业模式整个产业体系的集成创新之路，实现了中药产业标准化、新药研发组分化、生产制造智能化，构建成了现代中药、一类生物新药和一类化学新药等现代生物医药产品集群。

天士力将工业化、信息化、数字化融合，以复方丹参滴丸国际注册产品先进制造技术系统为示范对象，创建现代中药智能制造模式，自主研发的以高速磁悬浮震动滴丸机为核心、从萃取滴制冷却到干燥包衣等完整的中药制剂智能制造技术链，其空气深冷、超高速非接触电磁悬浮振动等6项技术获得国家专利，通过了欧盟GMP认证，成为我国中药工业智能制造的典范。2016年12月11日，天士力控股集团也因此凭借其在现代中药工业4.0智能制造的优异表现荣获了中国工业大奖。这是我国工业领域的最高奖项，被誉为中国工业的"奥斯卡"。

二、"互联网+"时代，企业的创新发展

互联网时代以其信息高度传播、技术不断开发以及在社会中的应用越来越广泛等特点，逐渐颠覆着传统企业的发展模式。

（一）企业管理创新

企业管理的创新是实现企业发展的重要途径，如果一个企业的发展不能积极创新，那么企业将在经济市场竞争非常激烈的当今社会中失去地位，不能实现企业的长足发展。

在传统的企业管理理念中，管理者以产品为核心，对于产品在经济市场中的流向并不关注，同时也忽视了产品在社会中的口碑经营。互联网时代的到来为企业管理创新提供了契机。在"互联网+"时代，企业的生存与发展都必须依赖客户。由于客户的需求具有多样化以及个性化等特点，因此，企业需要对其管理理念进行创新，从多方面满足客户的需求。而C2B商业模式的运用正是"互联网+"时代里企业为满足消费者需求进行的一大管理模式的创新举措。

客户至上是企业发展的宗旨，在市场竞争中，企业要想实现管理上的创新，首先需要实现与消费者之间的沟通。"互联网+"背景下衍生出的C2B模式，真正实现了企业发展以客户为核心，客户驱动企业发展。C2B模式延伸到各个行业中，如将"互联网+"模

式在餐饮行业中，实现线上预约、线上团购等活动，然后进行线下的餐饮活动。这种方式一改传统的餐饮电话预约形式，实现了用户就餐的快捷性。

"互联网+"模式的出现，不仅给人们带来了颠覆性的改变，还改变了企业组织形式，创新了企业管理的流程，拉近了企业与客户之间的距离。"互联网+"推动了整个企业的发展与创新，极大释放了企业的经济实力与增长潜力。据估计，到2025年，互联网在我国GDP增长中贡献的份额将占高达7%至22%。

(二) 营销模式创新

在"互联网+"的大环境下，企业近几年的创新发展主要表现在营销模式创新上。目前，受宏观经济增速下滑、消费者消费心理变化以及电子商务冲击等一系列因素影响，我国实体零售企业正在经历一段非常艰难的时期，逐渐呈现出发展后劲不足的萎靡态势。然而，与此同时，相比于实体零售的萎靡不振，网络零售则表现出了十分强劲的增长势头，线上销售展现出了独特优势。在此情况下，传统企业纷纷创新营销模式，布局"新零售"。这其中，当然也少不了直销企业的参与。

以安利、中脉、德家、康尔等直企为例，这些或是同第三方物流合作，共同打造智慧供应链，提升消费者体验满意度；或是整合资源，布局社交电商，打造资源开放平台，完成线下商品和线上用户的高效链接及消费服务闭环；或是运用"互联网思维+直销倍增学原理+微商"运作方式，将"社交电商新概念商业模式"推向市场，开创"移动互联网、教育网、社交网"三网合一的新零售传奇；抑或是通过与第三方资本的战略合作，共同开启新零售项目，拓深社交电商新零售渠道。

以安利为例，继2015年在全球推出"Amway Next"发展战略后，安利整合了包括安利易联网、安利数码港APP、安利云服务微信号等多个涵盖PC端和移动端在内的自有电商平台，最终建设成了"安利云购"这一移动社交电商平台，将"Amway Next"发展战略执行落地。

不仅如此，为了给伙伴和顾客提供最好的电商服务体验，安利（中国）还相继与京东物流、苏宁物流、招商局物流集团+顺丰速运签署战略合作协议，自2017年9月1日起，由这三家物流"巨头"为"安利云购"提供面向终端消费者的物流配送服务，并为安利提供店铺补货等其他仓储物流服务。这次与三大物流"巨头"的合作，有助于安利提升配送效率。

同时，另一家直销巨头中脉也不甘落后，布局社交电商，开启脉宝云项目。同中脉走社交电商路线不同，绿叶集团率先在业内开创了"新直销、新零售、新电商"的F2C消费4.0全新商业模式。2017年7月18日，绿叶与海信智能商用中心店项目启动大会顺利举行，这意味着绿叶集团"新直销、新零售、新电商"商业模式的执行落地。

另一边，康尔在新零售方面也动作频频。为了在更深层次拓深社交电商新零售渠道，康尔选择了与同第三方资本合作，相继与黛梦俪、茜廉共同开启了新零售项目。2017年8月22日，康尔在乌镇国际互联网会展中心成功举办了主题为"云聚天下"的全球发布会。"云猫商城"的推出，让康尔完成了新零售从0到1的蜕变，为其搭建了一个社交电商化的、可以落地的"新零售"平台。

（三）交易支付系统创新

网购、线下体验店模式、新零售模式的相继出现，相应地对企业的交易系统也提出了考验。尤其是作为具有庞大消费群体、经销商团体的直销企业来说，交易支付累积的支付大数据、产业链供应商经营状况、经销商业务情况以及消费群体等数据组成的庞大数据库更为重要，交易支付系统的创新也自然成为工作的重中之重。

互联网时代来临后，直销企业及传统企业支付系统方面的创新更多体现在线上交易支付的创新与线下线上支付系统的融合上。

以"新零售"为例，作为利用大数据为驱动，结合新物流、新金融、人工智能等高科技，将线上线下融合创新的新型营销模式，新零售带来的最明显改变就是效率提高、体验升级和满足个性化消费。

线上交易支付的创新，不仅提高了企业、经销商的交易效率，使经销商报单、消费者支付等业务更加便利，还为企业通过分析消费数据把握市场信息变化、及时调整自身运营政策提供了可能。一方面，企业通过对大量真实交易的支付数据进行分析与挖掘，可精准预测不同区域不同季节的销量情况，为企业展开合理安排生产计划、高效匹配、调拨库存提供支持，从而更迅速地满足市场需求，提升消费者的体验值。另一方面，企业通过分析支付数据流，对支付数据进行加深应用，可以提高企业资金的运转效率，支持企业实现更高效的生产及商品流通。

三、"互联网+"环境下，企业创新发展方法分析

"互联网+"是发展的一种趋势，它在冲击传统的组织文化、政治制度、组织架构、组织人力资源管理理念等的同时，带给了人们一个新的思维，即"互联网+"思维。"互联网+"思维既是对传统旧思维方式的有选择的继承，也是对传统思维方式的一种颠覆，给企业带来的既是机遇又是挑战。

（一）"互联网+"形势下企业经济类型

在"互联网+"的形势下，企业的经济类型主要分为虚拟经济、体验经济、平台经济三种。

虚拟经济：实质上是一种在线经济，例如互联网在市场中建立

的新闻、阅读、游戏、音乐以及支付等产品，它们在成本上比较低，但是收益效率较高，能够实现对实体产业的替代。

体验经济：互联网在用户对于产品体验方面的优势较为明显。该种方式通过用户的反馈信息进行收集，积极鼓励用户参与产品的设计，实现用户在产品上的切身体验。

平台经济：在互联网中涌现出了很多平台化的经济模式，例如应用商店、游戏以及电子商务等模式，这些平台在建立上比较简单，并且其发展规模不受任何环境以及经济市场发展制度的约束。一方面能够降低用户的成本，另一方面还能满足用户的实际需求。

(二)"互联网+"环境下，企业创新发展途径

1.打造互联网开放平台，建设企业互联网化转型核心

平台成功与否，主要看企业在以下三方面能否取得突破：一是平台用户规模和流量。平台经济的特点决定了"规模为王"，而对于互联网经济来说，则是"流量为王"。只有做大规模、做大流量，平台才能实现价值增值效应，才有赚钱的机会。二是好的产品和用户体验。能否为客户提供好的产品，是判断企业打造开放平台是否取得成功的重要标准。平台之争，实质上是在产品和用户体验方面的竞争。在"互联网+"时代，好产品被赋予了更加丰富的内涵：能解决用户的"痛点"，满足用户的核心需求，为用户提供独特的价值，良好的使用体验，价格更加实惠等等。三是打造"互联网+"生态系统。能否打造良好的产业生态系统，决定了企业互联网化转型的成败。在"互联网+"时代，产品形态、业务形态、服务形态都发生了很大变化,很难再出现一家企业独占产业链上下游的情况。打造良好的产业生态系统，就需要产业链各方相互合作，上游、中游、下游企业都能在产业链中找准自己的定位，都有利可图，实现共赢发展。

2.利用数字化的优势，企业发展精益化道路，向精益化进行转

型升级

当今社会，信息技术极大地提升了整个社会经济发展的基础平台，企业要生存发展，就必须借助于信息化技术手段，将先进的管理思想全面地集成企业的所有资源信息，为企业提供决策、计划、控制与经营业绩评估的全方位和系统化的管理平台。精益管理的内涵就是要通过高效的劳动生产率来创造最大的价值。因此，精益管理和信息化应该整合协同，精益管理指导信息化，信息化促进精益管理，最终达到提高企业核心竞争力的目的，保证在激烈的竞争中立于不败之地。

应借鉴先进企业的精益管理体系，建立适合本企业管理模式的精益管理体系文件，引导企业通过信息化系统来规范与优化制造领域的业务流程，充分发挥信息化对制造业务的支撑和推动作用。建立体系标准文件，作为推行该项工作的指导性文件，对企业各部门实行集中控制、监督和评价，避免在无统一指导下各部门工作的盲目性，使精益管理工作有法可依、有章可循，形成协同作战的合力，从而使精益信息化管理的推行达到集中化、系统化、目标化、专业化的要求。

注重复合人才的培养。目前，许多企业的精益管理与信息化工作是分离的，相应的人才也是分离的，这就需要企业培养既懂精益管理又懂信息技术的骨干，通过复合人才来带动精益信息化的管理工作。

3. 利用 O2O 发展企业业务

在当今时代，物流在企业 O2O 发展的过程中起到了举足轻重的作用，是企业取得竞争优势的关键，在企业生产经营中有着重要的地位，发挥着重要作用。身处"互联网+"时代，企业应学会利用 O2O 发展企业业务，实行线下体验、线上下单的企业经营模式，不断落实改革创新举措。此外，企业还需树立品牌意识，通过利用互联网平台，打造杰出生态系统建设，打造自身品牌，增强品牌影响力。

"互联网+"浪潮是一个不可阻挡的发展趋势，社会上的所有企业都应坚持创新，紧跟时代潮流，积极学习最新技术，将互联网技术运用到生产、经营、管理的全过程中，从而使得自身保持足够的发展动力，提升企业的竞争力。

参考文献：

[1] 江若尘，《互联网时代企业该如何创新》。

[2] 隆力奇企划部，《德国工业4.0首个中国试点项目落户隆力奇》2015.11。

[3] 马琳，《互联网时代的企业管理创新》。

[4] 胡世良，《判定传统企业成功转型互联网的几个标准》。

市 场 篇
MarketChapter

4.1 中国直销市场现状与分析

摘　要：近年来，中国直销行业飞速发展，行业规模和销售业绩快速提升，产生了可观的经济效益与社会效益。直销将逐渐成为普遍的商业形态，影响到数亿老百姓的经济生活，市场总量将达到万亿水平，中国将成为全球直销行业最为瞩目的国家之一。

关键词：直销发展历史　研究现状　学术报告　数据分析

近年来，中国直销行业飞速发展，行业规模和销售业绩快速提升，产生了可观的经济效益及社会效益。直销将逐渐成为普遍的商业形态，影响到数亿人的经济生活，市场总量在未来将达到万亿级水平，中国将成为全球直销行业最为瞩目的国家之一。谈起现在的中国直销市场，可以先看看直销的起源、政策、数据分析等相关资料，下面的内容便很能说明这一点。

一、直销的定义

在美国，研究直销最有名的两位学者是美国德州大学奥斯丁校区的彼德森教授和圣地亚哥州立大学的沃特巴教授。他们在1996年发表的一篇论文中讨论了直销的定义，并对直销下了一个简单但贴切的定义——直销是一种没有在固定零售点进行的面对面销售。

直销定义中有两个要点，即"面对面销售"与"不在固定零售点"。"面对面销售"可以让我们了解直销是一种两个人面对面沟通的过程，这种面对面的人员销售特性是直销和直效行销的主要区别。直效行销采用邮寄型录、电话/电视行销、直接响应广告或最近兴起的网络行销等方式来销售产品或服务，没有人员面对面的接触。而"不在固定零售点"的特性则使直销有别于一般零售店的销售，因此直销也是一种无店铺的零售方式。

二、中国直销行业政策环境分析

（一）行业法律法规分析

2005年12月1日，《直销管理条例》正式生效。《直销管理条例》借鉴了世界各地直销的监管经验，确立了以下直销制度——

1.保证金制度

为了防止直销企业或者直销员不履行退货义务，在直销企业和直销员无能力履行退货义务时，保证消费者的合法权益，《直销管理条例》明确对直销企业实行强制提取保证金制度。保证金的数额在直销企业设立时为人民币2000万元。

《直销企业保证金存缴、使用管理办法》规定，直销企业与指定银行签订的保证金专门账户协议应包括下述内容：①指定银行根据商务部和国家工商行政管理总局的书面决定支付保证金；②直销企业不得违反《直销管理条例》擅自动用保证金，不得以保证金对外担保或者违反《直销管理条例》规定用于清偿债务；③指定银行应及时向商务部和工商总局通报保证金账户情况，商务部和工商总局可以查询直销企业保证金账户；④直销企业和指定银行的权利义务及争议解决方式。

直销企业动用保证金需商务部和工商总局共同决定。只有出现下列情形之一时才可使用：①无正当理由，直销企业不向直销员支付报酬，或者不向直销员、消费者支付退货款的；②直销企业发生停业、合并、解散、转让、破产等情况，无力向直销员支付报酬或者无力向直销员和消费者支付退货款的；③因直销产品问题给消费者造成损失，依法应当进行赔偿，直销企业无正当理由拒绝赔偿或者无力赔偿的。

2. 换货退货制度

《直销管理条例》规定，直销企业应当建立并实行完善的换货和退货制度。

对于消费者提出换货和退货的，自购买直销产品之日起30日内，产品未开封的，可以凭直销企业开具的发票或者售货凭证向直销企业及其分支机构、所在地的服务网点或者推销产品的直销员办理换货和退货；直销企业及其分支机构、所在地的服务网点和直销员应当自消费者提出换货或者退货要求之日起7日内，按照发票或者售货凭证标明的价款办理换货和退货。

对于直销员提出换货和退货的，同样适用上述规定。不属于这些情形，消费者、直销员要求换货和退货的，直销企业及其分支机构、所在地的服务网点和直销员应当依照有关法律法规的规定或者合同的约定，办理换货和退货。

在此，需要明确两种责任：①举证责任。即直销企业与直销员、直销企业及其直销员与消费者因换货或者退货发生纠纷的，由直销企业、直销员承担举证责任。②连带责任。直销企业对其直销员的直销行为承担连带责任，能够证明直销员的直销行为与亏本企业无关的除外。

3.信息披露制度

直销活动具有特殊性，在直销过程中直销企业、直销员与消费者之间的信息存在不对称性。为了便于直销员和消费者及时掌握有关情况，《直销管理条例》规定，直销企业应当依照国务院商务主管部门和国务院工商行政管理部门的规定，建立并实行完备的信息报备和披露制度，并接受政府相关部门的监管检查和社会公众的监督。

商务部和国家工商总局根据《直销企业信息报备、披露管理办法》，通过直销行业管理网站向社会公布直销法律法规、产品范围公告等相关内容。直销企业设立后，通过其建立的中文网站向社会公众披露信息，并应做到真实、准确、及时、完整。

（二）行业国家政策分析

关于直销行业，国家出台了《保健食品消费指引》《关于外商投资传销企业转变销售方式有关问题的通知》《直销企业保证金存缴、使用管理办法》《直销员业务培训管理办法》《直销企业信息报备、披露管理办法》《直销行业服务网点设立管理办法》等政策。

这些政策的出台，对于引导及督促直销行业健康、稳定发展有着积极意义。上述政策条例对直销企业和营销人员做出了具体规定，不仅有助于直销企业在发展过程当中以身立法，提高直销企业的市场法规意识，而且能够保护终端消费者的利益，避免部分企业以短期利益为重，做出侵害消费者和国家利益的非法行为来。

三、直销行业发展状况分析

直销是未来的趋势，尤其是在零售业高度发展的当今社会，消费市场日趋成熟，直销在零售业中所占的比重也会愈来愈大。随着我国加入WTO，国际市场经济的游戏规则已全面导入，规范的直销成为了中国市场经济的一个有机组成部分。据统计，现在中国有3000多家做直销的公司，牵涉到上百个行业都在用直销的形式进行市场营销。

2011年，我国国内生产总值为471564亿元，按可比价格计算，比上年增长了9.2%。同年，获得直销经营许可证的有28家直销企业，2011年全年的营销业绩约高达780亿元，较2010年增长了35%左右。完美、无限极、康宝莱、如新、宝健、美乐家、嘉康利等直销企业，2011年直销业绩的增长幅度都在30%以上。全行业2011年产值超过1000亿元，占GDP比重为0.21%。直销行业在中国的发展速度极快，行业的重要性日益突出。

（一）直销行业竞争分析

1. 竞争对手众多

我国直销企业数量较多，众多直销企业竞争激烈，对行业竞争者的威胁较大。但是从我国直销企业投资规模及经营业绩分析可以看出，参与竞争的企业实力不均。自2005年《直销管理条例》颁布以来，我国政府在开放直销行业方面取得了稳步进展。截至2011年底，中国商务部向30家企业颁发了直销经营许可，其中包括18家外资企业。在这 18 家外资企业中，美资企业有 10 家。

2. 差异或转换成本

现有直销企业一般都有自己的一部分稳定顾客群，因差异化而产生的转换成本较大，所以从这个角度来看，竞争者的威胁较小。

3. 退出壁垒

直销企业大多生产销售日化用品，而且直销的特点使企业的相关成本减少，灵活性增大。直销企业转变经营模式，相对来说不是很难，竞争者的威胁较小。

每一个企业或多或少都必须应付以上各种力量所构成的威胁，而且客户必须要面对行业中每一个竞争者的举动。除非认为正面交锋有必要而且有益处，例如要求得到很大的市场份额，否则客户可以通过设置进入壁垒，包括差异化和转换成本来保护自己。

我们不难看出，直销的发展还是经历了很多挫折的。随着互联网技术的迅猛发展，微商等新型社交商业已走进人们的日常生活。远程在线互动培训、网红直播、阅读量超过十万的企业公众号……直销企业顺势而为，一种全新的商业模式已应运而生。

（二）国内直销发展现状

1. 政策环境

受环境和政策的影响，商务部一方面扩大直销发牌，多层次直销进入准开放时代；另一方面，政府政策法规加大了直销监管力度，加强了直销监管的新发展、新责任。

2. 市场环境

在市场经济供大于求的年代，企业看到了直销模式带来的巨大发展空间，无一不在摩拳擦掌、跃跃欲试。与此同时，国际知名品牌也纷纷涉足中国市场抢占先机，国内品牌渴望突出困境，改写命运。

（三）国内直销行业表现结果

1. 谨慎的政府态度，严打政策和半开放法规同时进行。到现在为止，商务部共发牌 71 张，尤其是 2015 年发牌比往年的速度提升了许多。

2. 媒体界由一开始的中立态度到现在包括 CCTV 等部分电视频道都能看到直销巨头的相关广告，充分说明中国媒体已经开始公平对待直销，并且关注起了直销。

3. 人们最初对直销的认识由"公司、制度、产品"转变为"领导、系统、时机"，到现在的"稳定的平台、合理的分配、相互的尊重"的理性思考。从业者积极亢奋，随处可见直销品牌和企业培训。

未来就是——要么电子商务，要么无商可务。

四、未来国内直销市场发展趋势

（一）国内直销行业的走势

1. 产品方面：由以前的补充性、营养型保健品横向和纵向延伸，发展到以调理型产品为主，未来将是基因型产品的舞台。

2. 制度方面：由单层次的单纯销售发展到复合型模式，销售和消费并存的重型网络模式。

有限度和有规律的半开放，必将给直销企业的发展带来巨大商机，我们需要做的就是捕捉这一轮商机。未来的中国直销一定是知识营销、体验服务，向经营者要"质量"，向消费者要"数量"。

3. 市场方面：健康自然医学被誉为财富的第五波，成长空间大，运用直销模式发展已成为一种必然；传统模式的高成本和激烈竞争导致直销通路成为最佳选择；互联网发展的巨大空间，突破了时间空间局限，将逐步实现产品销售无店铺；随着"互联网＋直销"的发展，财富第六波将会出现。

（二）新零售思维下的直销行业与时俱进

随着中国经济的快速发展，消费潮流也在不断变革。很多实体零售在拓展线上渠道，同时很多传统电商都在布局线下实体店，大家所谓的新零售表现异常火爆。

新零售这样一种模式在直销行业的应用前景如何？原广东省打传办某权威人士认为，新零售说的是线上、线下和物流连在一起，新零售和直销，尤其是当今中国直销模式的发展方向是异曲同工。过去，直销就是面对面的销售，直销是不做店铺的，后来根据中国的市场实践，要求直销必须要开店，这十年来直销企业开了许多实体店，业内超过5000家线下实体店的直销公司大概有五六家，像无限极、完美这两家公司的专卖店都超过了10000家的。所以说，直销行业在线下的布局并不比传统行业少。

近年来，经过电子商务的洗礼，直销行业对线上工具的使用也非常积极，做移动工作室、商城、APP、云商的企业很多，有意识的企业也已经在建设自动化的物流，所以直销行业对新零售的理解一直都是与时俱进的。可能有的企业没有意识到这是新零售，但他们在做的事情实际上就是新零售。根据该权威人士的分析，线上线下的结合正在帮助直销企业提高营销与服务的效率，其也非常看好它。

当前，越来越多的中国消费者开始看重品牌和品质，尤其是海外大品牌，品牌营销的渠道近几年也在随着新媒体平台和技术的演进而不断升级。直销企业该如何打造品牌，吸引并留住消费者？该权威人士表示，就目前来说，直销企业打品牌一方面是在一般的品牌营销渠道上，另一方面还要依靠直销员的口口相传。

在一般的品牌营销渠道上，他建议企业首先要做好基本功，尤其是初步尝试品牌营销的企业，要梳理并明确好企业的文化、定位，然后再谈品牌营销的问题。实际上，直销行业中有很多企业都还没有系统做到这第一点。

其次要根据自身的实际，选择适合企业现阶段实际的途径，而不是今天大做特做,明天悄无声息。品牌毕竟是一项长期事业,知名品牌都是依靠重复专注积累起来的,直销企业更应该有耐性。

第三是聚焦,做品牌要想越做越省力,唯有聚焦。例如赞助的公益活动,坚持做、长期做,就会形成企业的品牌。

对于直销员这一块儿,当前行业只要做好直销员的监督和规范,就会给品牌加分。这还是要靠企业平时多多对直销员耳提面命,加强培训与自我监督。

(三)"一带一路"背景下的机遇与挑战

近几年,中国直销市场在多年的高速发展下,市场体量也在不断增长,到 2016 年已经突破 2000 亿元。但目前中国直销与国际直销没有完全接轨,在"一带一路"的大背景下,直销企业要更好地"走出去",机遇与挑战将分别是什么?

在该权威人士看来,其实中国直销企业从来就没有停止过"走出去",只不过过去只有少数企业,现在"一带一路"倡议提出后,走出去有了国家的政策支持与鼓励。

近几年,本土直销公司在国内积累了实力后,已经在陆陆续续走出国门,例如印尼、乌克兰、菲律宾、俄罗斯就有很多中国直销公司在开设分公司。

对于直销企业来说,这些国家大部分都是发展中国家,轻工业薄弱,生活资料类的产品普遍没有那么丰富,这正可以帮助企业去产能。还有沿线国家的资源、全世界 62% 的人口消费市场,这对直销企业来讲是一个巨大市场。而且"一带一路"是中国倡导的"一带一路",这些地区首先在文化认同上对中华文化是有认同感的,这也是一个机遇。

至于挑战,就是这些地区的政治体制和法制不成熟,市场监管没有那么透明,可能会增加经营的成本,还有宗教、文化的差异性,稍不注意可能就会触犯红线。另外,在这些地方要以一种什么样的模式开展直销、"套路"能不能通用，这些都是需要企业在实践中加以总结的，企业都是靠吃亏摸索出来的。所以呼吁多关注直销，多关注企业的需求。

（四）市场配置的权力放归市场易激发活力

《直销管理条例》规定中国的直销产品限制在目前的六大类产品，中国直销产品种类单一、发展不平衡。而现在几乎所有行业都在谈供给侧结构性改革，直销行业的供给侧改革需要在哪些领域发力？

原广东省打传办某权威人士表示，供给侧的对应面是需求侧。从目前的整个行业来看，直销产品的种类的确是越来越多，特别是拿牌的企业现在已经有82家了，每年都有企业在扩建生产基地、扩大产能，每年企业都要新增产品。当然，这些企业扩大产能上新产品肯定是有市场需求的。

整个行业处于成长期，体量和产能扩大很正常，但是由于直销产品的范围被限制在了六个大类里面，所以为了符合规范，企业一些有特色有优势的产品就没有办法在直销的"盘子"里卖。相反，为了适应要求，又有许多企业不得不上线一些大家都有的产品，这就会造成某些产品的同质化与过剩，所以目前直销行业的供给侧改革更应该从这个层面着手。像中央简政放权所说的，把该由市场配置的权力放归市场，如果这点能够有所变化，那么相信市场的活力还会释放出更多。

最早进入中国大陆的直销企业是1990年11月14日于广州成立的中美合资广州雅芳有限公司，这是中国大陆第一家正式以直销形式申请注册的公司。随后的1992年，安利进入中国，与雅芳一样，安利也取得了骄人的业绩。雅芳和安利在中国的直销经营双双成功后，国外直销行业的商家们纷纷抢滩中国市场。

1993年，仙妮蕾德进入；1995年玫琳凯进入：1996年特百惠在广州设立总部并建工厂。在这种新型的销售模式和高额利润的刺激下，各种规范的直销企业、不规范的非法传销组织纷纷出现。1998年4月1日，国务院颁布了全面停止任何形式传销活动的命令，对整个传销业进行全面封杀。2005年后又陆续出台了多部法律法规。

商务部通过商务部直销行业管理信息系统公布经批准并完成服务网点核查备案的直销企业名单，并实时更新。通过查询直销企业名单，可辨别该企业是否为直销企业。

根据《直销管理条例》和商务部、工商总局2005年第72号公告，直销企业可以直销方式销售本企业生产的产品以及其母公司、控股公司生产的产品，直销产品范围包括化妆品、保健食品、保洁用品、保健器材、小型厨具等五类。各直销企业的直销产品可通过信息系统查询，未经审核公布的产品不得通过直销方式销售。

五、2016年中国直企业绩报告另类解读

我们通过下面的一份报告，更能看清楚国内直销业现在的发展形势。

◆2016年中国直销企业业绩数据都有哪些确定可信？
◆2016年中国直销企业整体上究竟创造了多少总业绩？
◆2016年市场业绩增长方面的"黑马企业"是谁？
◆2016年市场业绩方面不行的"骆驼企业"是谁？
◆"直销四大家"和"直销四小龙"分别是谁？
◆安利失守行业老大位置的深层次原因究竟是什么？
◆不同产品、不同战略、不同人群对企业业绩的影响程度有多大？

备注：

1) 为了更加有效统计直销企业2016年的业绩，中国直销研究

院特制作此表。所列数据来源于《知识经济·中国直销》和道道国际的公开数据发布，我们进行对比分析。

2）表中已有的业绩数据大多来源于企业自报，也包括机构自身和第三方的综合汇总。本数据做到了尽可能真实精准。如有差异，请以企业官方发布为准。

3）在两者综合数据中，缺少一方数据的，我们均放弃比较；有些企业不便发布业绩数据的均以0代替。

解读：

1. 2015-2016年中国直销企业业绩前五

中国直销研究院解读：2016年中国直销企业业绩排名前五毫无悬念，与2015年排行完全一致。值得一提的是，无限极以270亿元的业绩蝉联冠军，与2015年相比增长3.85%，再创新高。安利230亿元，排名第二位，同比下降5.74%。第三、第四位的完美和权健业绩分别为220亿元和192亿元，同比降/升2.22%和1.05%。排在第五位的中脉业绩120亿元，同比下降了20%。不管怎么排名，这五家企业都是业绩的领先者。所以，外资实力企业是无限极、安利、完美，内资实力企业是权健、中脉。

纵观近两年中国直销企业的业绩，无限极的老大地位依然是业内人士分析的热点。无限极之所以能够稳居首位，要归功于其精益求精的产品质量，而其完美的市场运行奖励机制、公司的奖励机制都是其长盛不衰的有力保障。而对于连续两年屈居第二位的老字号安利，行业内外人士都对它做出了评判，认为造成安利中国业绩降低的最主要原因或许是因为安利内部战略进行了一些调整。但是从整体层面来看，总趋势还是向好，安利的行业风向标作用仍然令人期待。

2. 2016年中国直销企业确定的业绩数据

中国直销研究院解读：2016年中国直销企业的确定数据，中国直销和道道国际都给出了最终数据，两者数据表现一致的为无限极270，中脉120，新时代93，佳莱28，康婷27.5，三生26，绿之韵18，理想科技8.9，荣格4.93，绿叶3，致中和3，康美来1.5，金诃藏药0.7。那么，很显然，2016年业绩确定的前五名是：无限极270，中脉120，新时代93，佳莱28，康婷27.5，其业绩最终数据确定是可信的，而且是遥遥领先者。

3.2016年两个业绩表相差很大的企业数据比较

中国直销研究院解读：在2016年中国直销企业业绩的搜集掌握中，中国直销和道道国际都给出了相同企业的不同数据，两者数据表现不一致的很多，可能是因为搜集方法和获取路径不一样造成的差距，但并不妨碍我们的比较分析。两者综合数据相差悬殊的是这前五位：隆力奇25.61，卫康25.5，安利14，康宝莱13.3，炎帝9.6，这几家企业的业绩差距可能是企业没有最终如实透露2016年业绩数据，获取的接近数据不一致导致了同一企业的不同业绩景观。这也成为我们分析2016年业绩数据中最为捉摸不透的直销企业。

4.2016年中国直销企业大省业绩占比

中国直销研究院解读：截至2016年12月31日，中国直销获牌企业达80家，分布于22个省。2016年，直销企业居多的前五位直销大省总共贡献了1610.86亿元的业绩。其中，广东省813.33亿元（13家），占比39%；山东省65.53亿元（11家），占比3%；上海182.1亿元（8家），占比9%；北京209.5亿元（7家），占比10%；天津340.4亿元（7家），占比17%。

广东作为直销第一大省，其2016年贡献的业绩优势也颇为明显。依据其中一个数据来看，有意思的是，2016中国直销排行前三名无限极、完美和安利均在广东，而增幅最大的佳莱和降幅前五中的雅芳和东方药林也都在广东省，足以说明广东是藏龙卧虎之地，也是直销的成败之地。从占比数字来看，广东省占比为39%，正好是另外四大省占比之和,彰显出了其霸主地位。

5. 2016年中国直销企业内、外资业绩占比

中国直销研究院解读:截至2016年12月31日,中国直销获牌企业达80家,其中,内资企业51家、外资企业29家。根据统计数据,在2016中国直销业绩前十名中,外资企业占7家(无限极、安利、完美、玫琳凯、康宝莱、尚赫和如新),内资企业3家(权健、中脉和新时代);在2016年中国直销业绩中,内资企业贡献业绩803.91亿元,外资企业业绩达1254.5亿元,外资企业的实力可见一斑。看来,直销进入中国二三十年来,外资企业的发展在业绩上还是要比内资企业高一等,可以理解为中国市场大部分还是外资直销企业的天下。

6. 近5年中国直销企业总业绩增速比较

中国直销研究院解读:2012-2015年中国直销企业总业绩每年都以一定的比例增长。2012年,50家主流直销企业在2012年共创造了900.95亿元的市场业绩,同比增长19.7%。2013年,39家企业在2013年创造了总计1286.65亿元的业绩,同比增长41%。2014年,46家企业在2014年创造了总计1621.15亿元的业绩,同比增长24.3%。2015年,71家拿牌企业在2015年创造了总计1956.85亿元的业绩,同比增长20.7%。2016年,78家企业创造了总计2058.41亿元的业绩,同比增长5.2%。历时5年,中国直销企业业绩突破2000亿元大关,用实力证明直销行业乃大势所趋,为直销行业走向主流打下了坚实基础。据悉,由于统计数据时间、渠道的关系,2000亿元业绩算是保守估计。有业内人士推测,2016年中国直销业绩已直冲3000亿元,连破记录,迈上了一个新台阶,这种利好消息无疑让直销人为之振奋。

7. 老牌企业("直销四大家")和新兴拿牌企业("直销四小龙")的分析对比

中国直销研究院解读:从上图一可以看出,2015-2016年占据

业绩排行榜的前四位依然是无限极、安利、完美、权健这四家企业，它们可以称得上是中国直销的"直销四大家"。通过数据表格可以发现，"直销四大家"一直都在稳步发展，而且始终处于一个业绩很高的水平，这足以证明它们自身实力的强大，企业的发展实力是要靠业绩来说话的。不管之前它们都发生过哪些事情，数据表明一切，稳定在一个高水平，并且持续很长时间不掉队，才可以被称为"巨头"，这也是它们让人不得不佩服的一个真正原因。

而从上图二中我们也可以清楚地看到，除了"直销四大家"以外，新的拿牌势力发展得也非常迅猛，从2016年确定的业绩表单中我们可以发现，卫康、安发、佳莱、金天国际这四家企业的业绩增长方面表现得也相当出色，成为了新拿牌企业中的"直销四小龙"。虽然拿牌都不超过半年，但是其疯狂发展的加速度着实令人咋舌。它们或许目前还不足以挑战四巨头的地位，但是它们也形成了自己的发展势头与实力，只要它们站稳脚跟、稳扎稳打，并且以不错的加速度继续发展下去，我们相信它们接下来或许会改变行业的整体格局。

8."直销黑马"与"直销骆驼"的分析对比

中国直销研究院解读：通常我们会把出乎意料之外的称为"黑马"。从表格中我们不难发现，有些直销企业的业绩增长速度呈井喷式增长。我们从中还发现，它们大多数都是新兴的企业，发展的理念通常也比较超前，黑马的崛起也是形势所趋，传统的发展模式固然逐渐要过渡到新兴的发展趋势，这是符合历史发展规律的，数据可以验证这一观点。相比于骆驼企业来说，它们的发展和进步空间较大，而且可拓展性也较强。通过数据分析，我们把下面这些企业举例列出数据来说明。

我们通过观察表格后的部分还课发现，有些企业资格比较老，但是却发展得不太理想。像宝丽，还有雅芳，其业绩下滑的速度还是比较快的。像这样一类企业我们统称为"骆驼企业"。它们很早就在中国开始发展这一领域，可以说算是元老级了，但是这几年呈现的趋势就是不太理想。我们也把其中的一些企业举例说明了，罗列在下面。

黑马企业：佳莱 2700%，卫康 400%，尚赫 261.11%，欧瑞莲 65.79%，康婷 37.35%

骆驼企业：宝丽 -83%，雅芳 -75%，康恩贝 -70.37%，永春堂 -64%。

9. 以不同产品为主打的企业业绩的对比分析

中国直销研究院解读：现在直销企业的发展越来越多元化，出售的产品种类也是越来越多。可以说，上述表格中的所有企业都在经营多种种类的产品。但从中对比还是可以发现，仅从今年来看，以化妆品为主打的企业要比保健品为主的企业业绩增长快，而且前者的业绩普遍高于后者。这里我们举例了 7 家企业。玫琳凯是以出售化妆美肤产品为主的企业，而像宝健、安然、罗麦则都是以保健食品和药品为主的企业，玫琳凯的业绩要比这几家高。所以说，化妆品这一领域的销售效果去年总体来说还是不错的。当然，这里只是一小部分，可能这个对比不一定就是一个最终结果。但是总体上看，去年在化妆品领域投入多的几家企业都收到了比较好的效果。

10. 以不同战略为主打的企业业绩的对比分析

中国直销研究院解读：从表格中我们还发现了一个有意思的对比。这里我们用天狮和权健来举例。天狮统计的总业绩相比于权健来说低了不少。两家企业的发展战略不一样是造成这种现象的主要原因之一。统计表格只是中国内地的数据，故天狮统计的时候是天狮中国区，数据仅限于天狮内地市场。天狮的发展战略是以拓展海外，大力开拓海外市场为主的，所以才造成天狮内地的业绩不太高。权健算是国内比较知名的企业，涉足的领域非常繁多。它的战略就是大力发展国内市场，在国内"百花齐放"，所以近年来权健的总业绩持续稳定在一个很高的水平。两家企业的发展战略不同，它们的业绩也受到了这方面的影响。但所有直销企业都得脚踏实地，制定战略的时候不能好高骛远。

11. 以不同人数为主打的企业业绩的对比分析

中国直销研究院解读：表格中的每家企业除了直销外，都有不同的发展板块。但可以肯定的是，一家企业做直销板块的人数越多，对于企业总业绩的增长也是越快。把这一板块当作主打的企业，都获得了应有的回报，四大家、四小龙、黑马，它们做直销的人数都是逐年增长的，对直销这一板块的重视程度也是越来越高。相比于排在后面的几家企业，琪尔康、康尔等一些企业，它们由于刚开始进入直销领域，所以总业绩相比较而言不是太高，直销这一行业的一大优势就是倍增的原理，通常都可以获得成倍的增长，所以当然是人数越多对业绩的增长也就越大，呈现出了正比例状态。老牌企业基本上做直销的人数占总人数的 80% 以上，而以上这些刚起步的直销企业估计还没有达到这样的比例，故做直销人数越多，业绩增长得越快。

12. 最后一点，看看负面事件对企业业绩增长的影响判断

中国直销研究院解读：通过观察，我们可以看出表格中有部分企业的业绩呈现出下滑的趋势，这其中的原因有很多，其中负面新闻的影响是一个重要方面。我们举个雅芳企业的例。雅芳事件算是去年比较大的一个事件了，我们雅芳 2015 年和 2016 年的业绩对比图也能明显看到，下滑得还是比较明显的。前面我们也提到雅芳是属于"骆驼企业"，造成雅芳发展举步维艰的原因，内部改革迟迟没有效果是内因，而外部频频传出负面则是外因。综上所述，负面新闻是会对企业的发展造成不良影响的，但其只是外因。内因是事物变化发展的根据，外因只是条件。不过有效地控制负面新闻的传播，树立良好的企业信誉，是每家企业发展必须要尊崇的道理。

参考资料：

[1] 当代直销网，《2016 年中国直企业绩报告另类解读》，2017.2.17。

[2] 亚太日报，《中国直销行业迎来发展新机遇》，2017.3。

[3] 前瞻产业研究院，《中国直销行业现状及其未来前景预测分析》。

4.2 跨境直销现象分析

摘 要：随着互联网的发展，电子商务这一虚拟交易模式也随之诞生。跨境电子商务作为电子商务中的一个重要分支，也获得了长足发展。2012年，中国跨境电商进出口交易额为2.3万亿元，中国电子商务市场交易规模达8.1万亿元，跨境电商占到了整个电子商务市场的28.4%。随着跨境电商的优势愈显，吸引了大批直销企业的加入。跨境直销已成为直销企业的发展新方向。

关键词：跨境电商 发展新方向 跨境直销

随着国家实施"一带一路"倡议与行动的不断推进，"跨境直销"概念持续火热，跨境直销已成为中国本土直销企业扩大外贸出口，参与国际市场竞争、实现国际化经营的有效途径。

一、中国跨境电商及跨境直销现象发展现状

在本文中，我们提到跨境直销的发展，这就很有必要提一下跨境电商的发展，因为这两者密切相关，发展的模式和方向都很相似，通过下面的观点，我们可以比较出来。

（一）中国跨境电商发展现状

从 1997 年起，随着阿里巴巴 B2B 电子商务平台、淘宝、当当网、京东等一系列的电商诞生，我国电子商务步入了快速发展的时期。跨境电商作为电子商务中的一个重要分支也受到了高度重视。

在过去几年，受国际经济形势大环境的影响，中国的出口增速逐渐趋缓。在外贸疲软的当下，国内越来越多的企业参与到跨境电商贸易，越来越多的出口商尝试在网络平台与海外买家进行交易，使得跨境电商的贸易发展速度很快，国内跨境电商的数量也因此不断增加。据业内人士估计，目前国内跨境电商已多达几万家。短短几年时间内，在政府和企业的共同努力之下，跨境电商已然形成了一条从营销到支付、物流、金融服务的清晰、完整的产业链，并在行业格局中处于日渐稳固的趋势。

（二）跨境直销现象发展现状

近几年，由于国内市场和国际市场的双重因素影响，中国跨境电子商务市场保持快速增长。从国际市场来看，一是由于经济全球化仍将深入发展，贸易自由化和区域经济一体化继续推进，双边和区域自由贸易协定数量不断增加，国际产业转移从加工制造环节向产业链两端延伸，为中国延伸产业链条、优化要素配置带来了机遇；二是新兴经济体和发展中国家工业化、城镇化进程加快，经济有望保持较快发展，为中国开拓市场提供新的支撑；三是科技创新孕育新兴产业，加快产业升级，促进国际分工深化，推动产业内贸易发展，扩大国际贸易空间。

从国内市场来看，一是中国产业体系日益完备，基础设施明显改善，劳动力素质不断提高，科技创新日益深化，出口产业综合优势进一步增强；二是产业结构升级、城镇化和人民生活水平提高，带动各类生产资料和生活资料进口增长；三是战略性新兴产业快速发展带动相关产品和技术的进出口，专业市场开展对外贸易，将为外贸增长提供新的增长点；四是国家加快中西部开发，提升沿边开放水平，中西部地区和沿边地区贸易投资环境进一步改善，吸引投资和产业转移能力增强，进出口具备了更快发展的基础与条件。

随着跨境电商优势愈显，吸引了直销企业的加入，跨境直销已成为直销企业的发展新方向。但是，纵观中国直销企业发展史，这已经不是直销企业第一次走向海外市场。早在1998年，国内便掀起了第一波海外业务拓展潮流。当时，直销初入国内市场，传销混迹其中，直销不能很好地适合当时的中国国情，政府出台了"一刀切"的政策，本土直企面临生存危机，以天狮为代表的中国本土直销企业被迫开始向海外市场进军。

经济发展水平	主要国家
发达经济体（13国）	波兰、捷克、斯洛伐克、匈牙利、斯洛文尼亚、克罗地亚、罗马尼亚、保加利亚、立陶宛、拉脱维亚、以色列、爱沙尼亚、新加坡
发展中经济体（34国）	土耳其、伊朗、叙利亚、伊拉克、阿联酋、沙特、卡塔尔、巴林、科威特、黎巴嫩、阿曼、也门、约旦、巴勒斯坦、越南、老挝、柬埔寨、泰国、马来西亚、印度尼西亚、文莱、菲律宾、缅甸、东帝汶、印度、巴基斯坦、孟加拉国、阿富汗、尼泊尔、不丹、斯里兰卡、马尔代夫、蒙古、埃及
转型经济体（17国）	塞尔维亚、黑山、马其顿、波黑、阿尔巴尼亚、白俄罗斯、摩尔多瓦、亚美尼亚、格鲁吉亚、阿塞拜疆、俄罗斯、乌克兰、哈萨克斯坦、塔吉克斯坦、乌兹别克斯坦、土库曼斯坦、吉尔吉斯斯坦

图1 天狮已经在"一带一路"沿线开设分公司的国家和地区

注：表中红色标示部分是天狮已经在当地有分公司、开展直销业务的国家。

上世纪90年代后期，天狮在衡量了外部环境之后，将海外市场的首站选在了俄罗斯。在战略规划方面，天狮在当地成立分公司运作直销业务，以民营企业的身份将天狮的产品直接出口销售。由此成为最早进入俄罗斯的中国直销企业。这以后,天狮又将扩张的步伐迈向了非洲、美洲、欧洲等其他区域。在此基础上,天狮还在非洲的南非、贝宁、津巴布韦、肯尼亚、乌干达、苏丹、加纳、尼日利亚,欧洲的德国、英国,美洲的秘鲁、厄瓜多尔、玻利维亚、哥伦比亚、委内瑞拉、墨西哥,亚洲的日本等全球110多个国家和地区建立了分公司,业务辐射190多个国家及地区。

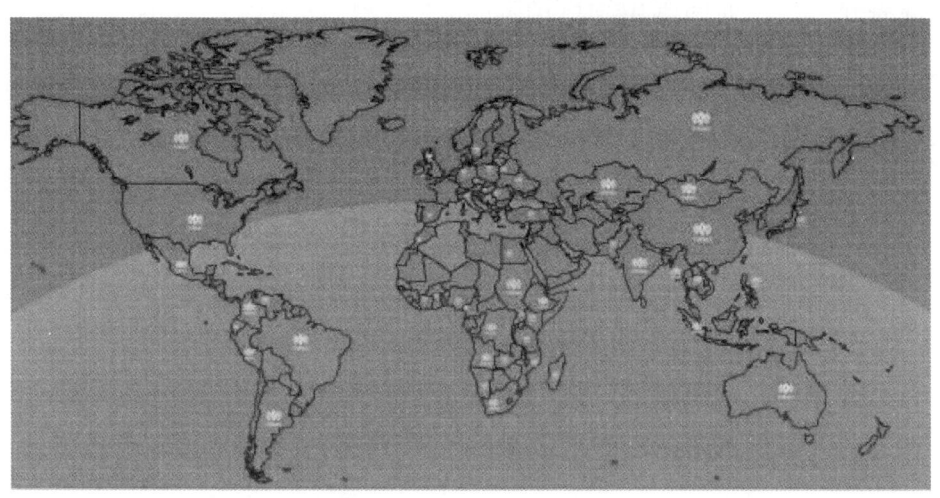

图2 天狮全球分公司布局

同一时期,民族企业隆力奇也开始了以OEM为主的外贸业务。伴随着"世界隆力奇"进程的加快,隆力奇在2009年加快了国际化市场运营,全力打造隆力奇品牌。先后在尼日利亚、马来西亚、泰国、菲律宾、印度尼西亚、南非、喀麦隆、俄罗斯、韩国、美国等30多个国家和地区设立了分公司和办事处,主导产品覆盖全球65个国家及地区,隆力奇全球化格局就此形成。

近3年来,隆力奇国际市场增长尤为迅速。在8年多时间里,隆力奇海外市场发展了近20万名经销商,并先后于138个国家或地区注册了"LONGLIQI"和"LONGRICH"商标,获得国外授权专利多件,在全球设立了八大研发机构,以知识产权和技术研发为先导,大力夯实了国际了市场。

回顾中国直企走向海外市场的历史,第二波海外业务拓展潮流是在2005年前后。2005年,由于《直销管理条例》和《禁止传销条例》刚刚颁布,国内环境相对比较复杂,为了生存,一些实力雄厚的内资企业在获得了直销牌照后开始了赴海外开拓直销业务。另一方面,《直销管理条例》和《禁止传销条例》政策的出台也吸引了部分内资海外直销企业回国申领直销牌照。

第三次海外拓展是在2008年之后,依靠直销法庇护成长的直企在国内的直销形式逐渐被大众认同、接受,国内直销形势回暖迹象的情况下,根据自身规划发展,开始主动走向海外、走向世界。如今,中国直销企业走出国门、开拓海外市场的现象越来越普遍。据不完全统计,目前陆续参与拓展海外直销市场的中国本土直企逾14家,在各国和地区设立逾156家直销公司。相对于其他行业,直企"走出去"的比例较高。

然而,国外并非遍地是黄金,全球直销市场更是如此。市场的地域化、成熟度与饱和度的不同,为企业进军海外增加了不少难度,同时,有些企业将不成熟的海外管理市场视为企业发展的"良机",在海外大肆炒作,弄虚作假,并以海外市场为宣传点在国内宣传,造成了恶劣的负面影响,极大损害了中国直销业的形象。

二、企业选择跨境直销的原因

(一)政策导向

党的十八大以后,党中央着眼于我国"十三五"时期和更长时期的发展,逐步明确了"一带一路"的建设发展战略。2014年我国政府通过了《丝绸之路经济带和21世纪海上丝绸之路建设战略规划》,2015年对外发布《推动共建丝绸之路经济带和21世纪海上丝绸之路的愿景与行动》，有关地方和部门也出台了配套规划，为企业走出去提供便利。以税收为例，国家税务总局出台落实了主要包括增值（营业）税免税及零税率、出口退税、所得税抵免及税收协定等方面在内的关于"一带一路"发展战略的十项措施，对"走出去"企业实行税收优惠政策。

据国家统计数据，"一带一路"沿线大多是新兴经济体和发展中国家，总人口约44亿，经济总量约21万亿美元，分别约占全球的63%和29%。这些国家普遍处于经济发展的上升期，开展互利合作的前景广阔。这些地区对于直销企业来说，也是一个良好的发展契机。

此外，虽然这些年来中国企业走出去的步伐一直在加快，但是也出现了整体效益不高、布局混乱等问题，国家"一带一路"倡议改变了企业单打独斗走出去的局面，为企业制造了可以远航的经济"航母"，中国民营企业可以借船出海、规避风险。同时，"一带一路"倡议的提出和实施也为企业"走出去"创造了更加有利的条件和有利的外部环境与更多的支持。"一带一路"这一国策，为直销企业走出去带来了重大机遇。如今，随着"一带一路"倡议的深入推进，越来越多的中国企业走出了国门。

（二）企业战略规划因素

企业选择跨境进行直销业务的原因，有相当大的部分是根据自身发展情况进行的阶段性战略规划，是企业在经济全球化大形势、大背景下的必然选择。

1. 增加新的市场渠道，扩大企业影响力

中国是一个非常广阔的市场，但是对于经销商和直销企业来说，在市场方面，如果有更多选择的话会更健康。对于直销企业来说，通过开拓海外市场，相当于为企业提供了新的市场渠道来疏导中国经销商的发展，这是一个很大发展空间。此外，开拓海外市场也可以增加品牌效应,向经销商证明企业实力,扩大企业的影响力。

2.海外设厂开展直销业务降成本

如今,中国制造业成本优势正在消失。2015年,波士顿咨询集团发布了关于《全球制造业的经济大挪移》的报告,可以作为参考。报告指出,中国制造业对美国的成本优势已经由2004年的14%下降到2014年的4%。

报告认为,中国的制造业面临着巨大压力,主要是因为三个原因:一是工人薪资提高。从2004年的4.35美元时薪涨到2014年的12.47美元,涨幅达187%。二是汇率。2004年至2014年,人民币对美元的汇率升了35%;三是能源成本。据估计,从2004年到2014年,中国的工业用电成本分别上升了66%,天然气成本飙升了138%。

此外,伴随着人口红利的逐渐消失,中国制造业成本也不断抬高,已然成为中国经济转型升级的一大困扰。因此,对于直销企业来说,在中国建厂成本越来越高的情况下,通过向越南、印尼、印度等海外地区进行战略转移,在海外设立工厂,可以降低很多产品成本。

三、跨国电商及跨境直销的特征

跨国电子商务是基于互联网技术发展到一定阶段的产物,其"网络"属性较为明显,这也就使得跨国电子商务具有同网络一样的特征。

(一)全球性

网络是一个没有边界的媒介体,具有全球性和非中心化的特征。依附于网络发生的跨境电子商务也因此具有了全球性和非中心化的特性。

此外,由于是基于虚拟的电脑空间展开的,电子商务丧失了传统交易方式下的地理因素。互联网用户不需要考虑跨越国界就可以把产品尤其是高附加值产品及服务提交到市场上。网络的全球性特征带来的积极影响是信息的最大程度的共享；而消极影响则是任何人只要具备了一定的技术手段，在任何时候、任何地方都可以让信息进入网络，相互联系进行交易，用户要面临因文化、政治和法律的不同而产生的风险。

（二）无形性

网络的发展使数字化产品和服务的传输盛行，电子商务就是数字化传输活动的一种特殊形式。而数字化传输是通过不同类型的媒介，例如数据、声音和图像在全球化网络环境里集中进行的，这些媒介在网络中是以计算机数据代码的形式出现的，因而是无形的。

数字化产品和服务基于数字传输活动的特性也必然具有无形性，传统交易以实物交易为主，而在电子商务中，无形产品却可以替代实物成为交易的对象。以书籍为例，传统的纸质书籍，其排版、印刷、销售和购买被看作是产品的生产、销售。然而在电子商务交易中，消费者只要购买网上的数据权便可以使用书中的知识和信息了。

但同时，电子商务无形性的特性也使得税务机关很难控制与检查销售商的交易活动。税务机关面对的交易记录都体现为了数据代码的形式，使得税务核查员无法准确计算出销售所得和利润所得，从而给税收带来了困难。

（三）匿名性

由于跨境电子商务的非中心化和全球性的特性，且因在线交易的消费者往往不显示自己的真实身份和自己的地理位置，会导致监管部门很难识别电子商务用户的身份和其所处的地理位置，跨境电子商务因此拥有了匿名性的特征，这也为现实中电子商务交易逃避税现象的产生提供了便利。同时，网络的发展降低了避税成本，也使电子商务避税更加轻松易行。

（四）即时性

在电子商务中的信息交流中，无论实际时空距离远近，一方发送信息与另一方接收信息几乎都是同时的，就如同生活中面对面进行交谈。某些数字化产品（如音像制品、软件等）的交易，还可以即时清结，订货、付款、交货都可以在瞬间完成。这使得跨境电商具有即时性的特征。

（五）无纸化

电商主要采取无纸化操作的方式，这是以电子商务形式进行交易的主要特征。在电子商务中，电子计算机通讯记录取代了一系列的纸面交易文件。用户发送或接收电子信息，由于电子信息以比特形式存在和传送，整个信息发送与接收过程实现了无纸化。无纸化带来的积极影响是使信息传递摆脱了纸张的限制。

（六）快速演进

互联网技术日新月异，短短几年内便已经影响到了人们吃穿住行的方方面面。目前，互联网技术仍在快速演进。因此，基于互联网的电子商务活动也处在瞬息万变的过程中，不断改变着人类的生活。

跨境直销是基于跨境电商一系列技术、模式发展成熟而兴起的营销模式。它的部分特征同跨国电子商务的特征相同，同时具备全球性、即时性等特点。

四、跨境直销发展瓶颈

这两年来，伴随着跨境电商的快速发展，一些问题也随之出现。管理政策缺陷、跨境海关壁垒、物流障碍、交易信用等诸多问题愈加凸显。跨境直销也因此遇到了发展的瓶颈。

（一）海关贸易壁垒

尽管基于互联网的信息流动畅通无阻，然而货物的自由流动仍然受到国界的限制，这也是目前跨境电子商务发展的最大壁垒——海关通过。在现实中，即便是小额跨境电子商务也有可能因为进出口货物超过了海关规定的数量而被要求进行申报。其间，一系列繁琐的手续及费用的支出常常会成为消费者和网上卖家严重的经济负担。此外，因申报不合格而使商品滞留在海关而使消费者无法收到的现象也时有发生。这些，都使得"海关通过"成为阻碍跨境直销发展的一大"拦路虎"。

（二）跨境电商物流业发展滞后

在跨境直销业务的正常运转中，物流是极其重要的一环。作为跨境电商的一个重要参与者，线上商品交易与线下货物配送两者的发展须相辅相成。正如淘宝的产生及发展带动了境内电子商务物流的变革，圆通、申通、顺风等一大批民营快递公司的兴起也使国内电子商务交易的便捷性得到了极大的保证及提高。而相比之下，当前跨境外贸电子商务的快速发展却让准备不足的物流运输渠道措手不及。随着小额跨境电子商务交易的急速发展，跨境电子商务物流业正在经历着一场新的变革，兼顾成本、速度、安全，甚至包含更多售后内容的物流服务产品应运而生。

（三）人才储备不足

与其他外贸方式相比，发展跨境直销的难度和风险更大，除了要有优质的直销产品外，还要符合驻在国关于直销行业的法律法规及监管要求，要在当地建立懂本国语言和熟悉本地风俗和生活习惯的直销员队伍,在企业文化建设及内部管理方面也完全不同于国内。在跨境直销中，企业因为没有做好人才储备问题，没有专业的、能力高的人士负责国外市场的开拓业务，使得跨境直销业务失败的案例不在少数。因此，中国本土直销企业要想开拓海外市场，首先要有高瞻性，提前做好人才的储备。

（四）市场定位不准

目前，部分直销企业盲目跟风，在没有做好前期规划准备下便企图快速扩大版图，开拓海外市场。这就很容易由于市场定位不准的原因导致失败。

在现在的市场中，各国、各地区的直销市场发展程度不同，因此，直销企业在选定市场时也要提前进行规划、调查。例如，中国本土的中草药养生文化在东南亚和非洲较为受到认可，且人口密集，适合于国内直销企业的发展；而美洲、日本、韩国等发达地区则相对成熟，国内直销企业相对难以发展。因此，直销企业首要要对自身、对市场进行精准定位，通过分析区域的性质来进行选择性拓展。

五、"跨境直销"有望成为直企发展新方向

作为一个人力资本密集型和文化密集型的行业，直销业能较快地融入当地社会，通过宣传和销售中国的优质产品，深化与"一带一路"沿线国家人民的感情联系，促进民间文化交流，在民心相通方面发挥出独特有效的作用。此外，通过走出去，内资直销企业可以学到更多更好的先进管理经验，并实现国际化经营。其他企业也可以直接到海外开展直销业务，扩大外贸出口。

今年初，商务部所属中国世界贸易组织研究会专门成立了直销研究专业委员会，这是国内首个由政府部门所属机构成立的直销研究机构，拟对国内直销和跨境直销开展全面研究，这对未来跨境直销的开展具有重要意义。未来 3 年至 5 年，直销牌照的发牌速度将不断加快，市场竞争将日益激烈，国内保健品、化妆品、小家电等产业或将出现产能过剩的现象，国外市场可能会成为直销企业的新战场。也就是说，跨境直销是未来直销行业的发展趋势，"跨境直销"有望成为直销企业发展的新方向。

当然，需要强调的是，海外业务拓展是一个持久战，企业初入海外，想要成功打开该地市场，其企业文化、管理理念、制度制定乃至团队组建训练都要充分考虑到当地的民情。此外，还要提前做好市场调研、人才准备、资金准备工作，并提前考虑在研发适应当地新产品、适应当地风土人情、培养市场等过程中遇到的不确定性因素及难题，做好应对方案。

参考资料：

[1] 孙艳艳，《我国跨境电子商务的发展现状分析》。

[2] 于婉珈，《"跨境直销"有望成为直企发展新方向》。

[3] 天狮，《国家的"一带一路"，天狮已经走了20年！》。

[4] 孙柳，《跨境电商的营销模式研究》。

[5] 波士顿咨询集团：《全球制造业的经济大挪移》。

4.3
直销企业文化案例分析

摘　要：直销作为一种较为新颖的营销渠道和模式，具有广阔的发展空间及美好的发展前景。然而，如今我国直销业的发展却没有人们想象与期待的那样一帆风顺及快速。可以概括地说，当前我国直销行业的现状是较为平淡的，所需完善的地方、所需解决的问题还有很多。直销是一个涉及到营销、管理、企业文化、人力资源等多种理论相结合的重要研究课题，其行业的现状及发展趋势是受到我国直销界乃至于整个营销界共同关注的。本选题主要阐述直销的相关理论、我国直销业所面临的一些问题、我国直销业的发展趋势分析及其对策建议以及安利（中国）的案例分析，其研究目的就在于通过结合我国直销业的发展现状及趋势，为我国直销业的稳定快速可持续发展提出自己力所能及的一些思考和建议。

关键词：直销　直销业　现状　发展趋势　安利模式

现今的直销分为很多种，在此我们把直销分成三个大类。

第一是我们通常所说的厂家直销，这种直销是指工厂制造产品，并向消费者或者是用户直接销售，我们通常把它叫作厂家直销。

第二是媒体的直销。比如利用电视、电话、电子商务、报纸、杂志等媒体进行销售的一种直接销售方式。这种直销，我们把它叫作媒体直销，在国外，这种直销也叫作直付营销。

第三是人员直销。所谓的人员直销，也就是不通过店铺，直接通过人员向顾客进行销售的活动。本文所研究的就是人员直销，其具体的定义在后文中会详细阐述到。

在此特别要注明一点：本选题中所提及到的直销和直销业均指在我国范围内合理合法存在的直销行业，与国外已基本成型的直销业以及非法传销行业有着本质性区别，在本文中不会予以提及。

一、研究目的及意义

根据中国加入 WTO 的协议，中国大陆已经正式开放直销经营。直销作为一种在中国存在了近 30 年但仍然为多数人所陌生并且毁誉参半的营销模式，在 2007 年中国直销法规拿牌大限之后兴起了新一轮发展高潮，其规模不容忽视。本选题中所提及的直销业均特指在我国范围内合理合法存在的直销行业，其研究目的就在于通过结合我国直销业的发展现状及趋势，对我国直销业的稳定快速可持续发展做出一些思考与建议。

在当今中国，直销作为一种全新的营销渠道，被喻为"21世纪的朝阳产业"。然而，中国直销业的发展却没有人们想象与期待的那样一帆风顺及快速发展。政府政策的调整，企业直销模式的不断变化，直销环境的不稳定因素等一列问题，对研究适应中国国情的直销企业模式，及中国企业是否可以把改进直销模式作为新的经济增长点有着不容小视的现实意义。

二、研究的主要问题与研究目的

在中国是否可以发展直销模式？如果可以，是照搬外国企业原有的成型营销模式，还是探寻一条符合中国消费者心理需要和习惯的"中国特色直销模式"？那么，这个为普遍消费者、企业自身以及中国政府所接受的"中国特色直销模式"又将是什么样的呢？这一系列问题都是当前许多直销企业、有识之士、相关政府部门最关心和一直争论不休的话题。在这个不稳定的直销环境中，各方都在努力寻找新的出路，希望早日摆脱干扰和不稳定因素，走上健康稳定长远的发展道路。

我国直销业发展的趋势和出路是值得我们去思考和揣摩的。其研究目的就在于通过结合我国直销业的发展现状及趋势，对我国直销业的稳定快速可持续发展做出自己力所能及的一些思考与建议。

三、国内外发展状况

（一）实践状况：

从企业层面上来讲，很大一批内资企业是近几年才成长起来的，包括近两年一大批的传统保健品、药业企业导入直销但最终以失败收场。这些企业出现的种种问题，很多是先天性的问题，没有基础的积累与底蕴的沉淀。成功的外资企业几乎都有一个特征，那就是可以在中国市场做战略性亏损，可以几年不赚钱。而国内企业有些是实力上做不到，有些是在投资心态上做不到，或者两者兼具，不愿意长时间去培育市场，只愿意短期逐利。政策环境独特性，使得很大一部分踩着红线边缘发展起来的企业身上的原罪性问题不太容易漂干净，所以永续经营也成了文化包装的陈腔滥调，可持续发展成为一句空话。而外资企业的问题，主要是受到大的商业环境的影响而产生的。很多企业在许多国家是很规范的，但是到中国就出现了商业贿赂、低次产品倾销、违背商业道德、用不正当手段打压竞争对手、不尊重经销商消费者权益等问题。这一切最终导致了社会对直销行业的整体性失望。

现代直销起源于美国，20世纪50年代是其萌芽时期，由犹太人卡撒贝创立。随着信息社会的快速发展和人们寻求快速简便的购物心理，直销快速遍及了全球的市场经济成熟和发达国家。在推广过程中，由于监管措施不到位，曾经引起了市场的混乱。为了治理直销过程中的不规范行为，美国制定了比较严格的法律制度。美国的直销法基本上分为美国联邦贸易委员会法律和各州制定的法律两大部分。前者是全国性的，而后者主要在各个州内有效。欧洲的直销也很普遍，但是管理得比较严格。在诸如欧美等发达国家，直销业的发展已相当地成熟，形成了一套健康合理规范的体系。直销作为一种经营模式最早起源于美国，之后传入了欧洲、日本等世界其他国家和地区。直销具有减少流通环节、节省广告投入、实行面对面服务等优点，因而在一些国家被迅速传播开来。

（二）理论状况：

中国直销行业已经走过了近30个春秋。在这20多年里，直销类企业经过数次凤凰涅槃，不断得到新生；直销的理论研究也经过大浪淘沙，曲折发展着。在中国直销本土化的道路上，需要理论与实践相辅相成，既需要权威的研究，更需要创新的探索。中国市场学会直销专家委员会于2006年7月在北京成立，是中国市场学会下设的二级机构。委员会成员由国家直销管理职能部门负责人、大专院校知名专家教授和直销法律研究人员、直销媒体资深人员等构成，是以直销业调查研究为主要目的的非营利专家团队。它的成立旨在全面、科学地把握中国直销市场动态，以委员会成员的研究成果及调查报告去服务于中国直销业的健康发展。直销委员会的主要使命有6项：一是对国家颁布的各种直销法规政策提出建设性意见，研讨有效贯彻的途径，做好政府行政管理工作的参谋和咨询工作。二是利用专家成员的学术优势，完整、准确地宣传国家的直销政策。三是根据需要，接受有关部门的委托参与国家有关直销项目的专家论证工作。四是根据需要，对相关企业的营销运作模式组织政策咨询和专题研讨工作。五是参与直销理论研究，组织直销学术出版工作，组织直销学术成果的交流工作。六是调查收集直销行业的相关案例，从全学术角度进行相关数字的统计工作，发布中国直销市场年度报告书。据了解，中国市场学会直销专家委员会是目前唯一一个在国家民政部备案，符合国家相关法规政策的专门从事直销研究的学会，其含金量得到了业界的高度认可。

《直销管理条例》与《禁止传销条例》的颁布标志着中国直销业从此走上了法治化的道路。直销企业有法可依，依法而行，开始了新一轮调整模式、规范经营的探索。对于直销，我国政府采取的态度一直都在转折变化中，直到一系列相关法规相继出台，态度才日趋明朗。如今我国已为直销业颁布了相关条例，从根本上保障了直销业发展的大环境的规范性与稳定性，为我国直销的发展指明了道路。然而，现今我国的直销业却遇到了发展的瓶颈。如何突破发展瓶颈并保证我国直销业的长期可持续高速发展，已成为我国直销企业以及政府有关机构需要着重解决的问题。

在欧洲，大多数国家是在一些其他法律中涉及到了直销法规。比如英国、比利时的直销法规就写在了《公平贸易法》中，而德国则写在了《反对不正当竞争法》中。在欧洲国家中，是绝对不允许仅以发展下线为目的进行赚钱的。这就说明该地区的直销市场还是比较"干净的"，各个国家直销市场的开放程度是不同的这背后有经济、历史、文化因素的影响。统计资料显示，在20世纪后半期，日本直销行业的增长速度非常快，有些年份甚至达到了30%左右。在亚洲其他国家，直销作为一个新型的行业，发展得也比较快。但是，这些国家的政府对于直销的管制还是比较严格的。比如，在马来西亚，设立直销公司必须要向该国的贸易部和消费事务部报批。在韩国，情况也基本相似，除了有注册资本的限制以及对从事直销业务人员资格的限制外，在设立直销公司时还须向市长、省长报批。业界人士说，韩国的《直销法》是世界上最系统、最详尽的直销法。然而，由于还隐藏着交易参与人员特点的分散贸易伙伴的不确定性，而他们的不断发展迅速催生了一些商业欺诈、传销、"金字塔诈骗"和"老鼠"，严重扰乱到正常的经济秩序。为此，政府正在严格规范的前提下开放直销活动；同时，通过立法严厉打击利用直销进行欺诈的活动，如美国的《禁止金字塔计划》法案、日本的《无限连锁链防止法》、马来西亚的《直销法》等。

四、主要研究方法

根据选题的内容和写作的需要，本文采用了文献研究法、个案法及内容研究法相结合的方法，通过调查文献来获得资料，从而全面、正确地分析目前我国直销行业的发展现状。并通过介绍行业当前的发展现状、当今国家经济的发展走势以及国家有关政策法规的规定，为我国直销业的发展及趋势做出较为详尽的分析，提出较为合理、有效的建议。

依据对上述内部环境、外部环境的分析，本文对直销企业未来发展成长的几种趋势提出了一些建设性的建议与对策，本文将以企业案例的形式展开论述。

（一）玫凯琳案例

这里不能不提到玫琳凯的优秀企业文化。玫琳凯公司对员工的培训从一开始就从挖掘自身潜力，鼓励女性敢于为梦想出发，鼓励女性秉持"信念第一、家庭第二、事业第三"的生活优先法则，"你想别人怎么对你，你就要怎么对别人"的黄金法则，时刻给玫琳凯的事业女性指引生活的方向，让她们更加懂得如何平衡自己的家庭和事业。清一色的纯女性销售队伍及鼓励梦想与创造的企业文化，吸引了很多优秀女性走入其粉红色的大门。玫琳凯公司不鼓吹一夜暴富和一劳永逸，没有任何炒作的浮躁，从1996年至今，玫琳凯公司在中国培养了16位首席经销商，她们都曾经是普通的女性，但她们在玫琳凯的文化熏陶下变得更加坚强、更加善良，用真心成就了自己的事业。2001年玫琳凯逝世，很多美容顾问很惋惜不能再亲眼看到她；但在看到我们中国的首席时，却发现其充满爱的眼神、面对困难时坚强的意志，仿佛玫琳凯仍活在每一个玫琳凯人的中间。

（二）如新企业案例

如新企业总部所在地普罗沃市是位于美国犹他州盐湖城附近的一个宁静而纯朴的小城镇。镇上超过九成的人都笃信摩门教，而如新总部的主管有超过八成以上都信奉摩门教。摩门教教义不仅对罗百礼等人以及如新公司有着深远的影响，也是如新企业最重要的文化之一。犹他州的摩门教信徒几近美国八成的比率，堪称摩门教的大本营，不仅是如新，美国有多家直销公司的总部正好也设立在犹他州。不抽烟、不喝酒、不饮有咖啡因的饮料，摩门教的教义相当严谨，在他们信守的教条中就明白地揭示出，"我们要诚实、真诚、贞洁、十二爱、善良，并为所有人做有益的事。任何善良、优美、好名声，或值得赞扬的事，我们皆追求之。"受到宗教理念的影响，如新公司成立之初就提出了只生产对皮肤有用的产品，并且坚持支付直销商答应承诺的高额奖励金。正因如此，如新才能成功建立优质品牌形象，奠定企业发展的稳定基础。

（三）安利（中国）案例

1. 安利（中国）在中国的产生和发展

蜚声海内外的大型日用消费品生产及销售商美国安利公司位于美国密执安州的一个小镇——亚达城。1959年，年仅20余岁的创始人杰·温安洛先生和理查·狄维士先生在家中的地下室迈出了安利事业的第一步，凭借一种既环保又多用途的产品（多用途浓缩清洁剂LOC)和锲而不舍的努力,他们共同走过了40多年风雨历程。40多年来,安利积极致力于提高消费者的生活品质,并在服务消费者的同时实现了自身的飞速发展。

伴随着中国蒸蒸日上的发展步伐,怀着"不到中国投资,就不算真正跨国企业"的理想,安利于1992年进入到中国内地,并于1995年正式开业,公司总部位于广州中信广场和美国银行中心。虽然中国市场对于雅芳而言是悲伤之地,但对于其竞争对手安利而言却是无上乐土。2010年,在安利增长9.8%至92亿美元的全球业绩中,仅在华销售额就高达220亿元人民币(约34亿美元),同比增幅为10%,占全部营收的36.8%。中国作为安利的最大市场,2009年增速高达36%,无疑是其不二福地。经过十几年发展,安利(中国)已颇具实力,2013年,安利(中国)销售额更是突破了293亿元人民币。

2. 安利(中国)的成功运营模式

2.1 安利(中国)品牌战略

据不完全统计,2011年中国保健品的销售额达到了创纪录的250亿元。其中,安利纽崔莱一家的销售业绩就达到38亿元。

2.1.1 安利品牌的总体构成

在中国市场上,安利的营销策略与雅芳等其他外资直销企业有着明显不同,安利一直都很注重品牌建设,在营造上海寻梦、展示奥运情结等方面做足了"亲和"文章。其中,有纽崔莱、雅姿、雅蜜、碟新、乐新、丽齿健、丝白、必速等数十个知名品牌。

2.1.2 纽崔莱品牌的切入点

随着纽崔莱的品牌打响,安利公司将该品牌进行了延伸以加长纽崔莱品牌的产品线。

继1998年11月在中国推出纽崔莱蛋白质粉之后,安利(中国)十年内在纽崔莱品牌下又陆续了推出复合维生素C、天然B族维生素、钙镁片、天然β胡萝卜素营养胶囊、银杏健忆胶囊等15个产品。

为了不让消费者感到眼花缭乱、无所适从，纽崔莱"分人群套餐推荐"策略的具体内容为：进一步将纽崔莱的目标消费者细分为儿童、长者、男士和女士四类消费群，并根据这四类消费群体不同的身体机能特点制定出了四个营养食品组合，并找到了独特的诉求主张，然后推荐给与之相对应的消费群体。

2.1.3 品牌战略中的广告

值得注意的是安利品牌广告的切入点，连续两届奥运会，安利公司都集中火力推广保健品纽崔莱，这在安利的营销模式上是个特例。

"店铺销售加雇佣推销员"一直都是安利其他产品的销售方式，安利为这些产品所做的少之又少。然而从2000年开始，安利却不惜重金为纽崔莱做连珠炮式的奥运营销活动，其中媒体广告就占据了极大比重。2000年4月，纽崔莱成为悉尼奥运会中国体育代表团惟一专用营养品。2001年11月，纽崔莱成为奥运会指定赞助商。2001年，人们在电视和报纸的广告中第一次看到了安利纽崔莱。奥运跳水冠军伏明霞成为纽崔莱的第一个形象代言人，纽崔莱的电视形象广告也开始在央视及全国15个省市的47家电视台大规模播放。继伏明霞后，继续诠释这一内涵的是另一位奥运跳水冠军田亮，使市场认可率从2002年的42%上升到2011年的68%，知名度提高了98%，安利的品牌知名度也从2000年的34%提高到了2011年的88%。

3. 安利（中国）独特的营销模式

人员直销渠道模式，是以销售人员一对一营销为主，来建立自己强大营销渠道网络的营销渠道方法。采用人员直销渠道方式可以充分利用销售人员与消费者之间的亲人、朋友、邻里关系，快速达成对企业与产品的信任感，并且以低成本方式逐步占领广大市场，通过不断的努力，能够达到极大的市场营销覆盖面。其中，人员直销节省了大量的渠道中间商费用，从而能够降低价格，真正让利给消费者。直销有三方面要素：一是公众消费意识的支持，二是一对一关系的建立与形成，三是现场展示与焦点促销。

安利的渠道战略：传销思想指导下的直销模式。传销又名"多层次营销"，其基本思想是：让消费者成为销售者，销售者是体验到产品价值并对其忠诚的消费者，即传道者。

现代企业的成功离不开卓越的物流储运系统。同样，安利高效率、低成本的物流配送体系为遍布全国各地的店铺运营提供了有力支持。其采用世界先进的物流管理理念和物流储运技术，大大增强了公司对各地分支机构及店铺的支持能力，进一步改善了店铺的运营水平及服务质量。经过几年的投入与建设，公司完善而先进的物流储运系统为全面落实"店铺销售加雇佣推销员"的转型经营方式提供了强有力保障，极大提高了店铺的营运能力，同时也为公司进一步推进店铺经营奠定了坚实基础。

正确的应对策略，加上严格的人员管理，打造出了安利产品在消费者心目中的良好形象。现在安利（中国）面临的最大挑战，是如何在短期内提高生产能力，解决产品在中国市场上供不应求的情况。

4. 安利（中国）的发展方针及现状

4.1 内求团结

安利的发展史，是一部精诚协作、团结进取的奋斗史。从两位创办人并肩创业到公司第二代领导人的默契协作，从公司员工与营销人员的共同努力到地区一线员工与总部职能部门的紧密合作，无不反映出安利团结协作的精神。继承和发扬这一优良传统，应该成为全体安利人的共同承诺。

4.2 外求发展

发展是企业的根本道理。在发展的道路上，企业不进则退。从产品的推陈出新、新市场的开拓，到建立稳固的顾客群体和争取更大的市场份额,都应当成为我们发展中的永恒主题。我们追求的发展,不是盲目发展,而是稳健发展,是公司整体态势协调统一和可持续的发展。

4.3 优化管理

瞬息万变的市场和科技进步所产生的深远影响,要求企业必须自强不息,改革创新。为此,安利管理人员应保持积极进取的心态,摒弃因循守旧的思想,以高度的责任感与创新精神,不断检视营运方式,完善管理制度,构建权责分明、紧密配合的高效团队,以建立一个更具竞争力与充满活力的企业。

4.4 强化服务

优质服务不仅包括周到礼貌的待客之道、丰富扎实的专业知识、真诚良好的沟通技巧,更要具有快捷高效的运作程序。我们要强化服务意识,贯彻顾客至上的理念,将服务顾客视为无上的光荣,使高品质的服务和高质量的产品成为安利品牌价值的源泉。

4.5 重视人才

人才是企业发展之源、成功之本。公司推行"吸纳人才、培育人才、善用人才、善待人才"的人力资源策略,营造"关心人、重视人、以人为本"的良好氛围,通过各种培训及实际工作的锻炼,提高员工和营销人员的专业水平,提升个人素质。有了人才,才能为安利的长远发展注入强大生命力。

4.6 珍惜商誉

商誉是品牌优势,是竞争优势,是安利最珍贵的无形资产。成功的商誉来自于顾客对产品的喜爱,来自于员工和营销人员的诚信与周到的服务,来自于投身公益事业和回馈社会的利民效应。商誉得之不易,毁之却易如反掌。每个安利人都应从点滴做起,以实际行动塑造良好的企业形象。

4.7 努力实干

努力实干是安利人的基本工作态度。成功只属于目标正确、坚韧不拔的团队。全体安利营销人员和公司员工都要以自强不息、百折不挠的精神向前迈进，共同发扬求真务实、正直严谨的良好风气，凡事都应戒骄戒躁、谦虚宽厚、以诚立身、以信待人。

4.8 创建辉煌

安利追求的"辉煌"并不能仅以业绩或利润衡量。"辉煌"是安利产品走进千家万户，为消费者带来健康、美丽；"辉煌"是安利人透过安利找到事业机会，一展所长，同享丰盛；"辉煌"是透过对社会的贡献赢得认可与赞扬。

本文通过分析企业的外部环境，包括政策法规、文化认同、政府态度等方面的问题，清楚地指出目前直销企业的市场环境更加规范化、法制化。违规违法的投机直销企业将会被严厉打击取缔，合法大型直销企业的经营行为也将受到政府监管机构的有效监督。总体呈现良性发展态势的直销市场将为直销企业提供更加公平合理的新一轮发展机会。

同时，也通过分析直销企业的内部环境，包括人员流动、企业制度、产品开发实力等方面的问题，认识到目前直销企业内部问题颇多，大多直销企业面临着转型改革的困扰。为了适应中国国情下的直销经营，所有的直销企业都在探索既符合中国国情又适合企业自身特色的发展道路。综合已有企业实行的新型直销模式和一些有待实行的设想，未来可能占据主流的几种企业直销模式有：店铺＋人员模式，公司＋服务网点＋直销员模式，零售超市模式，服务网点＋直营店模式。

参考资料：

[1] 梁东,刘建堤,《市场营销学》,北京: 清华大学出版社,2006。

[2] 刘金章，《直销学概论》，南京：东南大学出版社,2006.12。

[3] 秦绪友，金明珠，《直销中国》，北京：地震出版社,2004。

[4] (美)菲利普·科特勒，《营销管理》，北京：中国人民大学出版社,2009。

[5] 马俊贤，《安利直销存在的问题及我国直销业发展策略》，河北：产业与科技论坛,2010.9.9。

[6] (美)查尔斯·W·金，《直销》(第一版)，电子工业出版社,2007:240。

[7] 李惠，《论直销业的可持续发展》，当代财经,2006(6):27。

[8] 胡远江，《十二五规划期间中国直销行业发展趋势》，全国商情：分销时代,2011(6)。

[9] 郎泰晨，《直销及其在中国的发展前景》，杭州：杭州商学院工商管理学院，2006。

[10] 黄永建，《安利新政》，直销世纪,2007(7):11。

[11] 刘伟，《我国直销产业的现状及发展研究》，武汉：华中科技大学,2005。

[12] 杨明君，马智利，《中国直销业的现状及发展研究》，重庆：重庆大学,2009。

[13] 洪海江，陈正辉，《我国直销业营销传播整合模式研究》，南京：南京师范大学,2006。

[14] 冯莉，《中国直销贸易现状及其发展展望》，中国城市经济,2011年26期。

[15] 贺伟，闵成，《对当前我国直销业发展的思考》，武汉：华中科技大学管理学院。

4.4 国际直销市场现状与分析

摘　要：2017年4月20日，美国直销新闻网站DSN公布了2016年全球直销企业100强名单。2016年的全球直销百强企业来自17个国家，总收入超过820亿美元（约5643亿人民币）。2016年，全球许多直销公司达到了新的里程碑。其中，有10家公司分别增长了1亿美元，有22家公司年收入达10亿美元以上。其实，在2015年全球的直销业绩和从业人员便双双触及新高。据世界直销协会联盟(WFDSA)估计，2015年全球直销业绩增长了7.7%，总收入至1837亿美元，高于2014年的1706亿美元。经销商人数则跃升了4.4%，总数达到1.03亿人，高于2014年的9970万人。这些数据说明了直销行业的"力量、活力和势头"，也表现出全球直销近几年稳中求进的良好发展态势。（中国）的案例分析，其研究目的就在于通过结合我国直销业的发展现状及趋势，为我国直销业的稳定快速可持续发展提出自己的一些思考与建议。

关键词：直销　直销业　现状　发展趋势　安利模式

一、世界直销发展态势：世界直销业仍保持稳步增长态势

作为一种企业产品的现代营销方式，直销到今天已经有近百年发展历史了，它与其他现代营销方式一样，早已成为全球商业流通的主流方式之一。

直销在全球的发展态势，据世界直销协会联盟资料统计如下：

1990年，全球约有1000万人从事直销业，有36个国家和地区设有直销协会，全球直销行业年营业额为477亿美元；到1995年，全球有直销活动的国家和地区超过125个，其中有50个成立了直销协会，从业人员扩展到2100万人，全球直销行业总额达到750亿美元；进入2000年，全球的直销从业人员达到3871万人，年营业额是822亿美元；到了2002年，全球直销从业人员为4727万人，全球年营业额为857.6亿美元；2011年全球直销行业营业额达到1583.19亿美元，从业人员达到8459.2万人；2013年直销业务已在全球200多个国家和地区存在、发展，据不完全统计有8967.6万人从事直销工作，全球直销行业营业额已经达到1668.76亿美元；2014年从业人员达到9970万人，全球销售业绩1706亿美元；2015年全球直销业绩增长了7.7%，总收入至1837亿美元，高于2014年的1706亿美元，经销商人数则跃升了4.4%，总数达到1.03亿人。

根据以上数据可以看出，自上世纪90年代以来，直销业在全球的发展呈现出稳步增长态势，正如美国直销协会的主席约瑟夫·n·马里亚诺所说，"这些逐年增长的数据，说明了全球直销行业的'力量、活力和势头'，直销在过去5年里保持了可喜的增长纪录。今天，有更多的人参与其中，产生的收入比历史上任何时候都多。今天的直销仍然意义重大，因为在一个被技术定义的时代里，人们仍然在人际互动和示范中看到了巨大价值。"

二、世界主要国家及洲的直销发展现状

在全球范围内,直销业在经济发达地区发展的时间较早,直销发展的形态也更成熟,如欧洲和北美洲等区域;经济欠发达地区或不发达地区,直销的发展时间晚,其发展形态则相对不成熟,如亚洲、南美洲等部分区域;有的地区甚至处于原生态的自由发展状态,如非洲等一些区域。但是,不管是处于哪种发展状态,直销的全球化发展已经是一种可以被广泛观察到的现实,各个国家也针对直销这种现代营销方式的特点,从自己国家的社会人文和经济政治出发,对于其发展采取了不同的管理模式。其中,有的完全用市场行为来推动行业的自我管理,有的则是用政府的政策法律等来进行监管,并且结合企业的自我管理,推动直销行业的发展。

(一)美洲直销

现代直销在美洲的发展总体上比较发达、成熟和稳定。其中,尤其是北美洲的主要国家,如美国和加拿大等,都是世界上直销最为发达的标志性国家。这种发达主要表现在如下几个方面:第一个方面,在美洲尤其是北美地区,它是目前全球范围内直销业绩最大的地区;第二个方面,在美洲尤其是北美地区,它拥有全球范围内最大的直销企业群,全球直销的前十名基本上都集中在该地区,如安利、雅芳等跨国直销企业的总部都在美国;第三个方面,在美洲尤其是北美地区,直销行业的发展普遍表现出稳定的态势,行业成熟,企业的运行也非常成熟。第四个方面,南美洲直销市场日趋成熟,直销在巴西的推广方式中,人对人直接销售占到100%,直销产品中化妆品和个人护理品占到83%。从20世纪50年代末开始,直销在美国掀起了零售行业的新革命。至1972年,全美采用直销商品流通方式的机构已达到14.1万个,雇佣人员8.5万人,销售额达到40亿美元,占整个零售业的0.8%,由于直销过程中的一些不正当经营,

到70年代便呈现出下降趋势。

美国有关直销的法规主要有两大类：其一，全国的直销公司都必须遵守的法规，这主要是指美国联邦贸易委员会所颁行的法规。例如"出示身份证明法规"，规定直销商在进入消费者家门时必须要出示身份证明；"冷静法规"，规定了消费者在法定期限内的退货保障机制；"入会费法规"，规定了直销商加入费用的最高限额。此外，2002年6月6日美国国会参议院和众议院集体通过了"反金字塔式促销法"，从而形成了从正（规范直销行为）、反（禁止金字塔式欺诈销售）两方面规范直销业的法律体系。其二，美国各州对直销的规范以四类法律为主，即"媒介销售法"、"多层次销售管理法"、"商业机会法"和"禁止金字塔销售术法"。大多数州都专门制订了反金字塔法（少数几个州是在多层次销售管理法中设立反金字塔法条例），可见美国对反金字塔问题相当重视；另外，比较有代表性的就是对冷静期限的有关规定，这在各州的直销法中普遍存在。

（二）欧洲直销

直销在欧洲的发展，与美洲、尤其是北美地区相比，虽然有一定的规模与市场方面的小差异，但在诸多方面也有相似之处。该地区政策法律环境、消费者从业环境、公众舆论环境等等方面和美洲地区也大同小异，在全球范围内都属于拥有自由发展的宽松环境，本土直销企业数量不是特别多，但还是有一批在欧洲乃至全球具有卓越影响力的企业品牌，如欧瑞连公司。当然，它们在业绩规模和市场占有率上不能与美洲的全球品牌企业相提并论，但在欧洲直销市场增长势头迅猛。

（三）非洲直销

直销在非洲的发展，总体来讲，与它的经济政治和人文环境相适应，呈现出与美洲、欧洲完全不一样的状况。具体而言，它表现出如下几个方面的基本特征：第一个方面，非洲的直销市场目前所达成的市场总量不是很多，但是在直销企业震荡的市场业绩中能够展示出面向未来的巨大市场容量，所以，就整个非洲而言，其直销市场是一个比较具有开发潜力的市场；第二个方面，目前的整个非洲地区各个国家在政策法律上对于直销行业的发展没有明确约束行为，直销市场已逐步形成，发展潜力较大。

（四）亚洲直销

直销在亚洲的发展，总体来讲经历了比较长的时间，市场成熟度存在着多元化差异，是一个成熟与正在成长并存的区域。直销在亚洲各个地区的发展不平衡，在各个国家的发展成熟度也不一样。如就区域而论，西亚直销市场、中亚直销市场、南亚直销市场显然比不上东北亚和东南亚直销市场，其中，尤其是东南亚直销市场；如果就国家和地区而言，日本、韩国、马来西亚、中国台湾地区、中国香港等地区则属于特别发达地区，其繁荣成熟程度不亚于欧洲和美洲。亚洲直销市场的总体容量巨大，其中尤其是中国、印度和印度尼西亚、菲律宾、越南等国家。这些年来，这几个国家的直销整体业绩持续高速度成长，已经让世界级直销巨头们不断加大在该地区的专门投入，以图获取越来越多的直销市场份额和增长幅度，其中，如安利公司、如新公司等，这些高增长的市场已经成为其全球市场不可或缺的战略版图。

中国作为亚洲直销潜力最大的市场，在中国商务部及政府的监管下已经进入到健康快速的发展阶段。自直销传入中国以来，许多海外直销企业也进入了中国市场，如安利、康宝莱、福维克、玫琳凯等等。同时，中国本土的直销公司也在寻求自己的成功之路——它们通过出售保健品、化妆品和其他大健康产品维持着15%到20%的增长。这些公司包括康美、金士力佳友、太阳神等等。

（五）直销在大洋洲的发展

直销在大洋洲的发展时间不算长，由于它的地域特征以及经济发展状况等，该地区直销的现状总体上不是特别发达，但是直销发展的环境比较宽松。

纵观各国和各地区直销行业的产生和发展历程、总体发展状况，直销从其产生至今，应该说在国际上已经成为一种较为成熟的营销方式。总之，直销已经从一种商品流通方式独立发展成为了新兴的行业，许多国家和地区已经形成较为完备的政府管理体制。

三、世界直销行业协会共建自律平台

自20世纪40年代以后，直销业在全球范围有了较大规模的发展，许多直销公司开始从事跨国经营。为了服务于这些直销公司开拓国际市场，便于它们与世界各国的政府部门、立法机构及消费者组织建立经常的联系渠道，同时，也为了有力打击不正当直销公司的经营活动，保护广大消费者的利益，减少直销经营活动中的恶性事件和非法行为，加强行业自律，1973年，在9个国家直销公司代表的倡议下发起成立了世界直销行业协会。1979年，在21个国家直销协会召开的第三届世界直销大会上，正式定名为"世界直销协会联盟"，自此成为了全球直销业的代表性组织。

"世界直销联盟"总部设在美国的华盛顿，秘书处由美国直销协会担任，现有世界各地的54家全国性（地区性）直销协会成为了其会员单位。在世界直销联盟中，各个会员国和地区分属于许多行业，销售产品种类多样。无论是从直销对整个世界经济的影响来观察，还是从直销行业本身的增长潜力来分析，直销已经改变了世界的面貌，并已经开始逐步改变普通人的日常工作与生活。

世界直销联盟是非公司性、自愿加入的，由各国直销协会自愿组成的非政府性组织，而其会员都是采用通过个体接触销售，使产品到达最终消费者手中的方式的销售公司或生产企业。至 1992 年为止，已经有 30 多个国家和地区的直销协会加入了世界直销协会联盟，有美国、英国、法国、澳大利亚、日本、巴西、中国香港、南非、印度、韩国、中国台湾、加拿大等等。现在不少国家和地区的直销行业都拥有自己的行业协会，如美国直销协会成立于 1910 年，它是由美国当时的 7 家直销公司在纽约的宾汉顿成立的。这是世界上最早的直销行业的管理组织，再如中国香港和中国台湾直销协会分别成立于 1979 年和 1987 年。

如今，世界各国、各地区直销协会和世界直销协会联盟的成立及其运作都充分说明了直销已经独立成长为一个新兴行业，而其行业自律规范机制已经基本建立。

四、履行社会责任促进世界直销行业可持续发展

在全球企业社会责任风潮中，世界直销行业社会责任履行主要集中体现在该行业的参与企业、参与人员应当紧跟形势，突破把业绩与利润作为唯一目标的既往理念，通过实际措施在生产、营销、服务过程中全面关注人的价值，全面推进对消费者、对环境、对社会的贡献。

北京大学中国直销行业发展研究中心执行主任王雨本教授在谈及中国直销行业践行社会责任总体状况时表示，近年来，直销行业不断加大企业社会责任建设力度，取得了良好的效果，由此，直销行业的正面形象进一步树立，释放出了良好的社会正能量。具体来说，具有一定影响力的直销行业企业，无论是在国家和社会遇到自然灾害等非常时期，还是在日常社会公益活动中，都能够慷慨解囊、乐善好施，树立了企业的正面形象。

王雨本认为，社会责任是一个动态的范畴，在不同的时间和空

间内具有不同的要求或表现形式。总体而言，企业的社会责任包括法律责任、法定责任，也包括道德责任。法律责任是根据法律规定必须要承担的，而法定责任则是一种加重责任，不履行要遭到制裁。"对于企业来说，把不住底线，不守法经营，其他事情做得再多也是白搭。在企业履行的社会责任中，法律责任和法定责任是毫无疑问的，道德责任作为社会责任的重要组成部分，当然也应该承担。"

事实上，每一个企业公民都依存于社会，人员、资源都来自社会，无论是从现实还是从企业发展包括企业的自身利益来说，道德责任都是企业需要承担的责任。每个企业根据自身的条件和情况，尽自己的努力承担了，社会就应该给予鼓励。另外，社会责任不是"高大上"概念，践行社会责任不应该停留在虚无缥缈的务虚阶段，而需要看到更多企业实实在在的工作和踏实的行动。在引导企业更好地践行责任的过程中，大企业的辐射力和影响力不可低估。

总的来说，随着直销企业社会责任的履行，直销业在慈善公益事业中的投入比重已超过其他任何行业，直销公司的形象在公众心里已逐渐发生改变，世界各大直销企业把履行社会责任作为发展之根本，共同促进行业的可持续发展。

五、中国直销行业发展趋势分析

随着国民生活水平的提升以及对于健康的关注，整个直销行业已经出现一个新的发展大拐点。如今，直销行业的竞争更激烈，加上资金盘、虚拟币、微商等各种因素的冲击，行业的发展要跟上时代发展的步伐，就必须能够预见未来直销行业的发展趋势。

（一）人才流动将变得更为频繁

截至 2017 年 10 月，获得直销经营许可证的企业已经达到 89 家。在拿牌直销企业增多的同时，也增加了对直销人才的需求，人才流动变得更频繁，这也成为直销行业内的一个常态。

网上公开资料显示，2016年有近80位包括企业高管、职业经理人、系统领袖在内的直销业内人士出现人才变动情况，涉及企业达40家之多。从变动方式来看，既有内部调整，又有外部流动。人才流动的原因，既有主动性选择的结果，也有迫于各种压力的无奈。

踏入2017年，就先后有刘卫华、林燕、李子安、钱港基等多名业内人士先后转职或离任。有行业专家表示，人员变动是为了谋求更好的发展空间，而企业调整则是为了公司更好的发展。可以预见，2017年直销行业的人事变动将会更加频繁。

（二）政府和直销企业的沟通关系思考的方面越来越多

在直销行业的发展中，政府的管理、政策的变化都决定着这个行业的发展方向。因此，企业主动与政府沟通、建立密切的联系不仅有利于政府了解企业的近况和动态，也利于企业获悉政府的工作要求，但由于多方面因素影响，政府与企业之间的沟通关系将会出于越来越多方面因素的思考。

在安利等部分外资直销企业的榜样效果影响下，如今不少直销企业的政企关系意识和舆情意识逐渐开始加强，不仅主动与政府相关部门建立良好的关系，更是积极地支持政府的工作，让政府深入到企业的经营管理活动中来，了解销售人员的状况甚至是销售数量，接受政府的监管，使企业的经营行为合理化、合法化。

除此之外，有部分直销企业还主动向政府提供全世界直销行业发展的情况信息，便于政府进一步完善其监管职能，更有部分直销企业主动与相关行业专家、行业媒体建立基础关系，有利于自身在第一时间发现危机、处理危机。

（三）霾产业的兴起为直销企业提供了有利的发展契机

在糟糕的空气环境对人们日常生活带来严重影响时，人们对空气质量以及身体健康的关注度日益上升，和空气有关的"霾产业"

产品，如空气净化器、空气质量检测仪、口罩、净化型空调都逐渐成为了市场上的"香饽饽"，进入平常家庭成为了家居必需品。与雾霾相关的行业或者是产业，已逐渐成为包括直销企业在内的众多企业的追逐热点。

以空气净化器为例，有研究报告显示，2013年至2020年，仅空气净化器累计销售额就将达到5600亿元，其中2020年的全年销售额将达到1520亿元。也就是说，仅空气净化器一项就蕴含着千亿商机。

据统计，目前市场上已有38家直销企业推出了自己的空气净化器产品，占直销企业总数接近一半，部分还未推出空净产品的直销企业也正在新产品的筹备当中。在"霾产业"市场繁荣的面前，直销企业在2017年无疑迎来了有利于自身发展的新契机。

（四）直销回归到以产品为导向的时代

不少直销业内人士在2016年都不约而同地提出了一个观点：做直销要回归"初心"。所谓回归初心，就是回归到以产品为导向，就是直销"回归自然"，由以前仅仅是以事业、机会导向为主的盲目状态回归至以产品导向为主的理性状态。

"是否以产品为导向"是直销与传销的一个本质区别，随着国家对直销监管的逐渐规范，越来越多的消费者对直销与传销的区别有了一个更为清晰的认识，消费者也变得越来越理性。有专家认为，未来没有好的产品做导向，直销企业将寸步难行。

令人可喜的是，在刚刚过去的2016年，一批直销企业重新回归产品导向，经过他们的努力付出，证明了"产品导向"可以为企业带来更好的发展，为还在困惑的直销企业在2017年指明了方向。

（五）行业出现"裂变"现象，职业经理人与系统领袖"自主创业"

近两年来，在直销行业内出现了一种现象：越来越多的直销行业职业经理人或者做得相对成功的系统领袖放弃原来的岗位和待遇，选择自主创业，一种方式是整合自身资源，自立门户，如职业经理人何健及原系统领导人金克成就是很好的例子，曾在多家直企任职的何健在离开了原来任职的企业后，便创建了啟德控股（香港）有限公司，出任董事局主席；金克成离开绿之韵，以六一系统建立了六一集团。近期也有坊间传言称，江苏某老牌企业内的一系统近期也正筹备自己开盘。另一种是以管理者或合作伙伴的身份进入新企业操盘，有些职业经理人和部分系统团队虽然具备丰富的操盘经验，但局限于资金、设备等条件不足，因此，选择加盟某家有实力但未获得直销牌照的企业，或将整个团队嫁接到该企业市场，就成为这部分职业经理人和系统团队的另一个选择。

以上现象，被部分行业专业人士称为直销行业的裂变现象，有部分人士认为这是行业的一种扩张活动，是行业发展成熟过程中逐渐被学习与改变的结果。但无论是裂变还是行业扩展，放眼整个直销环境的发展趋向，这种现象必然会愈演愈热，成为一种常态。

（六）为符合发展需要，直企越发重视制度的调整与完善

2016年，受整体经济环境、微商、资金盘、数字货币等各种主客观因素影响，大部分直销企业的业绩均出现了不同幅度的下滑。在诸多因素影响下，许多直销企业为了适应市场发展需要，开始越发重视制度和模式的调整与完善，以减缓行业生存发展的竞争压力。

此举一时间引发了行业内的热烈争论。有人认为改制度不如改观念、改服务、改态度，有人认为直销企业改制度有时也是不得已而为之，有人认为制度的重设属于行业普遍现象，亦有人认为直销企业更改市场制度将为企业本身带来巨大的不确定性，同时对直销员也会有影响。

事实上，无论哪家企业更改市场制度，公司和市场都将出现两种乃至更多不同的声音及看法，任何调整都将对企业产生或大或小的震动。因此，有人建议，更改制度是企业管理层对市场慎重考察

后所做出的重大决定,其结果不可单纯以"好坏"来评判,企业应该在2017年将重心更多地放到产品、技术和服务等方面。

(七)直销市场的监管工作更加规范和多元化

近年来,随着我国直销行业扩容速度的加快,社会及公众对直销市场规范发展的关注度也越来越高。国家工商总局和全国各地工商机关针对当前直销市场实际情况,在最近几年通过多种方式进一步规范与加强直销市场监管工作,不断完善直销监管长效机制,营造了规范有序的良好直销市场环境。

江苏、福建、重庆等地的工商机关,通过完善行政指导方式,采取行政约谈、行政建议、行政告诫、事后回访等多种形式对直销企业进行行政指导;四川成都等地的工商机关针对不同主体,分别实施"A、B、C和其他"四级分类指导、分级监管;北京等地的工商机关将直销企业非培训类会议活动报备工作与维稳、打传工作相结合;上海、天津、浙江、安徽、福建、甘肃等地工商机关则建立了相应的直销管理信息档案。

据了解,国家工商总局和全国各地工商机关今后将继续加大直销市场监管力度,依法查处违法违规直销企业行为,不断规范直销企业经营行为,继续加强规范执法,切实维护直销市场秩序。

(八)微商逐渐向直销靠拢,着手申牌寻求身份合法化

尽管微商曾在一段时间里发展起来,而且扩散性极强,但微商模式尚存在一些问题。目前看来,微商的三级分销已被视为传销,难以长远发展。面对所遭遇的发展瓶颈,以思埠为首的一大批微商企业逐渐向直销模式靠拢,并开始纷纷筹备申牌进军直销。

在许多业内人士看来,微商经营的核心是关系模式,通过微信朋友圈,以人传人,依靠一层层人际关系把产品销售出去,具备庞大的消费群。而对于熟知"人与人之间的关系价值"的直销行业来说,最大的特点就是人员营销,以人传人、口口相传。所以,微商的模

式其实与直销的营销模式颇为相似，都具备直销的因子。

虽然有人认为微商转型具有极大的挑战，但微商与直销如果能够互相融合，可为直销行业注入新鲜元素，两者可以相互借鉴、取长补短。另一方面，倘若思埠等一批微商转型直销成功，还可以成为更多微商学习的成功案例，也可为直销今后的发展提供一些优秀经验。

（九）直销模式由单一向复合式营销靠拢

随着互联网时代的到来，直销模式已不再局限于人与人以及实体店铺运营的这种"人网"、"地网"的单一模式，而是向多种渠道的复合式营销靠拢，如电商、微商以及网红社交经济等。

直销企业要适应未来的市场，需要紧跟时代潮流，融合各种新型的营销方式。另外，也需要借鉴一些优秀的传统营销模式，例如传统营销模式所常用的物流连锁、媒体广告投放等形式，而这些形式已经开始在直销领域得到沿用、发展与有效地嫁接。

在拥有众多新型营销渠道的当下，如果企业依然保持单一的传统直销模式，必然会落后于人。因此，融合了多种营销渠道的模式，便逐渐成为直销企业今后顺应新形势的必然。

（十）移动社交经济成为趋势

互联网的迅猛发展，在近几年将人们的社交环境推向了一个新高度，直销行业也顺势而动，紧抓网红移动社交经济，逐渐在演变新的直销宣传和运营模式。如三生直播如火如荼，以企业领导人来打造企业品牌；德家内部成立直播间，邀请网红讲解、宣传公司品牌。

微信也是强大的移动社交渠道之一，对于直销行业而言，企业微信公众号的开通率已超过八成。其中，38家企业同时运营两个及以上公众号。多数企业以"订阅号+服务号"配套的方式进行运营，以实现不同的职能，更有18.87%的企业极力打造公众号矩阵，多个公众号配合推送消息，做好每个公众号的职能定位与细分。

除此之外，安利搭建的以安利易联网、安利数码港 APP、安利云服务微信号、安利移动工作室为核心的移动社交电商系统，也是新时代下新型社交商业模式的模板—营销人员可以随时随地开会，拓展业务，极大地提高了效率。

这些无疑都是新时代下直销行业的移动社交产物。有企业高管认为，直销行业消费者对于直销品牌的忠诚度很高，这是一般电子商务所不具备的。如果能够结合互联网工具加以利用，一定可以在2017年开创出新的商业契机。

（十一）千禧一代成为新兴力量

今天，无论哪一种商业形式，其最大的趋势之一便是千禧一代（指在20世纪时未成年，但跨入21世纪（即2000年）以后达到成年年龄的一代人）成为新兴力量。作为美国最大的人群，千禧一代出生的人数目前占美国总人口的25%，约有7500万人，他们有着巨大购买潜力。这个人群看到，他们父母一代在激烈的竞争中生存，即使有着高学历的背景，同样需要面临残酷的竞争。他们意识到，仅选择一份安稳的全职工作是不够的。他们还需要一个备份计划，这就是直销可以切入的点。

事实上，在安利发布的2016年全球创业报告中，年轻的受访者表达了最强烈的创业愿望。且令人意外的是，只有10%的受访者实际上是自由职业者。个人财务不足的恐惧并不是唯一的原因。如果他们失败，就业市场并不一定能为他们提供合适的出路也是原因之一。

此外，千禧一代也是非常关注于自我价值的一代。这意味着他们需要一种不同的奖励和评判标准。鉴于这些，我们可以发现，直销作为一个低风险的创业渠道是一种很有吸引力的选择。大多数直销商在一家成熟的直销公司支持下开展直销业务，都会得到全套的工具支持、全面的培训和多项资源。

纵观 2017 年，中国直销的市场变化及特征，总结出以上几个中国直销发展趋势，直销和直销企业想要在中国市场取得重要的份额，还应把握趋势、加强科技创新、遵守法律法规、积极适应市场的变化。

从全球的直销行业整体发展态势来看，越来越多国家引进直销模式、越来越多的个体意识到了作为独立经销商的好处……全行业必然会保持增长。总的来说，直销企业的制胜法宝在于：自我监控、保持原设定的高标准以及分享直销中的真实故事。

正如世界直销协会联盟主席德·狄维士所说——"现在直销的机会是巨大的，世界各地的人们正在寻找更具灵活性和独立性的工作。这些一直都是直销的优势之所在。如果我们持续地为事业机会设定适当收益期望、重视我们的产品为消费者的健康提供持续的保护，直销行业的未来或许无可限量。"

参考资料：

[1] 中国产业信息网，《2016 年全球直销市场行情分析及展望》，2017.01。

[2] 信息时报，《撞上移动社交的"腰" 直销行业或迎来全新商业模式？》，2016.12。

关联产业篇

Related Industry Chapter

5.1 直销第三方对直销企业的影响研究

摘　要：伴随着直销行业的快速发展，直销第三方各领域越来越多地关注并切入到直销行业里，提供给直销行业完善的高质量各方服务，推动了直销行业各环节的健康发展及稳步提升，得到了直销行业、直销企业与大众的一致认可及肯定。其提速了整个行业的发展效应，创造了相关的带动性，产生出重要的经济效应及社会效应。

关键词：会奖　物流　支付　健康

伴随着直销行业的快速发展，直销第三方各领域越来越多地关注并切入到直销行业里，提供给直销行业完善的高质量各方服务，推动了直销行业各环节的健康发展及稳步提升，得到了直销行业、直销企业与大众的一致认可及肯定。提速了整个行业的发展效应，创造了相关的带动性，产生了重要的经济效应及社会效应。下面就相关第三方不同领域的内容做详细的了解与分析。

一、会奖产业旅游经济重要引擎

会奖旅游以其产业链长、成长性强、产业带动能力大等特点，正成为世界主要旅游城市竞相争夺的重要市场。已有越来越多的中国城市重视会议特别是国际会议对旅游产业发展的重要作用，积极发展会奖旅游。

（一）市场规模稳步扩大

2016年是"十三五"的开局之年，"创新发展"成为各行各业的主旋律。会议及奖励旅游在国际经济低迷、国内入境旅游市场下滑等诸多因素影响下，已成为旅游产业全面升级转型的重要抓手。"十三五"时期，会奖旅游业如何创新发展才能更好地匹配城市功能新定位？

北京市旅游发展委员会主任宋宇表示，2016年，我国旅游市场规模稳步扩大，继续领跑宏观经济，甚至在全球范围内，旅游业发展也是一枝独秀，成为拉动经济增长、促进就业、增进国际交往与合作的重要动力。

"从中国的情况来看，国际会议原来多集中在北京、上海、广州、南京等城市，现在已经被更多的城市争取到了。从2015年和2014年的数据对比，在中国举办的国际会议分别是333个和332个，总量上没有大变化。2015年，北京接待了95个，比2014年少了9

个；上海接待了 55 个，比 2014 年少了 18 个；杭州接待了 27 个，比 2014 年多了 10 个，还有一些城市实现了零突破。这说明，越来越多的中国城市已经开始重视会议特别是国际会议对旅游产业发展的重要作用，积极发展会奖旅游。

（二）会奖旅游看好中国市场

全球商务旅客输出量最大、增长速度最快的国家是中国。抢占会奖旅游发展的先机，在中国市场的角逐就是绕不开的一关。各会奖游目的地都做出了相应的努力。

根据世界旅游业理事会的预测，中国商务会奖旅游交易规模近几年将保持 20% 以上的增速，到 2017 年，中国的商务会奖旅游交易规模有望超过 1800 亿元。新加坡、韩国、新西兰等国率先向中国的会奖游客抛出橄榄枝，使出各种"招数"吸引中国商旅人士前往开展会奖旅游。这些"招数"包括到中国开展推介活动、发展针对中国市场的特色服务、推出针对中国游客的优惠政策等等。

"泰国一向都是中国游客最喜爱的海外旅游目的地。"泰国国家会议展览局中国区总监朱琳说道，"在会奖旅游方面，我们在整个亚太地区都是比较领先的。中国市场是我们非常看重的市场，相信优越的地理位置、完善的服务和优质的会奖旅游产品及设施，会使泰国成为中国商务会奖的首选目的地。"

而温哥华作为加拿大会奖旅游的中心，也在想方设法提供更多便于中国游客前往的途径。温哥华旅游局工作人员表示，"随着温哥华会奖旅游业的不断升温，将会有更多连接中国国内各大城市和温哥华的直飞航班开通，为在温哥华举办会奖活动带来更多的便利。"

（三）直销行业会奖旅游

在直销行业，对于直销企业每年奖励经销商，组织超级大团去国内外旅游，已不再是新鲜事儿。早年安利曾有万人前往中国台湾，此外还有富迪、完美、康宝莱、金日、尚赫等都去过澳大利亚,太阳神、中脉、安然、无限极甚至选在了欧洲,此外还有迪拜、马尔代夫、法国、韩国、德国、新西兰、新加坡等国家都成为众多直销企业的挑选之地。

安利也将于 2018 年选送 1 万余名优秀经销商前往新西兰举办菁英海外进修研讨会。虽然国内省市也是直销企业的另一个选择,但对于大规模人员旅游,众多直企更把旅游地选在了国外。由此可见,直销企业奖励旅游规模逐渐扩大,活动形式也日益丰富。

无限极、完美、三生、绿之韵、如新、金士力、中脉、隆力奇……都奖励过经销商去泰国旅游。其中一家直销企业康美曾组织了几十名经销商到泰国进行为期六日的旅游。康美作为一家中国 500 强企业,规模浩大,实力日益凸显,却没有组织千人甚至万人出游,而是"低调"只挑选了几十名经销商。

这些经销商在 2015 年业绩突出,都经过了层层筛选和多方面考核,是持公平公正性原则最终派选的精英。这种"人员精简"的奖励方式给人一种"尊贵、尊享"的气势,深入到康美直销发展理念的创新上,就是在严格遵守直销市场规则的前提下,积极实践"从简节约"的优良传统,除了"精英旅游"奖励外,对于经销商的奖励会体现在工作的细节之中,足可践行当下所推崇的"工匠精神"。

二. 物流大数据:2015 年中国物流业总收入 7.6 万亿

国家发改委公布的《2015 年全国物流运行情况通报》显示,2015 年全社会物流总额增速回落,社会物流总费用与 GDP 的比率稳步下降。

(一)社会物流总额增速回落

2015 年全国社会物流总额 219.2 万亿元,按可比价格计算,比上年增长5.8%，增速回落2.1个百分点。分季度看，一季度49.4万亿元，增长5.6%，回落3.0个百分点；上半年104.7万亿元，增长5.7%，回落3.0个百分点；前三季度162.8万亿元，增长5.8%，回落2.6个百分点；全年社会物流总额呈稳中趋缓的发展态势。

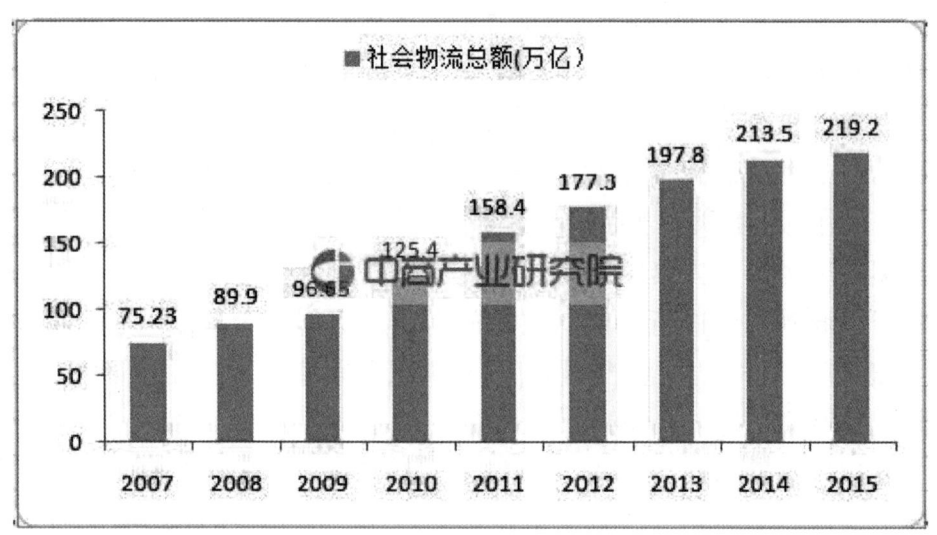

注：图片来源于中国产业研究院

从构成看，工业品物流总额204.0万亿元，按可比价格计算，比上年增长6.1%，增速回落2.2个百分点；进口货物物流总额10.4万亿元，增长0.2%，回落1.9个百分点；农产品物流总额3.5万亿元，增长3.9%，回落0.2个百分点；再生资源物流总额8616亿元，增长19.0%，增速提高4.9个百分点；单位与居民物品物流总额5078亿元，增长35.5%，提高2.6个百分点。

（二）社会物流总费用增速回落

2015年社会物流总费用10.8万亿元，比上年增长2.8%，增速比上年回落4.1个百分点。其中，运输费用5.8万亿元，增长3.1%，回落3.5个百分点；保管费用3.7万亿元，增长1.6%，回落5.4个百分点；管理费用1.4万亿元，增长5.0%，回落2.9个百分点。

注：图片来源于中国产业研究院

从构成看，运输费用占社会物流总费用的比重为53.3%，比上年提高0.4个百分点；保管费用占34.1%，下降0.8个百分点；管理费用占12.6%，提高0.4个百分点。

2015年社会物流总费用与GDP的比率为16.0%，比上年下降0.6个百分点。

（三）物流业总收入平稳增长

2015年物流业总收入7.6万亿元，比上年增长4.5%。

（四）直销模式客观要求企业实施物流集中管理

在直销模式下，企业的业务人员十分分散，即使是面对特定的客户群体，业务人员之间也会有明确的分工，自己的客户自己负责。单一而独立的业务人员在满足个性化的客户需求时，不可能凭借独立的存贮能力来进行商品供应，同类产品、同类品牌必须要经过集中化的管理才能够提高特定地区所存贮的产品总量及合理的产品结构，从而为实现分散的客户的各种要求提供保障。

虽然在直销模式下，客户的管理是通过分散的业务人员分别加以管理的,但是他们的需求的满足却只能通过统一而集中的物流管理来实现。

(五)直销模式客观要求企业的物流调配具有灵活性

在直销模式下,业务人员直接面向客户,分散的客户群体由众多有明确分工的业务人员提供服务。由于不同客户之间对于产品的需求种类、数量以及时间限定方面的差异,统一集中管理的物流必须要拥有一定的灵活性,以保证能够及时满足不同客户的不同需求。

这种物流调配的灵活性主要体现在:随时可以进行配送、可以任意量地配送、可以根据需要在指定时间内配送产品到指定地点等。

直销模式客观要求企业能够灵活满足客户的个性化的上述物流方面的需要,即对商品需要的供给量、供给时间、供给速度以及品种上的需要的保障,从客观上要求企业拥有较强的物流配送能力,能够提供适时、适量与适合品种的商品。

(六)直销模式客观需要企业拥有较强的原材料、物料的供应能力

现代生产,零库存是降低企业生产成本、提高管理效率的一个先进的管理模式。在原材料、物料的库存为零,而又要满足灵活多样的客户需要的情况下,客观要求企业的相应的供应能力的加强。客户的需要无论是从数量上还是质量上,无论是原有品种的需要还是对新品种的要求上,都需要企业有足够的原材料、物料供应能力来保障生产的顺利进行,保障销售任务的完成以及销售合同的如期履行。

(七)直销模式客观要求企业对客户的需求能够充分理解,并能够给出恰当的产品供给物流方案

在直销模式下,企业与客户之间的关系更为紧密,有机会了解

到客户较对于产品的需求更为深层次的需要及要求，对客户所在行业也能够获取更为深刻的认知，双方在交易过程中也更容易获得相互之间的信任，因此，企业能够基于上述对客户以及其所在行业的理解在提供其所需要的产品的同时提出可行的较为合理的物流方案以及其他相关方案。

对于任何企业来说，物流管理都是一个重要的管理环节，进货渠道关乎进货的时间、品种、数量等的满足程度，进货时机的把握、进货量的确认、进货品种的选取等都直接关系到企业的基本成本开支，关系到企业的利润水平。作为客户特别是大客户的产品供应者，企业的经营状态和水平制约着对方的物流管理状态，只有先进的供应商才能够在通常的简单的货物供给基础上给出自己关于物流管理的综合方案。

例如，沃尔玛、家乐福等大型国际卖场都与国际著名厂商有着直接的进货关系，国际化订货、国际化结算、国际化的物流管理。相应地，他们的供应商在物流管理、配送等方面也必须与这些大卖场的经营需要接轨，有足够的管理能力和方法来保证大卖场的需要。

三、2016年中国支付行业市场现状及发展趋势预测

伴随线下支付场景的多元化，移动网上支付在一定程度上已经取代了实物钱包，二维码、NFC等手机支付技术产生的巨大便利性，对居民日常生活支付方式产生了翻天覆地的变革。2015年手机网上支付用户规模达到3.58亿，增长率为64.5%，是整体网上支付市场用户规模增长速度的1.8倍，网民手机网上支付的使用比例由39%提升至了57.7%。易观数据也表明，自2015年二季度起第三方移动支付规模首次超过PC端支付，随后差距逐渐拉大

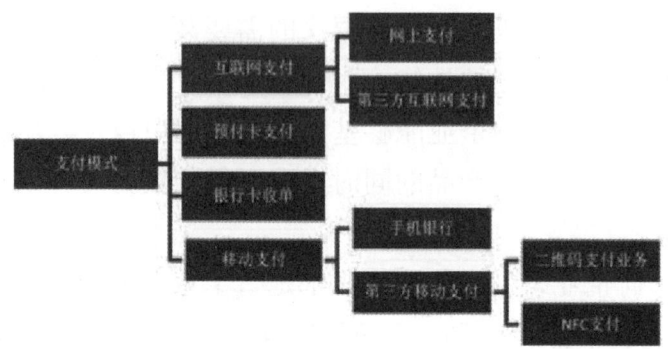

支付模式类型图

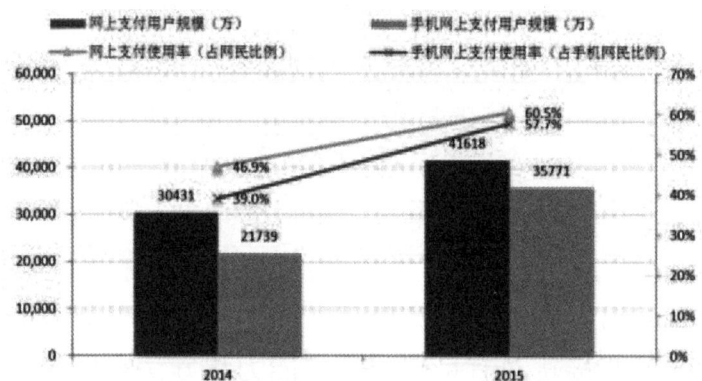

2014-2015 年网上支付、手机网上支付用户规模及使用率

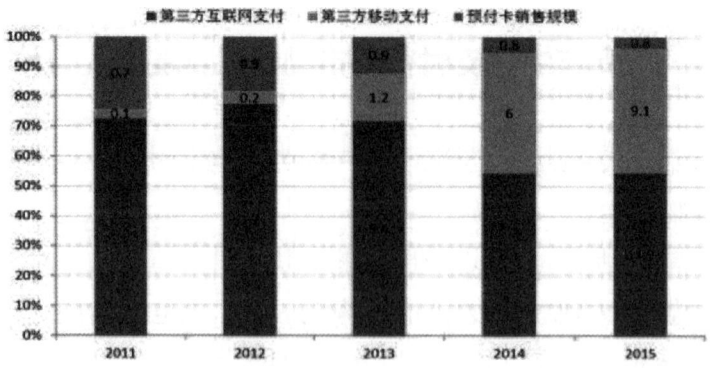

第三方支付中移动支付占比迅速提升

2014年-2015年网上支付、手机网上支付用户规模及使用率第三方支付中移动支付占比迅速提升

（一）支付模式

1. 银行卡收单

银行卡是我国个人使用最广泛的非现金支付工具，银行卡收单业务是收单机构与特约商户签订银行卡受理协议，在特约商户按约定受理银行卡并与持卡人达成交易后，为特约商户提供交易资金结算服务的行为。银行卡收单包括线上收单和线下收单两种，线上收单即网络收单，而线下收单根据受理终端的不同分为POS收单、便利支付收单等，其中POS收单占据的市场份额最大，超过了95%。

近年来，我国联网POS机数和联网商户数持续保持着50%左右的复合增速，截至2016年3月末，银行卡跨行支付系统联网商户数已达到1700万户，联网POS机具达到2354万台，预计2016年末联网POS机数有望增加到3000万台。

在线下支付市场，中国银联深耕收单市场十余年，在POS机收单市场占据了绝对的垄断地位。一方面，其作为清算机构收取刷卡跨行交易手续费的10%；另一方面，通过控股公司银联商务开展收单业务，收取刷卡交易手续费中的20%。除了商业银行外的第三方收单机构中，银联旗下的银联商务市场份额最大。

2. 互联网支付：

（1）网上银行

网上银行是银行的主要电子支付方式，也是几种主流支付方式中交易规模最大的一个，2015年网上银行支付规模超过1800万亿，占互联网支付规模的99%。中国金融认证中心最新发布的《2015中国电子银行调查报告》显示，2015年全国企业网银用户比例为73%，个人网银的用户比例超过了40%。

（2）第三方互联网支付

第三方互联网支付是指以第三方支付机构为运营主体，通过在电脑端以网关支付、认证支付等途径以银行账户或第三方账户进行支付的方式。在第三方互联网支付市场份额占比中，支付宝的排名遥遥领先，占47.6%；财付通随居第二，占20.1%；银联商务占11.1%，排名第三。

3. 移动支付

移动支付是指通过移动运营商提供的网络发送支付指令进行支付的方式，主要包括用户通过发送短信或通过移动终端登录网络使用银行等的支付服务；近场支付：指用户利用近距离无线通讯技术（NFC技术）或蓝牙红外技术，从而在移动专用POS机的商家（如便利店、商场、公交）进行现场刷卡消费，包括二维码支付、NFC支付等。近年来，随着移动通信技术的高速发展、智能终端的不断普及以及金融IC卡的广泛应用，移动支付已逐渐成为电子支付发展的新方向。

（1）手机银行

随着近年来智能手机的广泛应用，手机银行交易量迅速增加，2014年手机银行交易规模高达32.8万亿元，同比增长157%，增速远高于网上银行。伴随商业银行对于移动端布局的加快，推广力度持续增强，各项免费、优惠政策不断推出，进一步促进了手机银行交易规模的快速攀升。

（2）第三方移动支付

第三方移动支付正处于快速爆发期，2015年第三方移动支付市场规模已达到10万亿。在目前的市场份额占比中，支付宝排名第一，占比68%，财付通占比21%，二者联合份额占比近90%，极大地瓜分了市场。目前，以二维码、NFC支付等新生支付模式为代表的移动支付正以全新升级的状态挑战着传统支付方式。

4. 预付卡

预付卡又叫储值卡、消费卡、积分卡等，指由发行机构发行的，可在商业服务业领域使用的债权凭证，具体表现为购物券或消费卡。预付卡按发卡人不同可划分为多用途预付卡和单用途预付卡两大类别：1) 多用途预付卡是指由专营发卡机构发行，可跨法人使用的预付卡种类。如资和信商通卡、联华OK卡等，可在商场、便利店、餐馆等多个签约客户处使用；2) 单用途预付卡是商业企业发行，只能在本企业或同一品牌连锁商业企业购买商品、服务，不得跨法人使用的预付卡种类。如家乐福卡、百盛卡、美容卡等，只在单个商家或法人机构范围内使用。

2011年之前，预付卡依托企业福利与礼品的发展模式一直保持着高速发展。但2012年后，受到八项规定和反腐政策的影响，公职人员过节发卡等隐性福利被取消，使得预付卡市场萎缩明显。但值得注意的是，2015年传统团购市场规模还在下滑，但预付卡的个人市场却录得亮眼的业绩，同比增长超过100%，预付卡消费面向个人市场转型已成为新的方向和趋势。

（二）中国第三方支付行业竞争格局分析

第三方支付公司的现行"准结算清算"模式或许正在终结；网上热传的《互联网金融风险专项整治实施方案》中表示，非银行支付机构不得连接多家银行系统，变相开展跨行清算业务。

非银行支付机构开展跨行支付业务应通过人民银行跨行清算系统或者具有合法资质的清算机构进行。

继微信提现收费后，支付宝从2016年10月12日也开始对个人用户超出2万元免费额度的提现收取0.1%的服务费。与此同时，传统银行近期则纷纷推出"二维码"和"云支付"等移动支付产品，加速布局该领域。

第三方支付机构与银行这两者之间的"一进一退"，则被市场人士看作是移动支付领域竞争升级的序幕。

2015年我国第三方移动支付市场规模达到163626亿元，移动支付规模已首次超过PC端支付，2016第二季度国内第三方互联网支付交易规模达45582.5亿元，同比增长62%，环比增长12.3%。

2016年第二季度，中国第三方支付移动支付市场增速回暖，交易规模达75037亿元，环比增长25.68%。行业上半年整体交易规模达134776亿元。

支付宝、财付通、拉卡拉占据市场交易份额前三位，支付宝以市占率55.4%位列第一。

在支付领域，支付宝、财付通的成功，使得习惯于借鉴成功经验的中国互联网圈展开了一轮轰轰烈烈的"抄袭"大潮，而实际上支付是一种很考验场景的行业，在支付宝和财付通乃至拉卡拉、银联商务等已经成功的企业，其具备的品牌优势很难被后进者赶超，因此能够帮助支付企业破局的并不是同质化竞争，而是对于新领域的渗透。

在移动支付方面，第三方支付的优势在于其支付场景丰富，且占据着庞大的客户资源和销售渠道。不过，尽管在上述两方面处于相对劣势，但传统商业银行也逐渐意识到这一市场蛋糕的重要性，并逐步加大了在这一领域的布局力度。

虽然短期内移动支付市场格局不会发生巨变，但是，大额支付业务加速回流银行体系将会是长远的趋势。

（三）跨境支付发展前景大好，第三方支付平台开抢市场

随着国内消费水平的升级，跨境电商发展规模不断扩大，在实现商品和服务跨国流通的同时，需要资金的跨国流动，并实现货物流、资金流、信息流的匹配，跨境支付成为了跨境电子商务交易顺利完成的关键一环。

跨境支付行业的蓝海已经展示在我们面前，随着跨境电子商务的迅猛发展，电商平台和中小卖家对跨境支付的需求呈现出几何级

数增长,跨境支付也迎来了黄金发展期。第三方支付的统计数据显示,在目前全球跨境电商结算业务中,40%用人民币结算。

近年来,国家不断出台对跨境贸易的扶持政策,为外贸行业及跨境电商企业创造了越来越多的便利条件。就国内外支付行业对比来看,中国在行业的技术、创新、服务等方面都远超于其他国家。

相关数据显示,目前国内有20万家跨境电商企业,每年交易额约合5.2万亿元人民币,并保持着20%以上的高增长率;2016年中国跨境电商进出口总额增至6.5万亿元人民币,年增长率达到30%,占中国总进出口贸易额的20%。

在国家队行动的同时,不少第三方支付平台也在经过人民银行等相关机构批准后,纷纷开始抢占跨境支付市场,进一步加快国际化进程。更多最新第三方支付行业市场分析信息请查阅中国报告大厅发布的2016-2021年中国第三方在线支付行业发展分析及投资潜力研究报告。

多位行业人士表示,支付是价值实现的最后一环。如何提升支付尤其是电子支付基础设施和法律政策环境,改进并提高支付手段与效率,进而提升支付尤其是电子支付对跨境消费乃至经济增长的贡献度,是中国决策部门和支付业界越来越不容回避的问题。

此外,随着人民币加入SDR等人民币国际化的持续推进,跨境支付业务将迎来增长爆发期,并将有力推动外贸的发展。

(四)电子支付打破僵局,为直销行业深度赋能

随着直销市场的快速发展,第三方支付平台的技术创新对直销企业的发展意义深远。

面对互联网时代,直销企业需要不断的经营创新,并积极利用互联网、现代物流等手段延伸服务与管理,提升服务水平和管理效率,方能破局而出,趁势而为。

第三方支付平台的出现,让很多直销企业看到了打破直销僵局

的曙光。第三方支付平台在实现直销企业线上/线下多场景的会员充值与返佣提现功能的同时，与直销会员管理系统完美对接，形成了直销企业信息流与资金流的同步管理。通过与第三方支付平台的合作，直销企业加强了会员与企业之间的黏性，加快了企业订单处理速度及资金运转效率，从而大大提升了企业的整体运营效率。

四、中国大健康产业发展趋势分析

大健康产业是提供预防、诊断、治疗、康复与缓和性医疗商品和服务的总称，通常包括医药工业、医药商业、医疗服务、保健品、健康保健服务等领域。随着政府对"互联网+"和 PPP 模式的快速推进，预计未来 10 年，医疗信息化、医院建设将是大健康产业的工作重心。从国际大健康产业结构来看，中国的大健康产业仍处于初创期，在产业细分以及结构合理化方面需要更大的提升与完善。

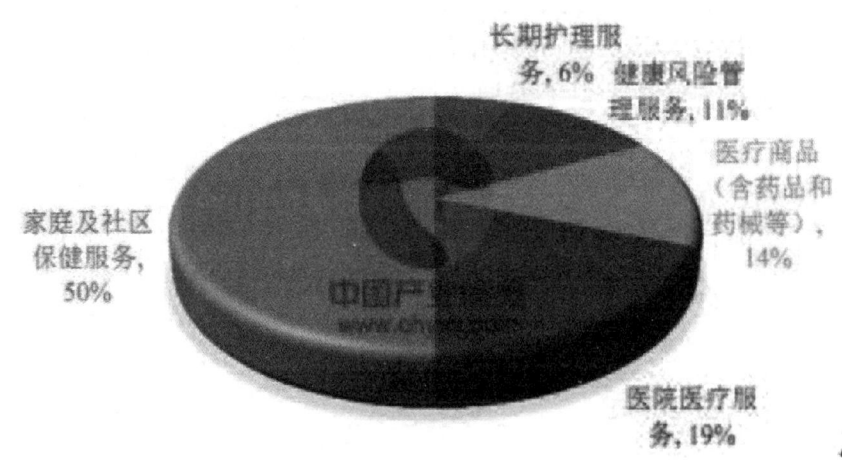

美国大健康产业结构图

注：图片来源于中国产业信息网

作为全球最大的产业之一，全球医疗健康年支出总额占 GDP 总额的9%左右,是全球经济发展的新引擎。在目前的全球股票市值中,健康产业相关股票市值约占总市值的13%。全球医疗健康支出总额从1995年的2.20万亿增长到2013年的6.62万亿,年复合增长率为6.3%。进入21世纪后,医疗健康开始进入快速增长阶段,新一轮增长主要来自于中低收入国家和中高收入国家人口的增长,人均健康需求的持续释放以及科技进步带来的新一轮产业升级为发达国家的健康产业发展带来了增长动力。假设2014-2020年健康支出仍以6.3%的速率增长,那么预计2020年全球健康支出总额将达到10.16万亿美元。

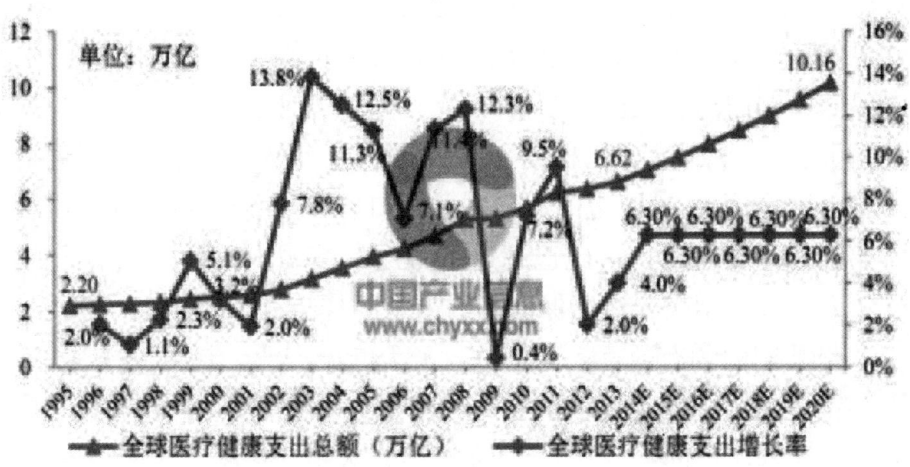

注：图片来源于中国产业信息网

从总量来看,中国医药卫生费用在2013年已达到3.17万亿,占GDP百分比为5.4%, 2005-2013年复合增长率为17.54%,高于15.5%的GDP复合增速。2012年3月14日,国务院"健康中国2020"战略明确提出到2020年我国卫生总费用占GDP的比重要增加到6.5%-7%。假设2014-2020年我国GDP复合增速为6.8%, 2020年医药卫生费用占GDP比重为6.5%,则2020年医药卫生费用将达到6.13万亿。

"健康中国2020"战略明确提出到2020年我国主要健康指标基本达到中等发展中国家的水平,人均预期寿命将从2005年的73岁增加到2020年的77岁，卫生总费用占GDP的比重要增加到6.5%-7%，提高两个百分点。国务院于2013年9月发布了《关于促进健康服务业发展的若干意见》，提出到2020年，基本建立覆盖全生命周期的健康服务业体系，健康服务业总规模达到8万亿元以上。

（一）我国保健品行业2016年发展趋势 大健康产业规模巨大

随着人民生活水平的提高和人口老龄化的加剧，人们对健康更加大了重视，与此同时，保健品的需求也在逐年增长。现对2016年我国保健品行业发展趋势进行一下分析。

居民生活水平的不断提高，使人们变得更加注重自身的健康，并且健康理念随着时代在转变，对于保健品的看法逐渐改观，因此对保健品的需求也在逐年增长。

此外，中国老龄化程度不断加深，老年人口规模不断增大，2002年时全国65岁以上的人口占总人口比率只有7.7%，到2014年，该年龄段的老年人口占比已超过10.00%。我国人口基数庞大，因此老年人口数量剧增，对于保健品的需求同样持续增大。

目前国内约有数百家药企进入了大健康产业，其中30多家为上市公司。云南白药、广药等药企纷纷开发功能型饮料、药妆、保健品等"大健康产品"；石药、盘龙云海、太极、天士力等药企专门成立大健康事业部，修正更是全方位布局产业链。

而据中国科技发展战略研究院估计，至2020年，整个健康产业的潜力将达10万亿元。阿里巴巴、腾讯、苹果等IT巨头也纷纷抓住这一时机，"跨界"布局。

1) 借势国家政策利好，做好极致产品

全国政协委员、国家卫生计生委副主任、国家中医药局局长王国强曾表示，要大力发展中医养生保健服务、中医医疗服务、中医特色康复服务、中医药健康养老服务、中医药文化和健康旅游产业，大力推进中医药服务贸易，促进形成中医药健康服务新业态。

2）药材资源是中药产业的基础，严苛把关原料质量

中医药发展必须依赖于、得益于中药材的质量。中药材是中医药事业传承与发展的物质基础，是关系国计民生的战略性资源，优质的中药原料是保障制造出极致产品的基础。

3）新兴的"大健康产业"范围宽泛，商机无限

大健康产业不仅提供营养保健食品等实体产品，还包括医疗保健器械、休闲保健服务，而且还提供健康生活解决方案。

2010年，我国保健品市场产值仅为581.75亿元，销售收入为558.02亿元，国内市场规模为557.29亿元，到2014年时，我国保健品市场产值增长至2083.25亿元，销售收入飙升至1903.51亿元，市场规模扩大到1935.61亿元。保健品行业产值平均年增长率为10%-15%，销售收入和市场规模增长同样迅速。

4）制药企业背景科研雄厚助力品质保障

"中药保健品大有作为"，中国中医科学院中药研究所药物安全评价中心主任、首席研究员叶祖光指出，与新药研发相比，保健品研发周期短、经费低、风险小，特别是中药与其他原料配伍珠联璧合。

药品生产企业的研发和质量控制大多优于普通保健品企业，加上中药企业普遍涉及天然药物研发，把从动物、植物和微生物中提取的有益成分延伸至日化品、保健品和其他市场上的难度较小。而中医药文化在国内传承更是中药企业开拓大健康的有力武器。

保健品市场需求广阔，行业未来的发展前景向好。期盼传统中医文化能够搭乘互联网的发展快车，顺势中医药企业崛起复兴的趋势，在新时代、新常态下焕发创新活力，重塑自身品牌价值，共同改善市场环境，让健康行业的发展步入持续长久的轨道，对人们的生活方式改变、健康习惯提升做出更大更多的贡献。

（二）发展大健康产业是直销行业的战略主题

作为中国经济的新亮点，健康产业是具有巨大市场潜力的新兴产

业。到2016年"十二五"结束,我国健康产业的规模预计将接近3万亿元,达全球第一。因此,发展大健康产业是我国直销行业的一大战略主题。

美国经济学家保罗·皮尔泽的《财富第五波》一书认为,继蒸汽机引发"机械化时代"以及后来的"电气化时代"、"计算机时代"和最近的第四波"信息网络时代"之后,当前已经到来的是"健康保健时代",而健康产业也将成为继IT产业之后的全球"财富第五波"。从中国经济发展的实际看,我国大健康产业在直销行业的带动下,已成为今后我国经济发展的一个重要引擎。发展大健康产业将是我国直销行业的核心任务。

去年,在国务院总理李克强主持召开的国务院常务会议上,研究部署促进健康服务业发展成为了一个重要议题。会议认为,促进健康服务业发展,重点在增加供给,核心要确保质量,关键靠改革创新。一要多措并举发展健康服务业,放宽市场准入。二要加快发展健康养老服务,加强医疗卫生支撑。三要丰富商业健康保险产品,支持发展与基本医疗保险相衔接的商业健康保险。四要培育相关支撑产业,加快医疗、药品、器械、中医药等重点产业发展。提升中医药医疗保健服务能力。这一项被业界称为"健康产业新政"的措施发布之后便立刻引起了广泛关注。

据介绍,未来我国医疗卫生健康产业发展重点将从以治疗为主转为预防为主,以传染病预防为主转变为以慢性病预防为主。2013年,我国大健康产业规模接近2万亿元,如果包括医疗卫生开支则接近4万亿元。"到2016年'十二五'结束,我国健康产业的规模已接近3万亿元,达全球第一。"

资料显示,健康服务业包括医疗护理、康复保健、健身养生等领域,是现代服务业的重要内容和薄弱环节。健康产业是辐射面广、吸纳就业人数多、拉动消费作用大的复合型产业,具有拉动内需增长和保障改善民生的重要功能。中国健康产业将快速发展,归结于多方面的原因。在消费需求方面，随着我国人均名义 GDP 迈过 6000 美元，我国居民消费已经进入结构升级时期，以健康为代表的服务消费将持续扩张，健康消费需求将大幅增加。在人口方面，我国"老龄化时代"的到来，将进一步释放健康养生等健康产业的市场需求。

（三）促进健康产业"健康发展"

尽管健康产业是朝阳产业，但在众多的业内人士看来，目前仍然存在一些制约健康产业健康发展的因素。

我国健康产业还处于初期发展阶段，法律法规不健全，导致无法可依，无章可循；行政主体不到位，部门监管存在真空；传统观念作祟，影响群众科学地接受现代医疗保健产品和服务，市场理性意识有待强化；技术基础薄弱，个性化服务不足。因此，修订产业结构调整指导目录与政府核准投资项目目录时，要强化对健康产业的引导和支持。同时，出台并完善健康产业政策法规，完善社会组织建设，鼓励与支持行业协会制订和推行行规行约、技术标准、从业培训等，指导和规范产业发展。明确产业扶持政策以及财税、金融、土地、环保等方面的配套支持。

当前我国健康产业法规不完善，相关标准体系滞后，出现了一定程度的医疗信任危机，食品安全、保健品过度宣传等问题严重，导致消费者对中国健康产业的信心不足。因此，必须通过完善法规、提高标准、加强执法等措施，着力维护健康产业良好的市场秩序。要进行科技创新，促进高科技产业与健康产业的融合，改造提升传统健康产业，创新发展数字健康、远程医疗、基因检测等新兴健康产业。"同时要进行产业服务创新，促进健康产业由医疗保健为主向健康管理为主转变，衍生出多样化、多层次的健康服务业，形成适合中国国情的健康服务发展模式。

（四）直销行业任重道远

促进健康服务业发展将提升服务业整体水平，而且可以有效扩大就业、形成新的经济增长点、促进经济转型升级，不仅健康服务业将因此而受益，相关服务行业也都将因此具有一定的投资机会。健康服务产业面临重大的发展机遇，国家将培育相关支撑产业，加快医疗、药品、器械、中医药等重点产业发展。在相关政策指导下，医药行业整合及产业升级有望加速。随着我国居民收入水平不断提高，消费结构升级步伐不断加快，人们对生活质量的要求日益提高，健康产业将显示出广阔的前景。健康产业是具有巨大市场潜力的新兴产业，作为肩负促进大健康产业发展历史重任的直销行业，可以用"任重道远"四个字来加以形容。

所谓"任重"，是指直销行业在发展大健康产业中任务重大；所谓"道远"，是指今后直销行业在发展大健康产业中还有很漫长的路要走。

参考资料：

[1]《中国行业研究报告咨询系列》，中国市场调研在线。

[2]《直销行业会奖旅游的冷思考》，会奖旅游，2016.05.23。

[3] 易园翔，《浅谈直销行业奖励旅游的3.0时代》，直销博客，2016.07.06。

[4]《物流大数据：2015年中国物流业总收入7.6万亿》，中国投资咨询网，2016.06.03。

[5]《看好系统集成及物流服务市场机会》，华泰证券研究，2016.01.11。

[6]《中国支付行业市场现状及发展趋势预测》，中国产业信息，2016.08.18。

[7]《2017年中国酒店行业发展趋势分析》，中国产业信息，2017.09.20。

5.2
会奖旅游对直销的促进研究

摘 要：近几年来，随着全球范围内对会奖资源需求的急速增长，以及商务旅客人数的大量增加，会奖旅游取得了不俗的成绩，且增长速度惊人。而全球商务旅客输出量最大、增长速度最快的国家是中国。抢占会奖旅游发展的先机，在中国市场的角逐是绕不开的一关。（中国）的案例分析，其研究目的就在于通过结合我国直销业的发展现状及趋势，为我国直销业的稳定快速可持续发展提出自己的一些思考和建议。

关键词：会奖 旅游 会奖城市 旅游经济

一、会奖旅游整体介绍及新变化

近几年来，随着全球范围内对会奖资源需求的急速增长，以及商务旅客人数的大量增加，会奖旅游取得了不俗的成绩，且增长速度惊人。据美国旅游协会（U.S. Travel Association）最新公布的美国旅游业影响力报告（U.S. Travel Industry Impact）显示，2015年美国商旅和会议、活动及奖励旅游总收入为2963亿美元，5年内增长了18%。

越来越多的国家、地区和旅游企业看到了会奖旅游市场这片新蓝海，纷纷展开角逐，希望在这个巨大的产业中分得一杯羹。

许多老牌的会奖旅游目的地，如迪拜、新加坡、阿联酋等都推陈出新，吸引更多的商务会奖游客前来，而许多新崛起的目的地，如新西兰、韩国等，也都在当地政府的支持下推出大量优惠政策，期望将会奖旅游作为本地区旅游业新的增长极。

正处在爆发增长期的邮轮也加入到开发会奖旅游的行列中，将海上变成了会奖旅游的全新目的地。越来越多的线上旅游平台争相推出专门针对商务会奖游客的频道和专属定制服务，为开辟高端商旅市场做准备。2016年是会奖旅游行业突飞猛进的一年，是分裂变革的一年，更是抖尘推新的一年。

二、2016年中国会奖城市大数据指数分析

"会奖城市大数据指数"是《会议》/MICE-Link杂志与大数据平台合作发布的会奖大数据系列指数之一。本报告数据纵向坐标的数值分别是"百度指数"（境内）和"Google指数"（境外）与《会议》/MICE-Link杂志会奖要素指标——核心指标10项、辅助指标10项——相结合测算的结果。

百度和Google均为权威的数据平台，各类会议与奖励旅游策划人、相关工作者都在其上不同程度地留下过痕迹，而这些痕迹通过专业追溯与测算，就表现为"会奖大数据指数"。它是目前国内分析会奖人策划人与采购人行为特点、消费习性、采购倾向等的最有价值的参考数据。

2015中国会奖城市大数据分析如下图所示：

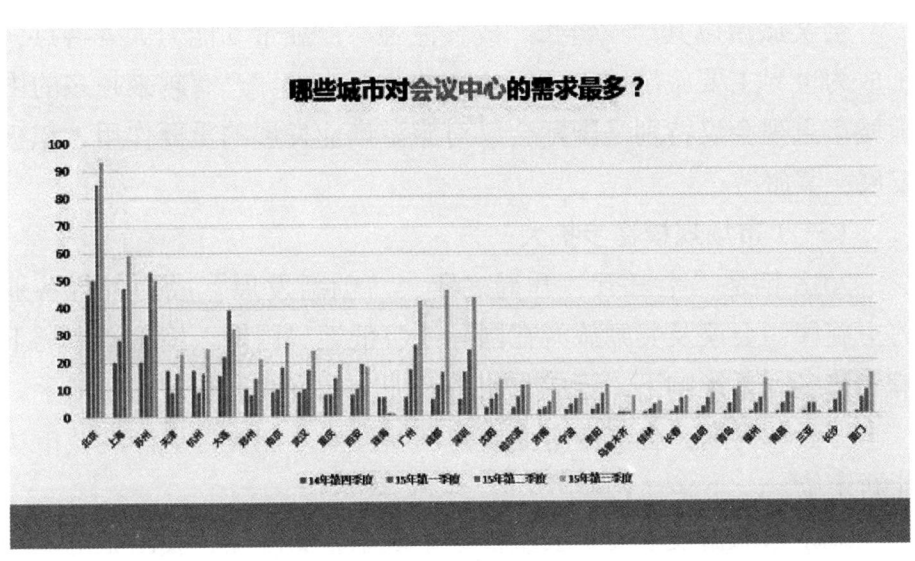

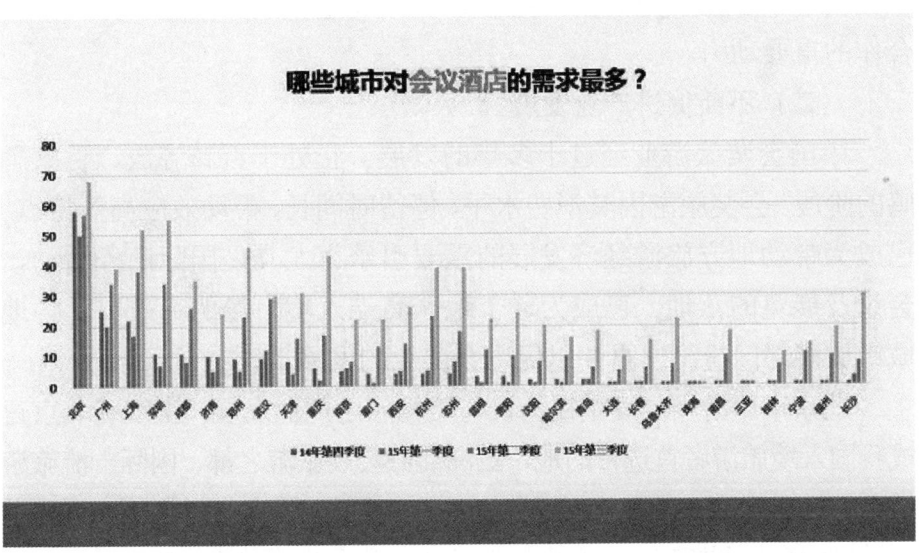

三、会奖产业旅游经济重要引擎

会奖旅游以其产业链长、成长性强、产业带动能力大等特点，正成为世界主要旅游城市竞相争夺的重要市场。已有越来越多的中国城市重视会议特别是国际会议对旅游产业发展的重要作用，积极发展会奖旅游。

（一）市场规模稳步扩大

2016年是"十三五"开局之年，"创新发展"成为各行各业的主旋律。会议及奖励旅游在国际经济低迷、国内入境旅游市场下滑等诸多因素影响下，已成为旅游产业全面升级转型的重要抓手。"十三五"时期，会奖旅游业如何创新发展才能更好地匹配城市功能新定位？

北京市旅游发展委员会主任宋宇表示，2016年，我国旅游市场规模稳步扩大，继续领跑宏观经济，甚至在全球范围内，旅游业发展也是一枝独秀，成为拉动经济增长、促进就业、增进国际交往与合作的重要动力。

（二）不断促进产业发展

中国会奖旅游业经过十多年的发展，正处于百花齐放、百家争鸣的阶段。会奖旅游因其消费水平、停留时间长、带动效应高等特点，已成为带动地方旅游经济发展的重要引擎，尤其是国际商务活动、会议及展览的落地，已成为一个地区高端入境市场的突破口。各地城市旅游部门纷纷出重拳以促进会奖业的发展。

北京市旅游委高度重视会议与奖励旅游产业发展，围绕将北京建成我国入境旅游者首选目的地、亚洲商务会展旅游之都、国际一流旅游城市的目标要求，采取"政策带动、平台推动、服务拉动"等一系列重要举措培育与开拓市场，有力地促进了北京会奖旅游业的健康发展。

具体来说，出台并实施了《北京市会奖旅游奖励资金管理办法》

《北京市旅行社入境奖励资金管理办法》《境外旅客北京购物离境退税政策》和《72小时过境免签政策》等重要政策，促进国际会议和会奖活动落地北京，推动境外客人在京消费能力的提升；搭建北京高端旅游与会议产业联盟、中国会奖旅游城市联盟和中国会议产业大会等3个重要平台，通过统计分析、专业推广和培训活动，提高会议与奖励旅游业界的专业水平，提升行业竞争力；协助在京的学会、协会等国际会议组织方申办国际会议，为其提供城市支持函、会前考察等相关支持，为国际会议落户北京提供了良好的服务；依托首都丰厚的历史文化底蕴和丰富的旅游资源，引导市场推出中医药健康旅游、精品文博、文化演出和运动休闲类、游学类旅游等一批具有鲜明主题性的定制旅游产品；在重点客源市场举办国际推广活动，培育北京国际商务及会奖旅游展览会、北京国际旅游博览会、北京国际旅游商品博览会等国际会展品牌等。

在2016年中国会奖城市国际吸引力指数排名中，北京成为了中国最具国际吸引力的会奖城市，上海、深圳、广州3个一线城市居于第二阵营，南京、成都、青岛、宁波、苏州、天津、厦门紧随其后。2011年至2015年，北京共承接国际会议524场，位居亚洲首列；在2015年全球城市接待国际会议的数量排名中，北京以接待95个国际会议排名第19位，蝉联中国首位。北京已成为中国国际会议市场的中坚力量。

为了完善推动北京会议与奖励旅游发展，北京市旅游发展委员会多措并举，从政策环境到服务产品，再到产业链整合机制、国际市场推广，为业界提供良好的市场环境及多角度的服务措施，促进会奖旅游经济发展稳步提升，使产业布局和结构进一步优化。未来，北京还将借助冬奥会、世界休闲大会等一批具有较高国际影响力的国际活动，为会奖旅游带来巨大的发展空间。

（三）会奖旅游看好中国市场

根据世界旅游业理事会的预测，中国商务会奖旅游交易规模近几年将保持20%以上的增速，到2017年，中国的商务会奖旅游交易规模有望超过1800亿元。新加坡、韩国、新西兰等国率先向中国的会奖游客抛出橄榄枝，使出各种"招数"吸引中国商旅人士前往开展会奖旅游。这些"招数"包括到中国开展推介活动、发展针对中国市场的特色服务、推出针对中国游客的优惠政策等等。

（四）境外目的地发力会奖游蓝海

面对会奖旅游业广阔的市场前景和日新月异的变化，各大目的地也纷纷做出了自己的分析与应对。

迪拜作为阿联酋人口最多、中东最富裕的城市，同时也是阿联酋重要的旅游中心，多年来一直大力发展旅游业蓝海。比如，迪拜商业及旅游业推广局（DTCM）对迪拜旅游产业进行规划、监督、发展和营销，同时负责所有的旅游服务业包括酒店、地接社和旅行社，对其进行颁发营业许可证和年度评级。据国际协会联盟（UIA）发布的最新国际会议统计报告显示，迪拜已成为国际会议十大目的地之一，其不仅是旅游行业的地区领导者，也是全球商业活动的主要目的地。

迪拜会奖局（Dubai Business Events）作为迪拜商业及旅游业推广局（DTCM）的下属机构，旨在发展和增长迪拜在国际商务活动市场的份额，从而促进阿联酋经济发展、增加工作岗位和提高知识创新能力。而其主要目标则是帮助国际会议、奖励旅游、大型企业会议、展览活动的组织者设计并管理他们的项目，以提升阿联酋作为国际领先的商旅目的地的形象地位。据了解，迪拜会奖局的服务质量通过了劳氏质量认证（LRQA），作为全球最佳城市联盟的一员，迪拜会奖局能够提供全球展会产业中最顶尖的服务体验。2017年上半年，迪拜官方会议局(DBE)赢得了97个商务活动竞标选择迪拜作为活动举办城市。并且，自2017年1月起，大会、展览会、会议及奖励旅游在内的商务活动共吸引了超过51,636名来自世界各地的参与者，预计为迪拜带来约 3.75 亿迪拉姆的经济效益。

同样在亚洲，韩国旅游发展局与各地方政府为了更好地鼓励会奖旅游团体，会根据团体规模，为旅游团提供韩国特色纪念品、机场欢迎仪式、免费公演观赏、会议设施优惠等支援政策。来自马来西亚会展局总部的资料显示，马来西亚会展局近期发布了 MTDXP 奖励计划，对前往马来西亚进行会奖商务旅游的游客提供更多增值奖励，并为会奖规划者们提供更多有趣的选择及想法。

而泰国会展局也出台了一系列详尽周密的激励政策以增强自己在会奖旅游这一蓝海中的竞争力。激励政策包括针对会奖组织者的现金补贴、赞助小礼品、文化表演和机场快速通关等措施，这些措施实施以来已经为众多会奖旅客带来了便利。今年，泰国会展局的支持政策也做了相应调整，强调企业会奖活动对于本地的人文关怀以及环境保护。例如鼓励会奖团队在泰国开展企业社会责任活动、使用符合环保标准的会议场地等都可获得泰国会展局的补贴支持。

（五）邮轮成会奖游新站点

有调查显示，中国邮轮会奖旅游起步晚，所占比例也较小。目前有 84.1% 的会奖活动均选择酒店，这也意味着邮轮会奖在中国的发展空间很大。

在开展会奖旅游方面，邮轮的优势显而易见。邮轮的承载力强，对于大型会奖项目来说，无需签证，且能提供大型会场以及便捷的一站式服务。与普通酒店相比，邮轮的内容综合多样，设施越来越完善，具有极强的可塑性和移动性。这些都是邮轮的巨大优势。区别于传统的会奖旅游，邮轮会奖能够有效地控制预算。同时，娱乐性、休闲性以及个性化定制服务凸显，丰富的主题体验还有助于提升企业文化和企业凝聚力。

巨大的市场潜力也带来了激烈的同业竞争，面对竞争，各大邮轮品牌纷纷拿出自家的"绝招"。公主邮轮一以贯之的承诺，即为中国宾客量身定制创新性的邮轮产品,不断满足并超越他们的期待。所以,在邮轮会奖方面,公主邮轮也将定制产品作为了自己的拳头产品。根据参与者的主题、喜好、需求,为会奖宾客提供定制化服务,更加切合地满足各类需求,使会奖旅游的定制服务具有更高的灵活性和个性化体现。而皇家加勒比邮轮则更加注重为客户提供有创意的会奖旅游产品。如何突破常规给予客户全新的吸引力,能够在会奖旅游中融入更多定制化、个性化、有创造力的元素,往往是吸引会奖团的关键。皇家加勒比邮轮致力于通过丰富的选择、优质的服务和个性化的定制,为会奖团提供精彩的旅途和美好的回忆。

(六)线上旅游平台抢滩会奖市场

近年来,会奖旅游产业线下的年增长率保持在 5%—10%,总量持续增长但是涨幅有限;线上市场则每年保持着 300% 的增长,但是线上市场在整个会奖游市场中的比重仅有不到 10%。越来越多的会奖旅游业务会从线下走到线上。目前,不少线上旅游平台已经率先推出了会奖游服务,抢滩会奖旅游市场。

作为 OTA 市场的领军者,途牛旅游网于 2015 年 8 月就在网站上增设了"会议与奖励旅游"板块,在国内的线上旅游平台中可以说是相当领先的。自会奖旅游模块设立以来,在短短一年多的时间内,已经和众多跨国公司及国内知名企业建立了长期合作关系,如在汽车、保险、直销、医药、互联网等行业均有旗舰型优质企业成为途牛会奖游的签约客户。经过一年多的运营,途牛会奖游板块的交易额大幅提升,服务水平也是有口皆碑。

除了途牛等较为成熟的线上旅游平台外,会奖游的兴起也催生出一批新兴的专注于商务会奖游市场的旅游服务网站。会唐网就是在这一浪潮下兴起的一家专业的会奖游线上服务平台。虽然其成立的时间并不长,但是目前会唐网已经获得了近百万家企业用户的青睐。

途牛旅游网会奖旅游板块和会唐网的成绩只是会奖旅游线上平

台急速发展的一个缩影，而在竞争日趋激烈的市场环境下如何居安思危，继续保持强劲的增长势头，也是这些线上平台不约而同正在考虑的问题。顺应行业大趋势是目前会唐网所坚持的原则，其不断研发出更加符合会奖旅游垂直场景的线上产品，顺应企业在线直采趋势及酒店机票在线直营趋势。而对于途牛旅游网来说，如何持续增强品牌的影响力，则是途牛会奖游板块正在思考探索的重要问题。未来还将依靠区域拓展战略实现会奖服务全国布局，从而在面向大众的"互联网+旅游+生活"一站式服务平台之外，再搭建一个服务集团客户的"互联网+旅游+会展"平台，使途牛会奖最终成为国内影响力最大的会奖旅游服务商品牌。

四、直销奖励旅游 3.0 时代

奖励旅游一直都是直销公司重要的激励模式之一，同时也是直销公司品牌传播、形象塑造、经销商荣誉及动能体现的重要驱动力。据悉，目前直销行业的奖励旅游已经进入 3.0 时代，下面简单分享一下：

奖励旅游 1.0 时代（上世纪 90 年代末—2000 年左右）

此时为直销企业奖励旅游出现的初期，此年代直销企业的目的较为简单，往往是用海外游来实现业务人员的出国梦，以激励他们创造更好的业绩。

奖励旅游 2.0 时代（2000 年—2008 年左右）

此时的奖励旅游在原先的基础上已经将形式和内容上大为升级，更多地在活动策划及细节方面着手，着重体现出经销商"尊享，尊崇"的优越感。

奖励旅游 3.0 时代（2008 年至今）

此时直销企业已经能够把奖励旅游与会议学习相结合，侧重于文化内涵，传播价值观和企业文化，提升参与者自身修养和技能，在这一过程中让经销商有所感悟，对企业更加有归属感。

搞好奖励旅游，重要的是要开好奖励旅游的"三会"。

五、直销开好奖励旅游的"三会"

（一）会前会

1. 旅游公司的选择很重要，价格不应作为衡量的唯一标准，服务经验及资质应放在首位。

2. 了解直销企业与传统企业的差异性，要与旅游公司对接分层级、分团队、家庭不拆分，有利于信息流及沟通渠道绝对顺畅。尤其是分组、分房、分团要充分利用好团队领导人的作用，充分尊重他们的意见。

3. 事先的策划很重要，整个旅游活动中的主题要突出，有画龙点睛之作，关键是要与企业文化相结合。

4. 游前宣传教育十分重要，让经销商注意举止行为——自助餐剩大盘食物、高声喧哗、随地吐痰、抽烟、破坏文物、强抢景点拍照等不文明行为要事先教育。

（二）会中会

1. 旅游活动要有严密的布置，小组分工明确，形成通畅的决策机制与沟通机制。

2. 在执行过程中，充分发挥经销商自身的主观能动性，公司与旅游公司三方结合。

3. 旅行途中的安全是首要任务，在做任何活动时一定要把好安全关，一个安全事故会毁掉所有人的心情。

4. 旅途中的各种活动和观光要劳逸结合，不宜太过奔忙，重在开心、放松。某个景区的深度游将是现代直销公司高端团的趋势。

5. 为了宣传公司形象，统一服装（马甲与T恤），统一标语（手执与横幅）等很有必要。

(三) 会后会

1. 开好旅游分享会，及时把录像、照片剪辑好，待旅游一结束，便将相关资料发给经销商。

2. 后续制作相关的宣传工具、报道、VCR、画册并保留 DIY 的空间，做好后续的发酵工作。

3. 分享会的目的是让参加的经销商享受荣耀并产生动能，让没有参与的经销商产生动能努力达到下次参与的资格，吸引新人加入。

奖励旅游已成为直销公司的一道必上菜，作为直销公司老板与经理人，需要明白一个道理——花钱搞有文化、有体验感、高规格的旅游比搞促销、打广告、发奖金对市场的推动力更大。

六、直销公司奖励游对旅行社的影响

天狮集团"大潮"2015 年在法国呼啸而过，随其后的还有直销公司无限极（中国）为奖励员工，从 2015 年 5 月 10 日至 20 日组织 1.2 万多人分批次游览泰国，该团搭乘 110 架航班入境泰国。

这类千人甚至万人规模的"天团"是典型的奖励旅游，奖励旅游比一般的休闲旅游有更高的人均消费和利润，由于规模巨大，直接拉动旅游目的地的酒店、餐饮、景点、购物和娱乐等诸多产业，迪拜、澳大利亚、泰国等主要奖励旅游目的地会为了中国游客而定制产品，更有海外旅游目的地为中国会奖旅游团巨资打造设施并引入中国投资者共同开发。以迪拜会奖局为例，仅仅在 2017 年上半年，共承办和参加了 50 多个行业活动，与超过 4,500 名商务活动买家和策划者进行交流，促进了 38 位客户的 16 次现场考察，并组织来自世界各地 144 名买家参加 4 场迪拜深入考察团，为迪拜带来了巨大的经济效益。

上述的这种旅游天团在业内叫作奖励旅游，通常都是一些需要极度激励员工业绩的企业会特别热衷于这类旅游，比如直销公司、医药公司、保险公司等。这类公司通常会到各大旅行社进行一轮比价和招标，定下一年的奖励旅游接待计划。奖励旅游报价高，因涉及到很多定制产品和公司会务服务等，而旅游目的地通常是海外，比如东南亚、欧美。奖励旅游首先拉动了旅行社、当地酒店、地接、餐饮、景点等基本的旅游相关产业收益，如旅行社接一个普通欧美旅游团的人均团费1万多至2万元，去除机票等成本，旅行社的毛利率是10%不到，但奖励旅游因为加上了特色服务，为公司定制会议等，利润率则至少翻倍。

如天狮、无限极、安利等都是奖励旅游大户，他们会在海外进行公司员工凝聚力的活动、包场与企业有关的特别表演。据悉，曾经有家澳大利亚演出公司为中国奖励旅游团进行过"剪羊毛"表演，原本该表演在澳大利亚很普通，但为了配合奖励旅游团的公司主题，他们特意通过技术手段将公司 Logo 事先打在羊身体上，当羊毛剪光时，公司 Logo 就出现了。另外，悉尼著名的海港大桥专门成立了登桥公司，该公司就专门接待过中国千人级别的奖励旅游团，中国"天团"可以在海港大桥上舞龙，甚至是打麻将。

这些特殊定制服务项目都需要企业埋单，而当地旅游者则将因此而拥有非常可观的收入。

与普通团队游相比，会奖旅游的人均消费额非常高。据悉，在2015年5月前的12个月中，约有6.1万中国会奖旅游的客人赴澳大利亚，总消费超过2亿澳元，人均消费3800多澳元。

强大的奖励旅游团还为海外购物带来了商机。这些优秀员工的消费能力非常强大，人均购物数万元是最起码的，有些人直接买块手表便超过10万元，因为能被奖励旅游的员工薪水都不会低。

而导游多少可以通过购物抽佣金，比如普通旅游团消费能力弱且会投诉导游强制购物，但奖励旅游团的游客却会主动要求购物，且消费力超级强。因此，有时一个导游带一次奖励旅游团就能收获巨额的佣金，这个佣金数字有时可能高达数十万元。

正是因为看好中国奖励旅游的潜力，所以海外不少旅游目的地都在大量投入会务酒店和接待设施建设。有诸多中国投资者比如海航、万达、锦江系都已率先投资收购海外热门目的地的酒店或参股相关项目，中国东润集团收购了位于澳大利亚黄金海岸的范思哲酒店，该地区是中国"天团"最爱旅游的地区之一。

七、直销行业会奖旅游再思考

（一）传播企业文化，创收入

大规模直企奖励旅游能够给当地创造收入，带动其经济的发展，宣传企业文化，提升经销商成就感，拓宽眼界，激发经销商的业务开拓能力。2015年天狮6000人游法国的事迹大家都还记忆犹新吧，84个商业航班，巴黎140家酒店，"老佛爷"采购，可以看出给当地创造的巨大经济收入。

此前三生董事长黄金宝就表示："每一年我们都为家人们创造不同的游学机会，让大家在饱览各国风光、感受世界各地风土人情的同时还能拓展眼界，通过不断的认知与学习，积极地完善自我，并把这种充满激情活力的正能量带到事业中来，为他人创造更多价值。这么多年来，海外旅游已经完全融入到我们的生活，成为三生人生活中一个不可缺少的部分。"

但如此大规模活动的出现，会给当地不知情的居民带来惊诧，甚至会有负面影响。势必会有个别经销商不遵守规章制度、文明旅游规则，给当地的环境带来短暂的影响，还会给不知情的民众留下贬义"土豪"的议论点。

（二）高端定制旅游，造文化

我们的出行应该都会希望当天的客流量少一些，服务专业，能够看到更多有趣有价值的东西，度过美好的旅游时光。直销企业经销商旅游也是如此，如果一家企业每年只筛选出部分贡献突出的经销商去旅游，更能为经销商提供专属深度"定制游"，深入了解当地文化，融入到个人人生经历中，以此激励选中以及未来将被选中的经销商。

富迪曾在2015年7月奖励经销商进行了一次"家庭式"旅游，经销商平时在市场很忙碌，无暇顾及家人，富迪通过推出这样的政策，算是对支持市场精英的家庭的补偿，这也正是直销企业所一直在做的"大爱"推行制度。

康美创新旅游方式，打破常规，摒弃简单的吃喝玩乐，取而代之的是"尊享定制深度游"。据相关经销商人员介绍，之前也参加过这种单位组织的旅游，大家有吃有喝，玩得也开心，但这次是感受最深的一次，因为人员减少，公司定制了完美路线规划，每到一个地方都能深入了解当地的文化、饮食习惯，甚至是当地的风俗风情。旅游回来我们也更加努力进取了，期待公司还能给我们提供更多这样的机会。

近来，直销企业获牌趋势呈增长趋势，未来还会有更多企业加入到直销行业，奖励旅游的方式俨然已经成为直销企业业务机制、企业文化的重要组成部分。而企业想要突破单纯的"走马观花"式旅游，就得花心思去策划、思考、创新，从而有助于企业各方面活动的推广，增强企业实力，让直销行业在海内外赢得更广阔市场。

参考资料：

[1]《会奖产业旅游经济重要引擎》，中国旅游报，2016.11.10。

[2]《2016年中国会奖城市大数据指数分析》，中国会议产业网，2016.11.16。

[3] 乐琰，《直销公司奖励游都是土豪》，一财网，2015.05.14。

[4]《直销行业会奖旅游的冷思考》，会奖旅游，2016.05.23。

5.3
物流对直销的促进研究

摘 要：在直销模式下，企业与客户之间的关系更为紧密，有机会了解到客户较对于产品的需求更为深层次的需要和要求，对客户所在行业也能够获取更为深刻的认知，双方在交易过程中也更容易获得相互之间的信任，因此，企业能够基于上述对客户以及其所在行业的理解，在提供其所需要的产品的同时提出可行的较为合理的物流方案以及其他相关方案来。

关键词：物流 物流成本 运输

一、物流连接大数据：看好系统集成和物流服务市场机会

基于物联网大数据的智慧物流是现代物流的发展方向，智能物流技术装备是智慧物流的骨架。

智慧物流是将RFID、传感器、GPS、云计算等信息技术广泛应用于物流运输、仓储、包装、装卸搬运、流通加工、配送、信息服务等各个环节，实现物流系统的智能化、网络化、自动化、可视化、系统化。物联网技术是智慧物流的基础，互联网与移动互联网是智慧物流的中枢系统，大数据、云计算是智慧物流的大脑，物流互联

网的实体运作与应用通过各类智能物流设备来完成。

据估算，2020年智能物流行业市场规模将接近1400亿，年均增速超过20%，工厂自动化物流需求650亿，电商400亿，快递336亿。中国已进入"供给端"改革时期，投资必然会受到影响，或减少或推迟，但以下领域对智能物流的投资需求将持续增长：1) 工厂物流：智能制造尤其是锂电制造行业。工业4.0的打造，离不开智能物流的发展。智能物流是工业4.0核心组成部分，智能物流仓储位于后端，是连接制造端和客户端的核心环节。2) 流通环节：食品饮料、商业连锁、电子商务。政府推动现代流通产业发展，内贸流通体系建设将引领产业的投资方向。

自动化技术快速进步，智能物流系统解决方案不断创新。1) 软件：智能物流的灵魂，软件开发关键是人才。2) 硬件：国产品牌与外资品牌技术上还有差距，但已经可以满足需求，价格和服务具备优势。3) 系统集成：靠项目经验积累。国内系统集成商正在通过不断实践而积累项目经验，京东"亚洲一号"就是代表。

资本往产业价值高地流动，从设备制造到系统集成到基于大数据的物流运营服务，最终实现供应链的整合将是行业发展的方向。国内部分领先的系统集成商已经开始创新物流运营服务，寻找新的利润增长点和更长期的发展空间：1) 基于智能物流 仓储大数据的仓储运营服务。2) 基于智能物流仓储大数据的物流金融服务。

竞争加剧，未来三年行业将进入整合期，看好由此带来的并购机会。1) 竞争加剧：行业外部大量的新进入者，行业内部系统集成商和设备制造商相互渗透，价格走低。2) 单个项目金额越来越大，对系统集成商资金压力加大。3) 企业对人才的争夺也在加剧，物流软件工程师成本大幅走高。在这种行业背景下，将产生众多横向与纵向整合的机会，市场份额将向优势企业集中。

什么样的企业能胜出？国外智能物流企业发展经验：以日本大

福为例，全球领先的物流系统解决方案提供商大福株式会社2014年收入2600亿日元（约150亿元人民币），利润900亿日元（约50亿元人民币），毛利率约20%，净利率约5%，当前市值约130亿元人民币，PE约20倍。公司成功经验值得借鉴：1）定位系统集成商，产品线完善；2）瞄准三个重点行业开拓市场；3）技术研发保证技术的领先性；4）利用资本平台，持续资本运作完善产品线。

给予智能物流装备行业"增持"评级。我们看好智能物流行业发展前景，战略定位清晰，项目经验丰富、资金实力强、人才储备足的企业将受益于行业发展。

（一）智能物流技术：提升效率、降低成本

我国物流成本占GDP的比重一直都居高不下，2014年为16.6%，是美国的2倍、日本的4倍。虽然近年来占比趋势有所下降，但与发达国家相比仍有很大差距。除了制造成本以外，管理效率低下、信息化程度低是造成国内物流成本偏高的主要原因。

智能物流系统可节约70%的土地成本，带来租金成本的大量降低。随着国家加强土地资源管理，土地资源日渐紧张，土地使用成本不断增加，企业需要充分利用有限空间，提高现有土地利用率。而自动化物流系统由于在仓储方面是采用向高处发展的方式，有较高的土地利用率和库存容积率，可减少企业的土地成本。

智能物流系统可降低80%左右的劳动成本，解决招工难和人工成本持续增长的问题。同样吨位货物存储时配备的仓储物流人员，自动化物流系统可以节约2/3以上；随着国内人口红利的逐渐消失，国内企业的人力成本持续增长，自动化物流系统可以减少人员需求，从而降低人工成本。

（二）智能物流系统在工作效率和准确率等方面具有巨大优势

1）提高仓储管理水平：采取计算机控制管理，各受控设备完全自动地完成顺序作业，使物料周转管理、作业周期缩短，仓库吞吐量相应提高，适应现代化生产的需要；2）贮存量小，占地面积小，物料互不堆压，存取互不干扰，保证了库存物料的质量；3）采用计算机对货品信息进行准确无误的信息管理，减少了在存储货物中可能会出现的差错，减少了货品的破损率。

（三）汽车之后，智能物流装备千亿市场需求来自哪里

中国进入"供给端"改革时期，落后产能淘汰，投资必然会受到影响，或减少或推迟。我们认为，智能制造尤其是锂电设备行业、食品饮料、以电商为代表的商贸零行业的投资将持续向好，对智能物流的需求将持续增加。

（四）汽车、医药、烟草——智能物流领先行业

我国智能物流仓储系统主要集中在烟草、医药和汽车等对自动化要求较高的行业，三个行业占总需求的1/3。烟草、医药和汽车的智能物流普及率分别达46%、42%和38%，远高于全国平均水平的20%。

（五）烟草、医药和汽车智能物流需求主要来自于生产环节，其原因在于：

1）以上行业生产自动化水平较高。自动化生产需要物料配送与自动化生产节奏相适应，以最大限度提高生产效率，传统的人工及机械物流难以长时间保持与自动化生产节奏相协调，影响生产效率，自动化物流系统使用计算机与电控技术管理。

2）库存管理难度大。例如，医药企业的批号、有效期管理严格、要求货物流向具有可追溯性；汽车企业的零件种类繁多、数量庞大，管理难度较大，使用人工管理较为困难。自动化物流系统通过使用信息管理系统和各种先进的电子识别技术，可以对各类物料实施精细化管理，动态反应库存情况和供配情况。

3）物料库存量大，物料输送较为频繁。该类企业使用平仓储存占地面积大，人工作业面分散，管理困难，且随着库区面积的增大，单位作业时间和作业路径明显增加。人工或机械搬运的能力、

效率较难满足出入库需求,自动化物流系统可以节约仓库占地面积、降低劳动强度,减少人力成本,提高作业效率。

4)物流输送准确性要求较高。如烟草、医药生产需严格按照配方要求按序输送物料,且不同配方之间物料外观的差异较小,人工识别难度大,自动化物流系统可以有效对配方进行管理,并通过使用各种先进的电子识别技术减少物流输送的差错。

(六)智能物流系统潜在市场空间超千亿

2001年—2013年,自动化物流系统市场规模从不足20亿元迅速增长至360亿元,复合增速达30%。智能仓储为系统为定制化产品,为非标产品,难以按照仓库的面积来测算投资额,而是根据工厂的工艺流程进行定制化的设计,这对于行业投资规模的测算带来了一定的难度。我们通过和行业调研,认为下面的匡算大致能够反映市场需求规模的体量,预计到2020年,行业总需求将超过1386亿元。

行业协会预测,2014年—2018年物流仓储自动化设备市场增速至少将维持在20%以上,到2018年市场规模将突破1000亿元。

根据中国物流技术协会信息中心的调研情况,未来几年的自动化仓储市场需求将每年有17%的增长。2014年我国自动化立体仓库的市场规模超过200亿元,预计2015年动化立体仓库的市场规模会超过320亿元。我国立体仓库面积大约有1.5亿平方米,自动化仓库2000多座,多层立体仓库却不到10座,发展前景广阔。

预计2018年仓储货架市场规模将超过110亿元。2014年我国仓储货架市场总值已经超过75亿元,预计未来几年的自动化仓储市场需求将保持每年8%左右的增长。

2015年AGV市场规模大约为5亿元人民币,较2014年增长20%。国产AGV机器人销量4280台,较2014年同比增长34%,其中AGV产品销售占比51%,AGC占比45%,激光叉车仅占4%的销量。2015年AGV市场新增需求主要来自汽车、3C、电商、烟草行业,其中汽车制造业仍然是最为主要的市场。

根据国际物联网贸易与应用促进协会(IIPA)的预测，未来几年国内RFID市场规模将保持30%左右的增长，2018年行业规模可能达到878亿元，假设在物流仓储行业的应用比例达到10%，2018年的物流行业对RFID的需求为88亿元。目前国内RFID主要应用于金融支付以及身份识别领域，物流与仓储应用比例不高，2013年物流与仓储方面的应用比例仅占RFID整体市场规模的6.4%，但是RFID应用将成为未来的最大增长来源。

（七）**自动化技术快速进步，智能物流系统解决方案不断创新**

自动化物流系统通常由自动化仓库系统、自动化搬运与输送系统、自动化分拣与拣选系统及其电气控制和信息管理系统等部分组成。

自动化仓库系统：货架、堆垛机以及密集存储的自动子母车等自动化存储设备。

自动化搬运与输送系统：各式输送机、无人搬运小车、轨道穿梭车、机器人等自动搬运设备。

自动化分拣与拣选系统：各类自动化分拣设备、手持终端拣选和电子标签拣选等。

信息管理系统：物流管理软件、仓库管理软件、仓库控制软件、智能分拣和拣选软件等。

（八）**系统集成：项目经验靠积累**

系统集成除了软硬件的实力之外，项目经验也至关重要，而项目工程师就是系统成功与否的关键。国内需要在持续的项目开发中积累项目经验。京东的"亚洲一号"是国内领先的项目集成案例，其经验值得借鉴。

京东"亚洲一号"现代化物流中心位于嘉定工业区的京东"亚洲一号"现代化物流中心（一期），已在2014年6月完成设备安装调试，开始运营。该物流中心共分两期，规划的建筑面积为20万平方米，（一期）总面积约为10万平方米。存放各类商品为：3C、瓶装饮用水、尿不湿等等。

订单处理能力亚洲第一，全球前三。实现了50万种SKU（库存量单位）的管理能力，以及20万的日订单处理能力，分拣处理能力达16000件/小时，分拣准确率高达99.99%，解决了原先人工分拣效率差、准确率低、破损严重等问题，可以为瞬时大流量包裹分拣、配送时效及客户满意度保驾护航。

90%操作实现自动化，零出错率，大大提升了准确度。在硬件方面，上海"亚洲一号"拥有自动化立体仓库（AS/RS）、自动分拣机等先进设备；在软件方面，仓库管理、控制、分拣和配送信息系统等均由京东公司开发并拥有自主知识产权，整个系统均由京东公司总集成，目前90%以上操作已实现自动化。"亚洲一号"的出货分拣区采用了自动化的输送系统和代表目前全球最高水平的分拣系统：堆垛机（欧洲进口）：实现托盘货物的自动存货、取货和补货，运行速度达180米/分钟；自动入库运输机：实现托盘货物的自动出、入库；立体仓库拣货区：实现自动补货，拣选货物后自动输送；交叉皮带自动分拣机（欧洲进口）：自动供包。

收费模式更为合理，降低企业成本。"亚洲一号"对第三方租赁，收费模式不是像传统仓库按照仓储面积和天数收取租金，而是按照实际订单完成数量进行收费，拣选得越多，收费越高。以来伊份为例，此前租用传统仓库时租金大概每月为1500元，人工成本3000元，算下来的每单成本大约是1.5元到2元，如果碰上促销时增加的人工等成本，整体平摊下来大约每单为3元，而在"亚洲一号"仓库，每单的收费不仅优于传统仓储模式，订单和库存差错率比传统仓储也大为下降。

（九）基于大数据的物流运营服务

资本往产业价值高地流动，从设备制造到系统集成到基于大数据的物流运营服务，最终实现供应链的整合将是行业发展的方向。除了提供自动化物流技术和设备外，国内部分领先企业已经开始创新物流运营服务，寻找新的利润增长点：1）基于智能物流仓储系统的仓储运营服务；2）提供基于大数据的物流金融服务。

智能物流产业价值链

仓储服务盈利模式展望

二、电商的需求：低价、低价、低价！

2015年智能物流系统集成价格在走低。近年电商对智能物流仓储系统的需求大幅增长，且订单金额相对较大，议价能力强，部分新进入者为了拿到单，宁可通过低价的手段，扰乱了市场价格秩序。同时，单个项目的订单金额越来越大，在行业付款条件多为3331的情况下，对系统集成商造成了一定的资金压力。

从很多成熟行业的发展历程来看，低价竞争在市场上通常只是扮演着"搅局"的角色，将加快市场的整合与出清。在对抗性竞争中，高价经常被低价搅得心烦意乱甚至是胆战心惊，但低价最终总是难敌高价，甚至在高价面前一败涂地。行业在转型过程中，低价竞争可能会使得智能物流行业面临阵痛，但有实力的企业终究将通过不断的产品创新和服务来获得市场，赢得效益，最后成为市场的整合者。

三、人才争夺加剧，物流软件工程师成本大幅走高

智能物流系统集成行业企业的竞争，其实就是人才的竞争。目前智能物流行业最需要的人才有机器人操作软件设计工程师、安装调试维护工程师、售后技术支持工程师三类。他们不仅需要具备一

定的编程能力、软硬件平台开发能力，还要具备技术创新的能力和团队协作的能力，同时必须成为了解企业生产流程的工艺专家。

一方面，具备以上能力的工程师在国内比较稀缺，另一方面随着我国人力资本的不断上涨，欧洲日本货币大幅贬值，中国工程师的成本优势已大幅下降。麦肯锡调查报告显示，到 2020 年中国将需要 1.42 亿高技能人才，若劳动者的技能不提升，中国将面临 2400 万的人才缺口。

制造企业迈入 4.0 时代后，通过人、设备、与产品的实时联通与有效沟通，应构建起一个高度灵活的个性化和数字化的智能制造模式。人在智能制造过程中的角色将由服务者、操作者转变为规划者、协调者、评估者、决策者，不仅需要专业技术人员承担起智能设备的设计、安装、改装、保养工作，还需要对相关信息物理系统、新型网络组件进行维护。随着人在生产制造中的角色和作用发生改变，智能制造对员工专业水平的要求也越来越高; 更加注重技术专业性，熟练工种逐渐减少，能动性岗位越来越多。为了更好地引进智能设备提高生产效率，企业需要储备并培养更多数据科学、软件开发、硬件工程、测试、运营及营销等方面的高技能人才和管理人才。

四、企业物流管理相关介绍及面临的瓶颈与解决策略

时代的演进在无形中改变了很多因素，对于企业来说，交通因素、市场因素的影响程度逐渐加深，在多种因素的综合影响下，诞生了一种新的流程式工作——企业物流管理。企业物流管理为企业的正常发展解决了很多管理性上的难题，对企业的发展产生了重要促进作用，甚至将企业物流管理置于企业整体管理水平高低的决定性因素上也不为过。一个企业的物流管理水平得到提高，能为企业的管理解决后顾之忧，从一定程度上提高企业发展的整体实力和市

场竞争力。但随着物流管理在企业运作中地位的逐渐提升，关于企业物流管理的问题也开始层出不穷。

企业的发展需要各部门的分工协作，形成一个完整流畅的工作链条。企业的物流管理正是综合了多个生产环节，将工作流程加以连接、形成正规化、有序化的管理方式，企业的物流运转活动本身并不创造价值，真正产生价值的是它在整个流转过程中因为了节省时间、财力等投入形成价值差所创造的市场竞争力，因而是生产活动中必不可少的部分环节。

企业创建发展的最终目的是实现利益的最大化，将产品生产出来只是完成了最为基本的一个环节，如果只停留在产品生产完成的阶段层面，就等于将资金、人力投入转化成了实质化的物品，并没有获得相应的报酬，而物流管理环节就是能够将产品利益化的方式。在企业物流管理的众多活动中，最为重要的是物流的生产和供应，对此就需要企业协调好各项物流活动，实现企业发展的协调化。

（一）企业物流管理相关的基础性内容

现代企业将物流置于企业发展的关键位置，物流管理过程中企业的原料进购、原料产品的条件化存储、产品配送、原料产品的交通运输都能实现统一化、系统化。在企业物流管理的整个过程中，要实现原料产品的存储和运输安全化，保证各个管理活动环环相扣，充分利用每一个活动中突出的影响因素，实现管理的高效化，并将损失降到最低。

企业物流管理需要实现各类物资的最大价值化，物尽其用，面对不同的情况要灵活应对，有效调剂、准确分配。只有在提高利用率的前提下，才能使利润收入提高。企业的物流运转是层层分配的，也就是说在这个过程中时间是重要构成部分，物流管理中的每一个活动都在效率上有所提高，整体的运作时间就会减少，也就在一定程度上加快了资金的流转速度，为企业提供充足的周转资金以应对随时可能发生的资金经营问题。在存储中，物资的存储也需要资金的投入，这就需要对物资进行快速的处理，减少物资的存储占用时间，降低成品的投入。在物资运输活动中，要秉承就近采购的理念，尽量减少物资的中间流转环节，提高单位产品的利益收入。

（二）企业物流管理具体面临的瓶颈

（1）相关工作人员的素质问题较为严重

近年来，国家对中小企业的发展采取鼓励、引导的态度，极大地催生了一批具有发展潜力的中小企业。这些中小企业具有蓬勃的发展潜力，但因为资金、经验不足，在物流管理方面起步相对较晚，在将物流管理纳入企业发展的重点之后又因为专业性的负责管理工作人员较少而无法形成规模化的物流管理。物流管理不是简单的工作分工，在少数物流管理优秀的大企业中最大的优势就是具有专业管理经验的人才众多，知识理论基础雄厚，开展起工作来就能在较短的时间内掌握工作的要领，节省了工作人员对业务的熟悉时间，工作人员职业素质水平高在工作中得到充分的体现，在职业惯性形成之后其职业敏感度会提高，有助于发现物流管理工作中的缺陷，提出创新解决措施。但中小企业的数量在我国企业数量中占绝大多数，也就是说在普遍企业中工作人员的素质不会太高，这也就限制了我国物流管理水平的提高，同时可能因为工作经验不足而增加企业经营的风险。

（2）企业物流管理中的物流设备不成熟

物流管理离不开相关的物流设备，物流设备的不成熟主要体现在现代化水平较低上，以下从三个角度加以分析。第一点，企业物流管理的现代化设施较少，还处于主要依靠人力的阶段，没有真正达到一个现代化企业应有的机械化水平。第二点，物流管理过程中的信息多是没有价值的，真正有价值的信息没有得到很好的利用，导致信息资源浪费，计算机对信息的采集没有针对性，过于分散化、繁杂化。第三点，企业物流管理所使用的管理软件没有得到最多大程度的开发，其灵活性较差，没有进一步提升价值的空间，与集成化管理仍有很大差距。

（3）企业物流管理的体系不完整

物流管理体系不完整的现象主要体现在中小企业中。在物流管理体系中较为典型的就是成本控制、物资供给等。一个公司的企业发展涉及到众多方面，物流只是众多经济收入中的一个方面，因而在很多企业中常见的现象就是无法专门计算出物流的收入与支出，也就无法对物流的发展成本做出相应的调整，使得企业要在物流这个领域内提高经济收入不能够从降低成本着手。企业在物流管理中没有形成完整的产业链，从生产到产品的最终配送形成局部空白，衔接不紧密，使物流运转的效率处于低水平层次。

（三）**解决企业物流管理瓶颈的措施**

（1）提高管理人员素质水平，加强培训

要想提高企业物流管理人员的素质主要有两个途径。

第一个途径，要从招聘着手，在招聘管理人员时，要提高工作素质要求，应具有相关的职业理论知识，熟悉相关工作流程，最好能做到刚开始工作就能够熟练的程度，对于有工作经验的应聘者可优先录取。

第二个途径，就是在公司企业内部进行的工作培训，对于公司中原有的一些专业理论知识不熟悉，但工作经验丰富、工作能力强的员工可以实行定期的专业化培训，使其在培训中获得知识理论水平，在实际工作中得到能力的提高，使工作人员的整体能力得到强化。

（2）对物流设备进行现代化处理

物流设备的近代化水平不高，要采取措施提高物流设备的现代化水准，可以投入资金，增加公司企业中物流设备的数量，提高企业物流管理的机械化水平。还要对信息分类汇总，有针对性地收集信息，使信息集中化、简洁化。要进一步开发企业物流管理的软件，提高软件使用的灵活性，赋予软件更大的价值。

(3) 完善物流管理体系

物流管理体系在成本控制方面要逐渐趋于明朗化，制定专门的物流收入支出账册，利用计算机对数据信息进行整理，使企业对物流成本的投入充分进行掌握，根据数据调整成本投入，降低成本支出，提高物流管理的经济收入。同时，要形成完整的产业链，使各个物流活动之间协调工作，衔接密切，提高管理效率。

企业物流管理是随着市场经济的发展而形成的新型管理运作方式，它所具有的企业发展价值使得企业对其重视程度日益加深，企业要想在市场竞争中留有一席之地就应紧跟市场发展的形势，企业物流管理也不能停滞不前，而应该根据企业自身发展的进度与承受能力，结合当前的市场经济情况，对物流管理的各个活动及时更新，引进先进的运转工作方式，实现物流管理的效率化和高水平化，真正提高企业在市场经济中的地位。

五、直销模式特征及其物流管理研究

随着我国市场经济的发展，先进的市场营销模式不断涌现，这些新的营销模式给广大消费者提供了便利，同时也为企业的物流管理提出了新课题。直销模式就是这样一种为我国法律所规范的领域。以下通过对直销模式基本特征的分析，探讨其对物流管理的客观要求，给出企业物流管理的建议。

(一) 直销模式及其基本特征分析

所谓直销，是指不经过中间环节而将产品直接面向消费者销售的营销模式。自人类的商业活动产生以来，直销方式就成为最为基本的销售方式。最为古老的物物交换方式就是以直销的面目体现的。

如果说原始状态的商业活动选择直销模式原因在于商业模式的欠缺和商业技术的不发达以及可交换的商品种类、数量的局限，那么现代通讯技术的发展则使直销这一最为古老的销售模式的外在形式越来越丰富多彩，电话、电视、网络视频展示下的ＢＴＣ等已经逐步成为常见的销售方式。直销模式作为现代企业所采用的最为基本的销售模式，具有以下基本特征：

（1）直销模式以自有产品、自有品牌为基础

直销必须以自有产品、自有品牌为基础，经销其他企业的产品、品牌就不能称之为直销了。从这一点来看，直销模式并非所有企业都能够采用，它对企业有一个最为基本的要求，那就是拥有被销售的产品、品牌的所有权，具有完整的在市场上进行推广的权利。例如安利产品，所有产品都是由其自有的科学家队伍研制、开发并通过自己的生产线生产出来的，形成了世界范围的统一品质的产品系列及品牌系列。这些优质的产品和享有盛誉的品牌是安利公司得以凭借直销模式来进行市场运作的前提基础。

（2）直销的业务人员较易成为产品的消费者

直销的业务人员是市场上唯一能够接触到产品、品牌的人，他们对于产品的性能、品质有着更为深入的了解与认知，只要直销的产品本身确实能够对人们的生活质量、生产条件加以改善，加之直销所特有的中间环节少的特点，能够给业务人员带来较为可观的价差，就会吸引业务人员成为企业最稳定的客户群体。

例如，玫琳凯化妆品就是凭借直销方式创造了惊人的销售业绩。玫琳凯的业务人员限定为女性，她们公司的使命也是以为女性创造更美好的生活为己任。业务人员自身的消费需要和产品本身的特质决定了大部分业务人员都会消费自己所销售的产品，一方面扩大了自己的销售额，另一方面也从消费成本角度大大降低了生活支出。于是，分布于世界各地的成千上万的美容顾问本身便构成了其基本

的消费群体。

（3）直销的产品具有利润水平高或者单价较高的特点

直销，需要建设并管理大量的业务人员，其间会发生大量销售费用。虽然通过直销减少了厂家产品到消费者之间的环节，增加了业务人员在直销过程中赚取收益的机会，但是如果直销产品利润水平低，或者卖价有限，企业每获得一定量的收益所付出的管理成本就会很高，相对来说，只有产品利润水平高或者卖价总额较高才值得厂家自己建设销售队伍。因此，直销产品必定是利润水平较高的产品或者是单次购买金额较高的产品，换言之，只有利润水平较高、单价较高的产品才适合运用直销模式。

（4）直销的企业具有较强的销售管理能力

采用直销模式的企业拥有大量业务人员，并且分布分散，业务人员的客户分布也很分散，从而给企业的人员管理、客户管理以及产品供应的物流管理带来不便，这对企业的相关管理模式、管理机制有着较强要求——一方面是对业务人员的业绩管理，一方面是对产品的管理。

（二）直销模式产品适应性分析及其对物流管理的客观要求

直销模式的基本内涵以及上述特征给企业所生产、经营的产品提出了特性限定以及物流管理上的要求。

（1）直销模式客观要求企业实施物流集中管理

在直销模式下，企业的业务人员十分分散，即使是面对特定的客户群体，业务人员之间也会有明确的分工，自己的客户自己负责。单一的独立的业务人员在满足个性化的客户需求时，不可能凭借独立的存贮能力来进行商品供应，同类产品、同类品牌必须要经过集中化的管理才能提高特定地区所存贮的产品总量与合理的产品结构，从而为实现分散的客户的各种要求提供保障。

虽然在直销模式下，客户的管理是通过分散的业务人员分别加以管理的，但是他们的需求的满足却只能通过统一而集中的物流管理来实现。

（2）直销模式客观要求企业的物流调配具有灵活性

在直销模式下，业务人员直接面向客户，分散的客户群体由众多有明确分工的业务人员提供服务。由于不同客户之间对于产品的需求的种类、数量以及时间限定方面的差异，统一集中管理的物流必须要拥有一定的灵活性，以保证能够及时满足不同客户的不同需求。

这种物流调配的灵活性主要体现在：随时可以进行配送、可以任意量的配送、可以根据需要在指定时间内配送产品到指定地点等。

直销模式客观要求企业能够灵活满足客户个性化的上述物流方面的需要，即对商品需要的供给量、供给时间、供给速度以及品种上的需要的保障，从客观上要求企业拥有较强的物流配送能力，能够提供适时、适量及适合品种的商品。

（三）直销模式客观需要企业拥有较强的原材料、物料的供应能力

现代生产，零库存是降低企业生产成本、提高管理效率的一个先进管理模式。在原材料、物料的库存为零，而又要满足灵活多样的客户需求的情况下，客观要求企业的相应的供应能力的加强。客户的需要无论是从数量上还是质量上，无论是原有品种的需要还是对新品种的要求上，都需要企业有足够的原材料、物料供应能力来保障生产的顺利进行，保障销售任务的完成、销售合同的如期履行。

直销模式客观要求企业对客户的需求能够充分理解，并能够给出恰当的产品供给物流方案来。在直销模式下，企业与客户之间的关系更为紧密，有机会了解到客户较对于产品的需求更为深层次的需要和要求，对客户所在行业也能够获取更为深刻的认知，双方在交易过程中也更容易获得相互之间的信任。因此，企业能够基于上述对客户以及其所在行业的理解在提供其所需要的产品的同时,提出可行的较为合理的物流方案以及其他相关方案。

对于任何企业来说,物流管理都是一个重要管理环节,进货渠道关乎进货的时间、品种、数量等的满足程度,进货时机的把握、进货量的确认、进货品种的选取等都直接关系到企业的基本成本开支,关系到企业的利润水平。作为客户特别是大客户的产品供应者,企业的经营状态和水平制约着对方的物流管理状态,只有先进的供应商才能够在通常的简单货物供给基础上给出自己的关于物流管理的综合方案。

例如,沃尔玛、家乐福等大型国际卖场都与国际著名厂商有着直接的进货关系,以及国际化订货、国际化结算、国际化的物流管理。相应地,他们的供应商在物流管理、配送等方面必须与这些大卖场的经营需要接轨,有足够的管理能力和方法来保证大卖场的需要。

六、对我国直销企业的物流管理的几点建议

基于直销的基本内涵、特征以及这种特征对其物流管理的客观要求,针对我国直销型企业的基本现状,必须从以下几个方面来着手加强管理、提升经营水平:

(1) 充分认识协同配送的重要性,确立稳定的与第三方物流的协作关系。由于直销型企业客户分散的特点,完全凭借自身的物流管理是无法解决对客户的供应需要的,需要第三方物流加入,协同进行产品的配送,这需要一个较为稳定的合作关系。有效的协同配送能够很好地降低企业的物流管理与运作成本,能够最快捷地满足消费者对商品的需求,加大企业经营利润的空间与机会。

(2) 运用第三方物流的模式,提升企业物流管理水平,降低物流管理成本。物流运作和管理客观上需要大量的资金及设备,第

三方物流凭借其专业化的管理和批量作业的成本优势，能够有效降低社会整体的交易成本，为扩大社会再生产提供基础，同时也为所服务的企业降低成本，提升管理水平。

直销企业的经营特点导致了其客户的分散和需求的零星，单纯依靠自身的物流管理已无法灵活满足各种灵活的需要，只有凭借第三方物流的力量才能够有效提高满足客户需要的能力，在不增加企业经营成本的情况下提高企业的服务水平与经营能力。

（3）加强对业务人员的培训，提升对客户的需求理解能力。直销企业的业务人员直接面对大客户，其业务能力水平不仅仅直接影响到销售业绩，而且直接关系到对客户的管理，对客户需求的了解和理解能力直接关系到企业未来与客户之间的合作关系，关系到企业的服务水平。因此，加强对业务人员的培训，增强其对客户所在行业的了解。对客户经营状况的认知，是有效提升企业销售业绩并保持客户忠诚度的重要手段。

（4）建立专家队伍，提升企业对客户的引导能力和方案制作水平。对于市场的认知能力是制约企业发展的重要因素，对市场的认知、基本理念决定着企业基本的经营方向与方式方法，一个优秀的作战方案的诞生取决于团队的整体文化资源以及相关能力，因此一个专家队伍的打造格外重要和有意义。

直销型企业的业务人员直接面向消费者，在与客户的沟通过程中，业务人员的素质不仅仅关系到每笔业务的成败，同时也关系到客户本身对相关知识、产品的认知及态度，业务人员的品质和素养关系到客户对产品的理解与对产品的有效应用，进而也会影响到直销型企业自身的长远发展。因此，必须要打造一个高效的专家型销售队伍。

（5）加强供应链管理和建设，提升整体物流管理水平和商品供应能力。供应链决定了企业的物料配给能力和商品输送能力，是现代企业竞争力的重要制约因素，通过对供应链系统的打造与管理建设，能够有助于提升整体的企业管理水平，提高抗市场风险能力。

直销型企业自身品牌的生产与经营需要供应链的配合，自身产品的销售同样也需要供应链系统的支持，这种从供应到销售的物流上的支持也就更为重要了。

直销模式对企业物流管理具有较高要求，客观上要求企业在专家建设、员工培训、供应链管理和维护以及第三方物流的应用方面提升能力，拓展可利用的资源，进而提高企业的整体市场竞争能力及服务水平。

参考资料：

[1]《物流大数据：2015年中国物流业总收入7.6万亿》，中国投资咨询网，2016.06.03。

[2]《看好系统集成及物流服务市场机会》，华泰证券研究，2016.01.11。

[3] 王志佳，《企业物流管理面临的瓶颈及解决策略》，中小企业管理与科技 2015.04.17。

[4] 徐丽娟，《直销模式特征及其物流管理研究》，物流文献，2016.09.25。

5.4
支付对直销的促进研究

摘　要：中国已经成为全世界第二大直销市场，中国直销企业在发展过程中不断的创新将直接影响全球直销市场的发展，随应互联网+的战略布局的主流，第三方支付与直销企业的深度合作将会是大势所趋。

关键词：支付　支付　市场　银行　网上支付　手机支付

一、2017年第三方支付行业相关分析

小额移动消费习惯逐渐养成，第三方移动支付呈爆发态势。受移动支付场景逐渐丰富、用户渗透率提升、微信和支付宝开始收提现手续费等综合因素影响，移动支付交易量加速放大。根据支付清算协会的统计，2015年中国第三方移动支付交易规模达到22万亿元，同比增长了167%。

第三方支付是伴随着电子商务而产生的一种金融业态，其极大改善了电子商务支付环节的便利性和安全性，是支撑整个产品体系和交易体系的重要通道。自2008年起我国电商行业迅猛发展，第三方支付行业也随之取得了快速发展，交易额连续3年增长率超过100%。2011年，央行发放首批支付牌照，第三方支付自此获得合法地位。自2013年以来，通过余额宝投资、春节抢红包、打车等众多

消费场景深刻影响了人们的互联网支付行为，第三方支付行业嵌入到更多生活场景，人们越来越习惯于这种支付方式。

据2017年—2022年中国第三方支付行业细分市场研究及重点企业深度调查分析报告统计预测，2016年互联网支付用户规模约为4.9亿人，同比增长16.7%，移动支付用户规模约为4.4亿人，同比增长22.2%，互联网支付交易规模为41.7万亿元，同比增长42.3%，2017年互联网支付用户将达5.3亿人，移动支付用户规模将达4.9亿人。总体来看，互联网支付用户规模和交易金额均将保持继续增长态势。

基于银行卡交易规模持续扩大和第三方银行卡收单交易额在整体银行卡交易额中的占比上升，同时考虑联网商户数增速略有下降导致第三方银行卡收单交易额增速有所放缓等多方面因素，我们认为第三方银行卡收单在2017年内仍将维持一个较高增长，预计交易额在2017年有望达到29万亿。根据银联的数据显示，2015年银联POS交易总额约37.7万亿，其中银行收单部分23.3万亿，同比下降9.1%，第三方收单部分14.4万亿，同比增长73.4%；综合央行和银联的数据，第三方银行卡收单交易额占第三方支付整体交易额的比例由2013年的46%下降到2016E的25%。2016年上半年银行收单部分10.6万亿，进一步萎缩，释放出的市场被第三方收单和移动支付所抢占。2016年上半年第三方收单部分达9.9万亿，同比增幅为58.9%，全年占比为52%。根据以上数据预计2017年第三方银行卡收单交易额为29万亿，2020年有望达到45万亿。

二、2017年第三方支付产业布局分析

目前国内支付行业主要有两类企业，一类是以支付宝为首的互联网型支付企业，以在线支付为主，捆绑大型电子商务网站；另一类则是金融型支付企业，侧重于行业需求和开拓行业应用，比如易

宝支付、快钱、汇付天下，目前在航空、保险、教育以及数字娱乐等产业链支付领域大有斩获，并开始进军基金等更多传统产业领域。以下对2017年的第三方支付产业布局进行一下分析。

（一）行业并购整合加速

从国内第三方支付巨头纷纷取消提现手续费免费可以看出，目前支付行业普遍处于银行渠道成本过高，而第三方支付渠道普遍处于烧钱状态。

2017-2022年中国第三方支付项目行业市场深度调研及投资战略研究分析报告表明，第三方支付的监管层面开始趋严，传统的收单业务也遭遇严厉整顿。从近期央行的两次续展情况来看，首批获得第三方支付许可证的27家非金融机构已全部通过续展。而自2011年5月以来，央行先后发出8批共270张支付牌照，但有三家机构因严重违规被注销支付牌照（其中，浙江易士、广东益民和上海畅购因违规被注销，现存267张），因此，市场上还有267张有效牌照。与此同时，自2016年以来，被央行开过罚单的第三方支付机构已有18家，包括易宝支付、通联支付等都因违规受到过严厉处罚。据央行抽样数据表明：在第三方支付机构中，交易额超过1万亿元的有2家，其中盈利的2家；交易额在1000亿至1万亿元的有14家，其中盈利的13家；而交易额在100亿元以下的有165家，其中盈利的仅51家。也就是说，交易额规模越小的支付机构，盈利的可能性越低。

监管层也意识到，支付牌照目前并未合理、充分利用，由此引导行业逐渐通过合并、注销、整改等举措优化持牌企业的格局，且短期内将不再增发新牌照。

第三方支付企业宝付的相关人士在接受记者采访时表示，从第三方支付牌照续展的情况来看，监管趋向更为严格。对于第三方支付机构而言，其合规及风控方面的自我要求会越来越高；同时，央行对第三方支付的管理会更细节化；中小型支付公司或者说依靠不合规成长起来的支付公司，其生存空间会越来越小，可能最后市场上只会剩下几十家大型支付公司。对于未来的行业结构，该人士认为，并购整合将是未来一定时期的主要趋势，"因为小的支付公司肯定越来越难生存，而大型支付公司的竞争也会相对比较扁平化。"

由于目前第三方支付行业呈现出了两极分化的格局，小型支付机构生存艰难，也引得更多抢食者入局。一些互联网巨头因自身电子商务业务的需要，大力布局支付领域，以支付入口引入流量。比如，小米科技、恒大、唯品会、美的等企业斥巨资收购（或参股）第三方支付持牌企业，造成了支付牌照水涨船高的局面。

不久前，全国中小企业股份转让系统发布《全国中小企业股份转让系统公开转让说明书信息披露指引（试行）》，公布了针对证券公司、私募基金管理机构、期货公司、保险公司及保险中介、商业银行及非银行支付机构《公开转让说明书》信息的最新披露要求。这被业内人士看作是为第三方支付机构登陆新三板提供更明确的标准，进一步扫清挂牌障碍。政策的开放会带来第三方支付企业挂牌新三板的热潮，第三方支付企业的股权流动性将大大增加，价格也将更为透明、合理。

（二）细分航空购票市场

其实，第三方支付企业早已布局国内航空订票业务。支付宝目前已经与11家航空公司展开合作，不仅可以支持航空商户机票直销，支付宝的普通用户也可以通过淘宝等网站订购机票。腾讯旗下财付通也已全面介入国航、南航、东航三大航空公司。而根据PayPal与三家国内航空公司的合作协议，三家航空公司已在其网站上开通了PayPal支付。从支付宝、财付通、易宝支付等电子支付平台了解到的情况来看，各企业纷纷针对航空旅游行业推出一整套支付解决方案，对各大航空公司及机票代理人提供了一揽子支付服务。

自 2007 年中国民航实现了 100% 电子客票以来，极大地推动了机票电子商务的发展。而电子客票所具有的方便、快捷、低成本等优势，进一步助推了机票在线订购市场的高速发展态势。近年来，越来越多的人已经逐渐告别传统机票电话预订的送票时代，而采用网上购票、在线支付的全新购票方式。

购票方式的变化推动了电子支付广泛应用于航空在线订票业，并使得航空公司、机票代理商、电子商务网站以及消费者等获得了更多便利，不仅大大降低了营运成本，也实现了航空业上下游产业链的多方共赢局面。对于第三方支付企业而言，与各大航空公司合作不但可以帮助航空产业全面电子化转型，同样也可以相互借力，从而扩大自己在行业中的市场占有率与品牌影响力。对航空公司而言，第三方支付提供票款实时到账的服务，承担航空公司的票款风险管控，加快了 B2B 分销，同时还加速了资金的回流，把航空公司的应付账款周期压到最短，使其拓展票代业务时没有顾虑。

（三）拓展基金市场

近期，国内 12 家基金公司集体上线于汇付天下平台，开通了第三方支付渠道。截至目前，已有 23 家基金公司的产品可通过第三方支付平台购买。目前通过第三方支付购买基金的客户数已经超过 5 万，交易量过 3 亿元。随着基金第三方支付的发展，其增量有望突破百亿元。第三方支付模式，正成为基金网上销售支付结算领域的新生力量。

尽管目前还未有人民银行和证监会等监管部门发放的牌照，包括支付宝、财付通、中国银联等多家第三方支付企业正扎堆探路基金直销网上支付业务。有的支付企业将公司的支付账户关联了多家基金公司，在获得基金网上销售结算资格之前，"关联"的操作模式是将该支付企业的客户转到基金公司网站，通过银行卡在基金公司网站上购买。

业内分析人士表示，有了第三方支付机构的加入，与原先由银行垄断基金销售渠道相比，基金公司手中从此多了一个与银行就销售费用讨价还价的筹码。这样也更有利于基金销售公平竞争，同时对基金投资者也是好事。目前通过汇付天下购买包括汇添富、富国、华泰百瑞等在内的23家基金公司的基金产品，均可以享受到4折申购费率的优惠。

据基金业人士透露，我国基金销售有直销和代销两种渠道，现在国内基金行业管理资产规模近3万亿元，银行代销渠道占了约九成，而直销的比例却只有10%左右，其中网上电子商务比例则只有5%。第三方支付企业与基金公司直销渠道的联合，有望改变未来基金销售蛋糕的划分比例。基金第三方支付前景广阔。

（四）挖掘保险业务

业内人士指出，车险作为财险中的一个重要产品，占财险市场份额的70%，且每年以20%至30%的速度增长，易宝支付"理赔通"通过对车险理赔平台资金流、信息流及资料流的梳理，将4S店、车主和保险公司整合进一个平台之内，这样不仅使车主、4S店、保险公司获得了信息资源的即时共享、加速了信息的透明化，同时也大大提高了车险理赔的效率，并有效降低了欺诈骗保事件的发生。

第三方支付伴随着电子商务的兴起而高速发展，但目前电子商务的支付仍只是支付领域很小的一部分。传统行业的电子化无疑是推动第三方支付未来发展的巨大力量，随着国内越来越多的传统企业开始电子化进程，第三方支付已成为其不可或缺的应用。如今，第三方支付正在层层深入，其产品优势和服务质量正在得到越来越广泛的认可。可以看出，第三方支付将迎来前所未有的发展时期。

三、第三方支付行业支付特点分析

第三方支付采用支付结算方式。按支付程序分类，结算方式可分为一步支付方式和分步支付方式，前者包括现金结算、票据结算

(如支票、本票、银行汇票、承兑汇票)、汇转结算(如电汇、网上支付)，后者包括信用证结算、保函结算、第三方支付结算。具体有哪些特点呢？请详见下文2016第三方支付行业支付特点分析：

第一，第三方支付平台提供一系列的应用接口程序，将多种银行卡支付方式整合到一个界面上，负责交易结算中与银行的对接，使网上购物更加快捷、便利。消费者及商家不需要在不同的银行开设不同的账户，可以帮助消费者降低网上购物的成本，帮助商家降低运营成本；同时，还可以帮助银行节省网关开发费用，并为银行带来一定的潜在利润。

第二，较之SSL、SET等支付协议，利用第三方支付平台进行支付操作更加简单而易于接受。SSL是应用比较广泛的安全协议，在SSL中只需要验证商家的身份。SET协议是发展的基于信用卡支付系统的比较成熟的技术。但在SET中，各方的身份都需要通过CA进行认证，程序复杂，手续繁多，速度慢且实现成本高。而有了第三方支付平台后，商户和客户之间的交涉由第三方来完成，使网上交易变得更加简单。

第三，第三方支付平台本身依附于大型的门户网站，且以与其合作的银行的信用作为信用依托，因此第三方支付平台能够较好地突破网上交易中的信用问题，有利于推动电子商务的快速发展。

在通过第三方平台的交易中，买方选购了商品后，使用第三方平台提供的账户进行货款支付，由对方通知卖家货款到达、进行发货；买方检验物品后，就可以通知付款给卖家了。第三方支付平台的出现，从理论上讲，彻底杜绝了电子交易中的欺诈行为，这也是由它的这些特点所决定的。

四、第三方支付漏洞频发原因分析：安全意识薄弱

国内第三方安全平台监测显示，在几大互联网金融领域中，

第三方支付的安全值最低。2016年4月,央行发布了《非银行支付机构分类评级管理办法》,系统安全被列为基本评价指标,占比达15%,为第三大考量因素。

第三方支付平台漏洞类型普遍,主要表现在中间件漏洞导致风险、网站设计逻辑问题及诈骗。安全意识的薄弱,是支付平台漏洞频发的根本原因之一。

第三方支付平台用于开发网站常见的通用组件有Struts2、Weblogic、JBoss。中间件的漏洞爆发会导致大批"平台中枪",在第三方支付平台的安全隐患中此类事件较多见。

黑客利用Weblogic漏洞进入数据库比以往要容易很多。攻击者通过带有攻击代码的请求控制问题服务器,连接数据库,相当于控制了服务器的权限。

控制了服务器权限后,不难找到数据库并进入。白帽子的"漏洞报告"显示,该平台核心数据有上亿条,涉及到用户手机、身份证、验证码等。甚至还可以看到后台账户中的余额,并在服务器上修改任意用户密码、登录即可进行充值、提现等。如果漏洞被黑客利用,将影响到平台的信誉,造成不可估量的财物损失。"查看"过程是需要时间的,如果后台有人及时发现并干预,黑客就会无法操作。

通用组件漏洞修复要对系统升级,可能会使系统短暂中断。由于支付稳定性比安全性更重要,有开发者往往会选择加一道防火墙,但这并不是根本的解决办法。

官方已发布安全更新的漏洞,修复起来相对较简单。此类中间件使用普遍,最重要的是,运维应该了解网站的中间件,并随时关注、及时修补。

平台在设计网站时,也存在着逻辑漏洞。攻击者可先进行充值,在银行跳往支付过程中截取信息,修改网址中的订单号,就可进入任意商家的订单页面。

漏洞原因是订单编号设计过于简单,任何人都可通过穷举的方式查看他人的订单页面。

除了上述两种最常见的漏洞以外,也有信息保存不善而导致的漏洞。如员工在公司使用的密码与其他一致,或较常见,黑客通过"撞库"登录,进而可控制服务器。

一个业内著名的案例是,某员工将公司网站代码储存到某第三方平台,被发现后大面积曝光,导致公司存在着严重的信息泄露风险。

有人提出,基于银行的三道防线,即业务部门、风险管理、审计部门,而支付平台应增加第四道防线,即安全部门。

由于国内安全领域没有出现过非常严重的漏洞事件,所以很多公司对安全并不重视,不是每个公司都有安全团队。安全意识的薄弱,是支付平台漏洞频发的根本原因之一。

在首批支付牌照即将到期之时,央行将系统安全作为了评价标准之一。在下一批牌照下发之前,或许给各支付公司敲响了警钟,支付安全也必须成为各平台关注的下一个修复重点。

五、第三方支付平台以定制化的解决方案,助推直销企业飞速发展

环迅支付是中国独立领先的第三方支付企业,潜心 16 年专注服务于企业客户。从 2009 年开始为权健、如新、太阳神、康美、绿之韵等直销行业客户提供定制化的资金收付与清结算解决方案,轻松应对直销企业的多元化产业链的资金管理与收、付繁复流程,实现直销企业资金信息一体化协同管理。

会员充值报单功能:多样的充值应用工具,可以满足直销企业线下销售终端、线上订货平台、会务营销等充值场景需求,应对直销企业庞大的会员数量和循环往复的报单叠加的情况。以线上线下一体化、前后端管理统一化为特点,使会员订单填写及充值打款一

气呵成，可高效解决直销企业财务对账人工、资金归集缓慢等问题。

资金管理与返佣功能：通过开放式 API 接口与直销企业会员管理系统、返佣系统无缝对接，一一对应多层级的会员结构、辐射状的销售网络，按照直销企业既定的直销制度市场、排列模式和会员实际交易流水向会员进行分红返润。环迅支付可为直销企业提供了单点单次分红返点、会员提清现余、多批次分红返点三种会员分红模式，以满足直销企业多样化的返佣需求。

全方位金融管理功能：带有支付信息的资金流，记录了支付的数据、企业信息。环迅支付会评估会员制企业及直销链条上下游的经销商信用和经营状况变化，分析出优质商户来，为其提供完善的金融服务，包括融资授信凭证及投资理财服务。

中国已经成为全世界第二大直销市场，中国直销企业在发展过程中不断的创新将直接影响全球直销市场的发展，随着应互联网 + 的战略布局成为主流，第三方支付与直销企业的深度合作将会是大势所趋。据悉，环迅支付将持续帮助更多直销企业朝着稳定、安全、高效的方向打造基于互联网创新的直销全产业的资金支付与资金清结算应用。

参考资料：

[1]《中国支付行业市场现状及发展趋势预测》，中国产业信息，2016.08.18。

[2]《中国第三方支付行业研究分析报告》，中国市场调研在线。

[3]《2017 年第三方支付产业布局分析》，报告大厅，2017.05.22。

5.5
其他产业对直销的促进研究

摘　要：会议产业的发展，可以拉动城市建设、完善城市功能，扩大影响、提高知名度，促进社会就业，传播信息、扩大交流等，经济和社会效益都十分明显。当今世界上对于国际会议举办权的竞争也日趋激烈，很多国家都形成了相应的会议产业，建有相应的会议旅行社、专业会展组织机构。

关键词：直销产业　会议产业　朝阳产业

一、会议产业的相关情况

　　会议是人类的基本社会活动，历史悠久、种类繁多，但并不是所有会议都可以进行产业化操作的。当前的会议大致可以分为四类：一是单位内部会议，二是单位对外的信息发布、产品展示会，三是以热点话题为主题的各类研讨会、报告会，四是带有培训性质的研修会、培训班。只有后三类会议才可以进行产业化操作。

　　会议产业是一种以规模化、集中化、现代化的手段运作会议及相关活动的行业，属于朝阳产业，也属于第三产业，是一种新兴的产业形式，是市场经济发展到一定阶段的产物。

　　会议产业以文化为其基本内涵，具有带动性。其不仅能够创造巨大的直接经济效益，还可以带动上下游的相关产业，是一个集交通宾馆、餐饮、购物、旅游文化交流、区域形象推介、商品交易与投资项目洽谈为一体的高效益、无污染的"产业链"。

(一)会议产业属于朝阳产业

市场经济使更多的个人和组织成为经营主体,如何推销自己及其产品商品与思想,并建立起广泛的商业关系来,已经成为十分紧迫的任务。营销的有效手段便是通过现代通讯技术与传播手段使人们之间的信息沟通变得十分便利,但仅靠通讯工具与传播手段并不能达到高效沟通的效果。

会议,作为面对面的双向沟通,通过某一主题吸引与之相关的各方参与其中,围绕主题共同探讨发展思路,交流经验和文化,传播信息、知识、观念,寻找投资项目或投资者,可以获得一般场合难以得到的收获。因此,会议产业会随着市场经济的发展而不断壮大。

(二)会议产业以文化为其基本内涵

会议产业就其本质而言,是一个传递信息的枢纽,起着上传下达、科技推广、交流信息等作用。它的参与者不是行政指派,而是来自于市场。其吸引人们参加的惟一原因是会议的主题符合自己的需要。因此,以产业形式操作的会议,必须要以重大的文化主题作为号召力,并邀请重要人物参加,使会议真正成为当前思想、信息、技术交流的前沿舞台。

(三)会议产业具有带动性

会议产业的发展,可以拉动城市建设、完善城市功能,扩大影响、提高知名度,促进社会就业,传播信息、扩大交流等,经济和社会效益都十分明显。一个国家举办国际会议的多少,象征着该国家经济、政治、文化、科技等诸多方面的雄厚实力。同样,召开国际会议的多少也是衡量一个城市是否符合国际大都市的标志之一。

因此,当今世界上对国际会议举办权的竞争也日趋激烈,很多国家都形成了相应的会议产业,建有相应的会议旅行社、专业会展组织机构。一些消费潜力较大的国际会议,很早就被一些国家"抢到手中",如日本与新加坡抢到的会议已经排到了七八年之后。

(四)组织会议的了解

(1)环节的时间分类

会议组织的环节根据会议规模的大小,存在着不同的划分方法。通常越大型的会议,其会议组织的各个环节越显繁多。但无论会议大小,我们都可以将会议召开的整体过程按照时间顺序分为三个时期——会前、会中和会后。

会前的会议准备工作主要是:①根据已经明确的会议目的,确定整体会议的策划方案;②根据会议策划方案进行一系列会议准备工作;③根据会议策划方案拟定整体会议的资金预算;④收集有关会议的各类信息,及时有效地对会议的策划方案进行调整。 会中的主要工作是:根据会议策划方案进行会议安排,协调会议组织各方的工作;全程跟踪会议的整体召开过程,及时有效地解决可能出现的突发问题。会后的主要工作是:结算整体会议的花费,其中包括与会者应缴纳的注册费、会议组织方承担的酒店住宿费用、交通费用、餐饮费用等等;总结并向与会者发送会议最终形成的文件和资料;比照会议策划方案及实际情况,比照资金预算和实际收支,进行经验教训方面的总结;等等。

(2)与会人的角色分类

根据身份识别与会人也是组织会议的很重要环节,在通常情况下,我们可以根据与会者在会议进行过程中的不同身份分为——

会议组织者:主要负责会议策划方案的拟定和实施,该角色一般由会议专业公司扮演,我国会议产业在此角色中存在着一定不足。

参会嘉宾:参加会议,作为发言人或行业代表性人物,如政府代表、行业领军人物等。

普通参会者:参加会议的一般人员,如行业内部人士、记者等。

会议服务者:服务于会议的各类服务组织、公司、机构,如饮食供应商、酒店、会议中心、交通供应商等。

二、全球相关会议产业的国际机构

在全球范围内，与会议产业相关的组织机构非常多，我们仅介绍数个比较知名的研究机构：

1.ICCA 国际大会及会议协会（International Congress and Convention Association），网址：http://www.iccaworld.com。目前世界上最知名的会议协会，创建于1963年，总部位于荷兰的阿姆斯特丹，在马来西亚、美国、匈牙利均有办事处，现拥有80个国家的800多名会员。我国内地现有ICCA会员不足20个，如北京国际会议中心、上海国际会议中心、国旅总社等。

2.UIA 国际协会联盟（Union of International association），网址：http://www.uia.be。创建于1907年，总部位于比利时的布鲁塞尔。我国无会员单位。

3.AIPC 国际会议中心协会（International Association of Congress Centers），网址：http://www.aipc.org。1958年成立于罗马，为非盈利组织，总部位于比利时的布鲁塞尔。国内仅北京国际会议中心为其成员。

4.IAPCO 国际专业会议组织者协会（International Association of Professional Congress Organisers），网址：http://www.iapco.org。创建于1968年，总部位于瑞士的苏黎世。我国仅香港有一家会议公司为其会员。

5.CIC 美国会议产业理事会（Convention Industry Council），网址：http:// www.conventionindustry.org。总部位于美国的阿拉斯加。

6.MPI 国际专业会议组织者联盟（Meeting Professional International），网址：http://www.mpiweb.com。总部位于美国德克

萨斯州的达拉斯。我国无会员单位。

除了上述协会以外,全球领先的会展和会议协会或国际组织还有国际展览联盟(UFI)、国际项目与展览协会(IAEE)、国际展览局(BIE)、国际会议观光局协会(IACVB)、奖励旅游及旅行经理人学会(SITE)、亚洲会议暨旅游局协会(AACVB)、欧洲会展旅游城市联盟(EFCT)等等。

业界通常会比较关注 ICCA 和 UIA 每年出具的报告,这两个组织每年都会根据自己的国际会议定义标准统计前一年的国际会议数据,从而发布相应的国家和城市的国际会议排名。其国际会议定义标准列示如下:

条件	UIA	ICCA
1	会期3天以上	主办单位只能是国际协会
2	国外参会者最低比例40%	至少50个参会者
3	参会者至少来自5个国家	必须定期召开(只开一次会的不列入数据)
4	同期有一个展览或至少300名参会者	必须在三个或三个以上的国家轮流举办

从上述标准可以看出,UIA 和 ICCA 的标准差异比较明显,而差别最大的部分是 ICCA 要求会议必须轮流举办,而 UIA 则允许于固定地点召开。比如,每年2月在瑞士达沃斯召开的"世界经济论坛",由于其召开地点不会变动,因此可以纳入到 UIA 的范围,但不能纳入 ICCA 的范围。

从纳入报告的国际会议数量来看,UIA 统计的 2007 年报告中共计有 10318 个会议，而 ICCA 统计的 2007 年报告中共计有 6681 个会议。可见，ICCA 的统计标准要明显严于 UIA。

三、会议对直销的重要性

直销会议，一直以来都被直销界公认为是最有效的展业工具。直销会议是至关重要的，成功的经销商都知道如何推荐会议门票和组织会议的重要性，直销会议是成功的捷径。

（一）直销会议提升团队的发展

当新人加入后，如果你不培训他们，他们就永远不能成长，更无法成为一个个领袖。有远见的公司都会有针对新员工的各种培训直销会议。传统的国企单位招收新员工，也是要先进行培训教育。网络直销公司也一样，新人进来之后，要先进行新员工培训，讲注意事项，避免新人由于没有培训而导致的挫折或失败。一个企业如果新人一进来就死伤一半，这样的企业是难以发展的。新员工培训直销会议有利于团队的健康发展。

（二）直销企业的会议多种多样

大致有事业说明会、产品说明会、业务培训会、旅游研讨会、业务交流会、庆典联欢会、家庭联欢会、核心领导会、表彰颁奖会等组织形式。

在直销市场工作中，会议工作的执行一直都是企业文化复制的一个重要环节。然而，在市场一线的具体工作中却出现了很多劳民伤财却又达不到效果的文山会海现象。通过对相关市场一线的实践工作者的了解及发现，其主要原因有几个方面，首先是组织者不能给会议确定一个中心思想（也就是说不知道每次会议要达到什么效果）。其次是不知道应该通过什么样的会议形式来突出会议的中心思想。第三就是没有通过良好的组织策划能力来实现会议的中心思想。

四、有效的会议营销操作模式

会务营销是以会场为销售阵地,在会议的过程中达成销售的一种营销模式。会务营销发展于上世纪 90 年代,其加速了会务营销在我国的实践推广,同时会务营销的理论也日益成熟。

市场恶性竞争导致传统销售渠道受阻,而与此同时,国际上顾客营销理念的导入形式却非常多,其主要包括科普营销、旅游营销、餐饮营销、答谢营销、公益营销、舞会营销等。其优势主要有以下几个方面——高亲和、低风险、现金流稳定、目标顾客明确。

会务营销成功的十大要素

(1) 信息与交流

会前各分部对相互之间的信息进行交流。应统一各分部的营销比例、服装、对外宣传口径、赠送物品、宣传资料和人员分工。顾客信息的收集。

(2) 资源的使用

主要分为员工资源的使用和顾客资源的使用。这两者之间最为重要的是顾客资源的使用。

1) 不能盲目邀请前期沟通不足的顾客,这样会造成顾客资源的严重浪费。

2) 不能超过既定的与会人员数字,超员的后果会使会议现场的局面失控;超员会造成与顾客的沟通不充分、不到位,这样会使成交率低下。由超员带来的现场混乱,会使到会的顾客产生负面效应(如参加过一次会议但没有购买产品的顾客很难在以后购买产品)。

(3) 会场的要求

1) 会场应尽量选择在当地知名度较高的场所。

2) 会场的容量关系到是否能够提供给顾客一个宽松、愉悦的购物环境。会场的地理位置,包括交通是否便利、环境是否雅致。

3) 配套设施是否完善、服务是否周到。会场的要求。

(4) 视听的效果

视听效果往往是现场调动起顾客注意力的有效手段之一，声势和气氛几乎都是靠视听效果烘托渲染的，能否在现场制造出沸点效应来也与之有着直接关系。

现场音响的控制必须要得到专业人士的紧密配合，配合得不紧密会造成节目和气氛的脱节。灯光要有可控性，便于调动起顾客的注意力。

对于 200 人以上的会议，投影屏幕最少要保证 $4m \times 4m$ 的面积。

(5) 现场的调控

会议现场的调控主要取决于主持人的主持能力，尤其要应注意主持人的应变能力及对观众的煽动能力。

(6) 节目的安排

·要选择有一定寓意的节目；

·讲解与抽奖的时间、频率要安排得当；

·节目时间不能过长，要避免有 15 分钟以上的节目；

·有条件应尽量先对节目进行筛选与彩排；

·避免相同的表演者重复出现（不能超过两次）。

·尽量多安排顾客参与的节目，调动起顾客的积极性。

(7) 讲解的水平

讲解必须要规范以保证标准统一的输出，同时宣传资料也要配合讲解的口径。

(8) 服务与沟通

员工与顾客之间要有有效的沟通，要利用互动与周到的服务来加强这种沟通。

(9) 时间的安排

会议时间有全天的也有半天的，其中较为成功的总时间都会控制在 5—6 小时之内。

（10）老顾客作用

老顾客在现场现身说法，会影响到现场销售，在场下的个别沟通中，其作用会远远超过员工。

五、会议产业衍生出的活动管理软件行业——现状分析

来自《中国会议蓝皮书》的数据显示，国内每年有会议活动多达几千万个，行业产值近万亿元，如此庞大的蛋糕吸引了无数会展、酒店、公关公司蜂拥而至，会议产业已经衍生出越来越多的细分行业，活动管理软件行业便是其中之一。

出于成本的考虑和智能化管理的需要，活动管理软件获得了广泛应用，比如推广管理、人员管理、现场管理等，然而，无论是这类软件还是开发软件的高科技服务企业，在众多方面显然都各具特色。目前这类软件或企业可分为四种：

其一，利用上下游供应链打造资源平台，比如说 31 会议，主办方可以通过该平台获得场地、供应商等信息资源，通过对比获得更为优质的服务商信息。

其二，利用丰富的用户资源打造在线票务平台，如诞生于台湾的活动行，主办方在该平台发布活动，也可以付费推广，以获取站内用户资源的参与。

实际上，依靠以上两种平台模式运作的并不能称为真正的活动管理软件。第一种资源平台是传统公关企业的"改头换面"，只是将线下资源供应链转移到了互联网而已；第二种售票平台则以售票手续为盈利点，附带提供软件服务，但是软件并不是其明显的优势。因此，如果仅是提供软件服务，它们仅仅能够适应小规模会议的需求，大型活动必然会捉襟见肘。

第三种则是提供单个环节软件服务的企业,这种的占比较高,如会鸽、易啦、会点和医疗行业的 M-Events 等等。M-Events 擅长于 PPT 传输管理,但局限于提供医学会议的 PPT 解决方案;而会鸽、易啦等企业多专注于现场,像微信互动、微博互动、抽奖等环节,依赖于社交类媒体的它们好玩花样,目前也是比较流行的。

当然,还有第四种——以活动系统化管理见长的软件企业,如 MyMova、会腾。不避抄袭之名的会腾将国外著名软件企业 Cvent 里里外外抄了个遍,虽说也提供系统化的软件服务,但是无法加密的编写程序终归存在着难以避免的安全风险,故而不能算是真正的管理系统。而 MyMova 则发源于加拿大,进入中国后成为最早的活动管理软件企业,优势在于系统化的统筹管理,适合于大型企业和大型会议活动。不过,其缺点也正如其优点,复杂程度堪比 SAP 系统的 MyMova,令很多中小型主办方一时间难以适应。

活动管理软件行业在会议产业链上已经开始扮演着越来越重要的角色,由于发展时间短,软件供应商与主办单位的供求关系还需要磨合,伴随着更多的软件企业不断涌入,更多创意获得市场的认可,这个行业在未来也将会飞速发展,以适应更为挑剔的市场需求。

六、2017 年中国酒店行业发展趋势及市场前景预测

我国酒店行业经营整体仍较低迷,星级酒店数量逐年减少,收入增长乏力。截至 2016 年,全国星级酒店数量为 10741 家,同比减少 4.8%,数量为近 5 年来的最低水平;实现营业收入 500.23 亿元,同比减少 2.7%,季度营业收入长期徘徊于 500 亿元水平,缺乏增长动力。酒店业 RevPar 维持低迷,2016 年 1 月—11 月全国样本星级酒店 RevPar 为 199 元—243 元,均低于 2014 和 2015 年对应月份的水平。行业供给需求不对称的情况有所企稳,2015 年我国星级酒店客房出

租率首次同比增长，至 2016 年客房出租率为 55.3%。

高端压力大。尽管五星级酒店客房出租率有所回升，2016 年 11 月出租率达 63.89%，较 2014、2015 年同期分别上升了 1.73% 和 4.27%，但 RevPar 仍低于 2013 年和 2012 年的水平，2016 年 11 月的数据为 321 元，较 2014、2015 年同期分别降低了 13.24% 和 2.13%。五星级酒店平均房价也未有改观，2016 年 11 月数据为 502 元，较 2014、2015 年分别降低 14.92% 和 9.87%。在经济下行趋势以及中央反腐败等措施的作用下，预计高端酒店未来将继续承压。

经济型酒店同质化。经济型酒店经营情况未见明显改善。以锦江股份为例，其所辖锦江之星系列品牌经济型酒店出租率明显低于 2013 年和 2014 年水平，但与 2015 年基本持平；RevPar 略低于 2013 年和 2014 年，与 2015 年基本持平；而平均房价则较过去 3 年有所提升。如家等品牌的数据同样未见改善。经济型酒店的困局主要来自于同质化，企业热衷于扩大分店数量获取成本优势，再低价吸引客户，但主动创新性不足。中投顾问产业研究中心的数据显示，自 2015 年以来，每个季度停业的星级酒店均在 1000 家左右，大部分为经济型酒店。在缺乏突破性创新的情况下，低端酒店同质化之痛难见改善。

中端空间大。在需求端，今年旅游业保持高增速，领跑于第三产业。根据经济学人智库(EIU)的预测，到 2030 年中国高收入人群(年收入大于 20 万元)占比将达到 15%，总量超过 2 亿人。收入升级带动消费升级，而消费升级将带来对于高品质、个性化、多样化旅游服务的需求升级。2015 年，我国国内旅游人数突破 40 亿人次，旅游人数的持续增长将带来可观的住宿需求。同时，严厉反腐也导致部分高端酒店用户向下流动，增加一部分需求。在供给端，中档酒店品牌渗透率较低，规模化企业数量较少。截至 2015 年，我国有中档酒店 10000 余家，80% 左右为单体酒店，连锁品牌占比远低于低端和高端酒店。目前，已有越来越多酒店集团开始集中发力打造中端酒店，我们预计2017年中端酒店市场将会迎来爆发式增长。

首旅、华住、锦江等纷纷推出和颐至尊、如家精选、锦江都城、全季等中端酒店品牌。而中档酒店则不负众望，成为各大酒店集团业绩增长的主要驱动力。根据国内三大A股上市酒店集团如家、锦江和华住的统计数据显示，2016年上半年新开酒店中中档酒店占15%-35%左右，成为了增量的主力。和颐和如家精选新开13家店，占如家集团新开36家店的1/3以上。在RevPar上，三大集团旗下中档酒店RevPar增速均高于集团整体水平。2016年如家系的和颐和如家精选RevPar分别为255元和236元，同比增长14.3%和34.8%，远高于集团的3.6%。锦江都城2016年Q1-3营收和净利分别为9390和4352万元，同比增长分别达到99%和145%。预计供求缺口在未来将吸引更多大型酒店品牌参与竞争，兼具品牌输出能力和存量改造能力的龙头企业将大有可为。

2017年是中端酒店崛起之年，中端市场成为并购新风标，业绩释放可期。首旅集团强势发力抢占中端酒店市场，通过存量改造与并购整合双重渠道，重点推进中端酒店投入。首旅旗下中端品牌如家精选的RevPar远高于同区域经济型酒店，业绩回报十分显著。锦江股份收购铂涛集团后也拥有了铂涛旗下的中端品牌丽枫、喆啡等，结合自有中端品牌锦江都城，逆行业颓势中端市场业绩释放可期。

未来各大酒店集团将继续加大中端酒店布局，在此带动下行业整体RevPar、营收和利润有望继续回暖。一方面，推动存量改造，将毛利低的经济型酒店改造升级为中档酒店，从而带动价格与RevPar的提升；另一方面，中档酒店的并购重组有望迎来"井喷"行情，依靠并购快速抢占市场将成为大型酒店企业的发展策略。

（一）酒店渠道纷争：直销还是分销？

2010年4月，B2B酒店预订服务商"汇通天下"公开指责携程利用行业渠道垄断地位，阻挠同行及酒店向游客提供优惠房价，严重影响到了酒店的定价权和消费者的选择权,"使消费者最终为携程的佣金买单"。从 2009 年初的"携格之争"到 2010 年 3 月携程与艺龙针锋相对的"三倍差价赔付"事件,整个酒店业卷入了"直销 vs 分销"的纷争。是渠道商涉嫌"垄断",还是酒店供应商直销平台职能匮乏,该如何选择理性的销售模式?

(二)酒店与渠道商,话语权争夺升级

在任何行业,供应商与渠道商都会在价格制定、渠道覆盖和奖惩机制等领域产生矛盾。而且,任何一方在竞争博弈过程中都希望获得对自己有利的竞争地位,但是,竞争的输赢往往取决于双方的力量对比。酒店与渠道商的竞争与合作矛盾恰恰说明,企业在各个发展阶段应该采用相应的营销模式,才会获得并保持持久的竞争优势。

(三)酒店业渠道模式的发展历程

在上世纪 80 年代以前,中国以计划经济为主导,酒店的销售渠道也主要依靠政府指令和传统国有旅行社体系。进入 90 年代之后,随着人们可支配收入的上升和闲暇时间的增多,散客自助游成为酒店等旅游服务品消费的另一生力军。中国酒店业根据不同类型的旅行消费者需求差异,开发出了在价格和服务方面具有不同层次的客房产品,同时新型酒店业态也开始涌现。也是在这个时期,中国酒店业态由一般的接待性酒店分化成星级酒店、经济型酒店、会议酒店、旅游酒店等多元化形式并存的市场供应格局,中国酒店行业也完全转变为与国际接轨、市场化程度较高的开放性行业。

激烈的市场竞争导致酒店行业内的收购、兼并、重组进一步加速,互联网作为酒店营销平台的功能日益得以凸显,市场上陆续出现了诸如携程、艺龙等专注于在线旅游服务的酒店渠道分销商,在推动酒店行业发展的同时,也暴露出酒店销售渠道不健全等现实问题。通过对现有旅游资源的整合与旅游链条中的价值再造,在线旅游渠道商把遍布于各地的酒店及航线等旅游资源汇集到网络平台，一方面可以大量节省旅行者在信息搜索方面的时间，另一方面酒店也乐于以"协议"价格将客房资源交给像携程这样的旅游渠道分销商来销售。

参考资料：

[1] 《我国国际会议产业发展状况简析》，会议产业。

[2] 赵成溁，《国际会议产业的现状与发展战略》，《中国社会科学院研究生院》，2003。

[3] 《2017年中国酒店行业发展趋势分析》，中国产业信息，2017.09.20。

[4] 《会议营销操作模式》，会议营销。

5.6
直销业与健康产业的融合发展研究

摘　要：健康产业是具有巨大市场潜力的新兴产业。作为肩负促进大健康产业发展历史重任的直销行业，可以用"任重道远"四个字来加以形容。所谓"任重"，就是直销行业在发展大健康产业中任务重大；所谓"道远"，就是今后直销行业在发展大健康产业中还是很漫长的路要走。

关键词：健康产业　大健康　医药

一、中国大健康产业发展趋势分析

大健康产业是提供预防、诊断、治疗、康复和缓和性医疗商品和服务的总称，通常包括医药工业、医药商业、医疗服务、保健品、健康保健服务等领域。随着政府对"互联网+"和PPP模式的快速推进，预计未来10年，医疗信息化、医院建设将是大健康产业的工作重心。从国际大健康产业结构来看，中国的大健康产业仍处于初创期，在产业细分以及结构合理化方面需要更大的提升和完善。

美国大健康产业结构如下图

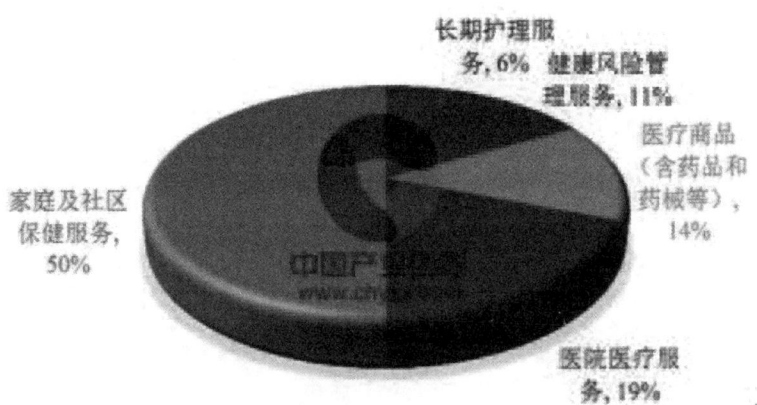

注：来源于中国产业信息

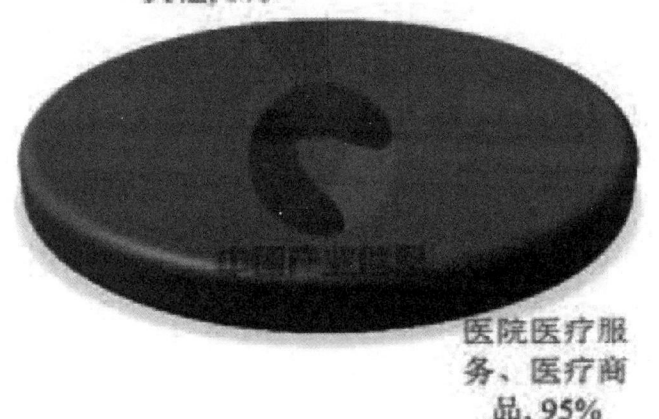

注：来源于中国产业信息

作为全球最大的产业之一，全球医疗健康年支出总额占GDP总额的9%左右，是全球经济发展的新引擎。在目前全球股票市值中，健康产业相关股票市值约占总市值的13%。全球医疗健康支出总额从1995年的2.20万亿增长到2013年的6.62万亿，年复合增长率为6.3%。进入21世纪后，医疗健康开始进入快速增长阶段，新一轮增长主要来自于中低收入国家和中高收入国家人口增长，人均健康需求的持续释放，以及科技进步带来的新一轮产业升级为发达国家的健康产业发展带来的增长动力。假设未来几年年健康支出仍以 6.3% 的速率增长，预计 2020 年全球健康支出总额将达到 10.16 万亿美元。

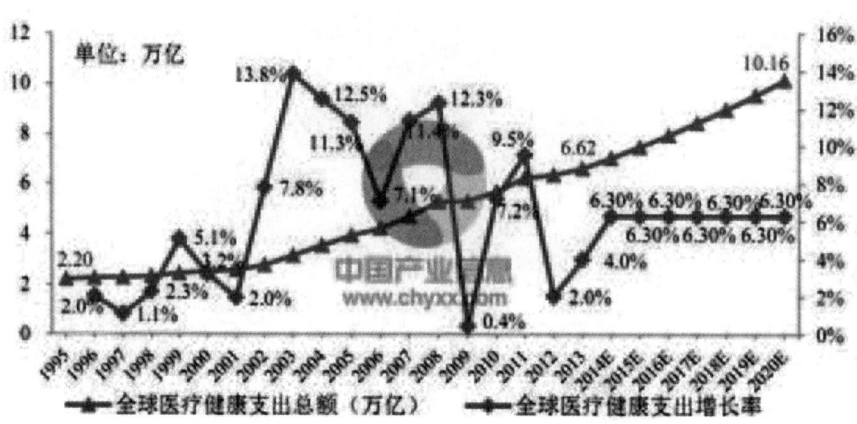

从总量来看，中国医药卫生费用在 2013 年已达到 3.17 万亿，占 GDP 百分比为 5.4%，05-13 年复合增长率为 17.54%，高于 15.5% 的 GDP 复合增速。2012 年 3 月 14 日，国务院"健康中国 2020"战略明确提出到 2020 年我国卫生总费用占 GDP 的比重要增加到 6.5-7%。假设 2014-2020 年我国 GDP 复合增速为 6.8%，2020 年医药卫生费用占 GDP 比重为 6.5%，则 2020 年医药卫生费用将达到 6.13 万亿。

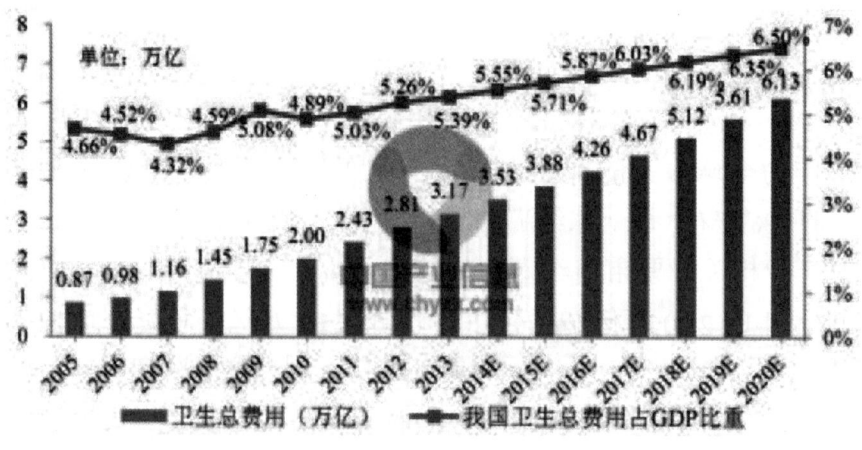

2001-2013 年我国卫生费用占 GDP 的比重

"健康中国2020"战略明确提出到2020年我国主要健康指标基本达到中等发展中国家的水平，人均预期寿命将从2005年的73岁增加到2020年的77岁，卫生总费用占GDP的比重要增加到6.5%—7%，提高两个百分点。国务院于2013年9月发布了《关于促进健康服务业发展的若干意见》，提出到2020年，基本建立覆盖全生命周期的健康服务业体系，健康服务业总规模达到8万亿元以上。

2011年至2016年我国大健康产业规模（下图）

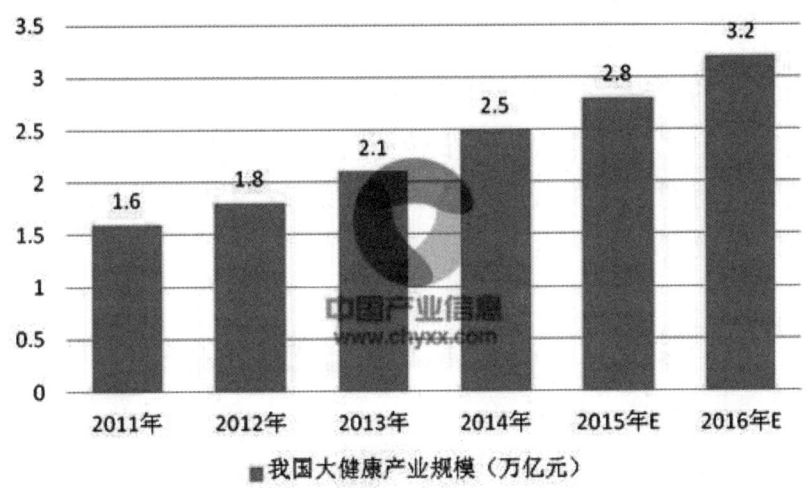

（一）医疗信息化

医疗信息化是随着信息技术的快速发展，医院为提高医生的服务水平与工作效率而实施的基于信息化平台、HIS系统的整体建设方针。医疗信息化快速发展的主要动力来自两个方面：一方面国内人口老龄化加剧，2015年60岁以上人口占比为16%，预计到2050年将达到30%，老龄化趋势非常明显；肿瘤、糖尿病、高血压等慢性病的发病率也快速上升，这些都伴随着城镇化的发展而带来了消费需求的升级，促使医疗管理的理念从以"治疗为中心"到以"病人为中心"过渡，因而对医疗信息化建设提出了更高的要求；另一方面，2015年李克强政府工作报告中提出"互联网+"的发展新模式，这将大力发展云计算、大数据、移动互联网等新型技术，从而为医疗信息化的实现提供坚实的技术支持。

预计到2017年医疗信息化投入将到达500亿元。2012年医疗卫生行业的信息化投入规模为185.6亿元，2014年达到了275.1亿元人民币，年复合增长率为22.0%，假设未来三年以该速率持续增长，则2017年将达到500亿元左右。2014年医卫行业信息化建设中，PACS系统、区域医疗信息平台、HIS系统、移动医疗和电子病历的投入比较大，占到了总投资的70%以上。2014年国家大力推广电子病历系统的建设，这无疑促进了医院电子病历建设的进程。大中型医院的信息化建设中心已逐步转至以病人和临床为中心的数字化医院建设，将对PACS系统和电子病历系统、移动医疗的搭建和应用进行重点投资。

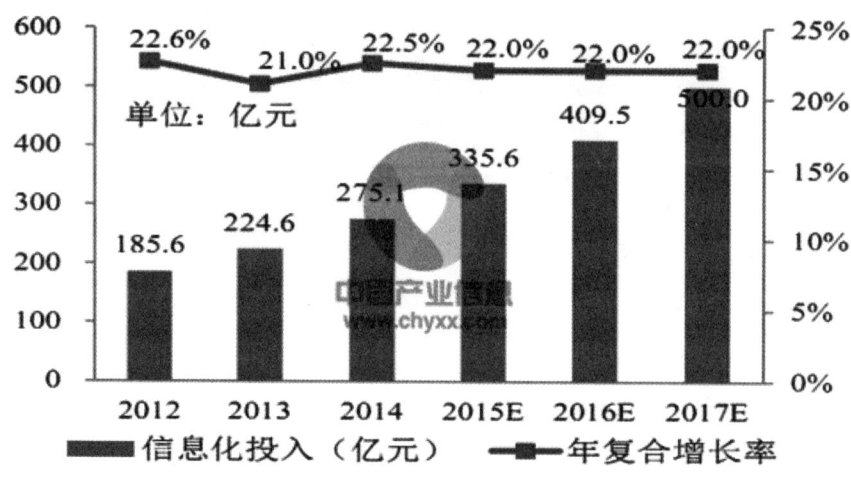

我国医卫行业信息化投入

（二）医院建设

医院建设包括从医院建设咨询与设计、融资、医院修建、装饰工程、医疗专业工程、医疗设备与器械配置、智能化与信息化、运行维护等环节。从功能属性看,医院建筑具有医疗和建筑的双重属性:1)从公共建筑属性看,医院建设包括土建施工、机电设备、智能节能和普通装修四个环节;2)从医疗属性看,医院建设重点突出医疗专业工程建设,包括洁净手术部工程、医用气体工程、ICU整体配套工程、消毒供应中心等十多个子行业,其中洁净净化系统和医用气体工程是最主要的两个部分。

从2005年的458亿元增长到2012年的1803亿元,年复合增长率为21.6%,其中2010年至2012年增速放缓,年复合增长率为13.9%,在PPP模式推动下,预计县级医院的建设将会继续增加,医院固定资产投资会持续高增长,综合估计2013年至2017年的增长率为15%,则2017年医院固定资产投资完成额将达到3627亿元。

二、我国保健品行业2016年发展趋势 大健康产业规模巨大

随着人民生活水平的提高和人口老龄化的加剧,人们对健康更加多了重视,与此同时,保健品的需求也在逐年增长。现对2016年我国保健品行业发展趋势分析。

居民生活水平的不断提高,人们变得更加注重自身健康,并且健康理念随时代在转变,对于保健品的看法逐渐改观,因此对保健品的需求逐年不断增长。

此外,中国老龄化程度不断加深,老年人口规模不断增大,2002年时全国65岁以上的人口占总人口比率只有7.7%,到2014年,该年龄段的老年人口占比超过10.00%。我国人口基数庞大,因此老年人口数量剧增,对于保健品的需求同样持续增大。

目前国内约有数百家药企进入大健康产业,其中30多家为上市公司。云南白药、广药等药企纷纷开发功能型饮料、药妆、保健品等"大健康产品";石药、盘龙云海、太极、天士力等药企专门成立大健康

事业部，修正更是全方位布局产业链。

而据中国科技发展战略研究院估计，至2020年，整个健康产业的潜力将达10万亿元。阿里巴巴、腾讯、苹果等IT巨头也纷纷抓住这一时机，"跨界"布局。

1）借势国家政策利好，做好极致产品

全国政协委员、国家卫生计生委副主任、国家中医药局局长王国强曾表示，要大力发展中医养生保健服务、中医医疗服务、中医特色康复服务、中医药健康养老服务、中医药文化和健康旅游产业，大力推进中医药服务贸易，促进形成中医药健康服务新业态。

2）药材资源是中药产业的基础，严苛把关原料质量

中医药发展必须依赖于、得益于中药材的质量。中药材是中医药事业传承和发展的物质基础，是关系国计民生的战略性资源，优质的中药原料是保障制造出极致产品的基础。

3）新兴的"大健康产业"范围宽泛，商机无限

大健康产业不仅提供营养保健食品等实体产品，还包括医疗保健器械、休闲保健服务，而且还提供健康生活解决方案。

2010年，我国保健品市场产值仅为581.75亿元，销售收入为558.02亿元，国内市场规模为557.29亿元，到2014年时，我国保健品市场产值增长至2083.25亿元，销售收入飙升至1903.51亿元，市场规模扩大到1935.61亿元。保健品行业产值平均年增长率为10%-15%，销售收入和市场规模增长同样迅速。

4）制药企业背景科研雄厚助力品质保障

"中药保健品大有作为。"中国中医科学院中药研究所药物安全评价中心主任、首席研究员叶祖光指出，与新药研发相比，保健品研发周期短、经费低、风险小，特别是中药与其他原料配伍珠联璧合。

药品生产企业的研发和质量控制大多优于普通保健品企业，加

上中药企业普遍涉及天然药物研发,把从动物、植物和微生物中提取的有益成分延伸至日化品、保健品和其他市场上难度较小。而中医药文化在国内传承更是中药企业开拓大健康的有利武器。

保健品市场需求广阔,行业未来发展前景向好。期盼传统中医文化能够搭乘互联网的发展快车,顺势中医药企业崛起复兴的趋势,在新时代、新常态下,焕发创新活力,重塑自身品牌价值,共同改善市场环境,让健康行业的发展步入持续长久的轨道。对人们的生活方式改变、健康习惯提升,做出更大更多的贡献。

三、直销业与健康产业之间的融合发展关系

随着"健康中国2030"的发布,健康产业作为国民经济支柱产业,即将迎来前所未有的增长爆发期,其涉及的医疗产品、保健用品、营养食品、医疗器械、保健器具、休闲健身、健康管理、健康咨询等多个与人类健康紧密相关的生产和服务领域都将受到不同程度的推动。对于深耕健康产业多年的直销业来说,也将迎来新的生机。

直销业与健康产业的融合发展,首先要明确什么是健康,什么是健康产业。通常来说,"健康"是个比较宽泛的概念,它所包含的内容也是与时俱进的,从最初人们理解的从生老病死过程中的生理健康,到后来的心理健康,都可以归纳到健康的范畴里面。

产业的形成和发展则与生命科学的发现和生物技术的发明不同,产业是由企业创造的,是由企业生产的产品、产品的销售方式,服务的内容等要素构成,并且在市场上形成比较确定性的标准后,才能逐步形成产业,可以说产业与众多企业的生产、销售和服务的业态密切相关的,信息产业是这样形成的,健康产业也是这样形成的;同样,健康产业的形成也是由生产、销售、服务等要素构成的,当健康和产业相结合时,企业的创新将起到重要的作用。正像信息

产业从电脑到互联网，再到互联网+的移动互联网是由企业应用新技术开发出新产品所形成新的产业链一样，健康产业也会由企业用新技术研发出新产品开始而创造出新的产业业态。

对健康产业的划分范围原来比较狭窄，不包含保健器具、休闲健身、健康管理、健康咨询等等范畴，因此，近年来又提出了大健康产业的概念，用以取代之前的健康产业概念。"健康中国2030"规划纲要是根据社会大众的需求来提出的，随着民众收入水平的提高，大众对健康需求的水准也大幅度提高，不再停留在过去有病才求医，更多地开始向着预防疾病、心理健康、影响健康的生态环境、健康服务等方面进行扩张。这种有效需求必将催生企业研发、生产和销售新的实物产品，并衍生出新的服务产品，以至文化产品的创新，从而使健康产业形成新的业态，扩大人们对健康产业的认知。这进一步说明，只有企业的产品创新才是包括健康产业在内的新兴产业发展的途径，信息产业是这样，健康产业也是这样。

直销企业是以产品销售为导向的企业，而且直销企业是以自己的品牌研发、生产和销售自己品牌的产品，尽管它的销售方式和服务的内容有别于健康产业的其他企业，但是直销企业的产品归根结底大都属于大健康产业的范畴。2005年直销在中国境内确立合法地位以后，原属于健康产业中保健品的生产企业中脉、三生、太阳神等一批品牌企业依法获得直销牌照陆续加入直销业，这些企业即开始对直销市场产品的研发、生产和销售，以及相应的服务产品的创新，其中产品创新是重要的一步，每一个企业的创新都是独一无二的，各具特色，而这些创新的产品只有在市场上得到消费者的认可，才能够证明这种创新是有效的。

四、发展大健康产业是直销行业的战略主题

作为中国经济的新亮点，健康产业是具有巨大市场潜力的新兴产业。到2016年"十二五"结束，我国健康产业的规模预计将接近3万亿元，达全球第一。因此，发展大健康产业是我国直销行业的一大战略主题。

美国经济学家保罗·皮尔泽的《财富第五波》一书认为，继蒸汽机引发"机械化时代"以及后来的"电气化时代"、"计算机时代"和最近的第四波"信息网络时代"之后，当前已经到来的是"健康保健时代"，而健康产业也将成为继IT产业之后的全球"财富第五波"。从中国经济发展的实际看，我国大健康产业在直销行业的带动下，已成为今后我国经济发展的一个重要引擎。发展大健康产业将是我国直销行业的核心任务。

去年，国务院总理李克强主持召开国务院常务会议上，研究部署促进健康服务业发展成为一个重要议题。会议认为，促进健康服务业发展，重点在增加供给，核心要确保质量，关键靠改革创新。一要多措并举发展健康服务业，放宽市场准入。二要加快发展健康养老服务，加强医疗卫生支撑。三要丰富商业健康保险产品，支持发展与基本医疗保险相衔接的商业健康保险。四要培育相关支撑产业，加快医疗、药品、器械、中医药等重点产业发展。提升中医药医疗保健服务能力。这一项被业界称为"健康产业新政"的措施，发布之后立刻引起了广泛的关注。

据介绍，未来我国医疗卫生健康产业发展重点将从以治疗为主转为预防为主，以传染病预防为主转变为以慢性病预防为主。2013年，我国大健康产业规模预计将接近2万亿元，如果包括医疗卫生开支就接近4万亿元。"到2016年'十二五'结束，我国健康产业的规模预计将接近3万亿元，达全球第一。"

资料显示，健康服务业包括医疗护理、康复保健、健身养生等领域，是现代服务业的重要内容和薄弱环节。健康产业是辐射面广、吸纳就业人数多、拉动消费作用大的复合型产业，具有拉动内需增长和保障改善民生的重要功能。中国健康产业将快速发展，归结于多方面的原因。在消费需求方面，随着我国人均名义GDP迈过6000美元，我国居民消费已经进入结构升级时期，以健康为代表的服务消费将持续扩张，健康消费需求将大幅增加。在人口方面，我国"老龄化时代"的到来，将进一步释放健康养生等健康产业的市场需求。

五、促进健康产业"健康发展"

尽管健康产业是朝阳产业，在众多的业内人士看来，目前仍然存在一些制约健康产业健康发展的因素。

我国健康产业还处于初期发展阶段，法律法规不健全，导致无法可依，无章可循；行政主体不到位，部门监管存在真空；传统观念作祟，影响群众科学地接受现代医疗保健产品和服务，市场理性意识有待强化；技术基础薄弱，个性化服务不足。因此，修订产业结构调整指导目录和政府核准投资项目目录时，要强化对健康产业的引导和支持。同时，出台并完善健康产业政策法规，完善社会组织建设，鼓励和支持行业协会制订和推行行规行约、技术标准、从业培训等，指导和规范产业发展。明确产业扶持政策以及财税、金融、土地、环保等方面的配套支持。

当前我国健康产业法规不完善，相关标准体系滞后，出现了一定程度的医疗信任危机，食品安全、保健品过度宣传等问题严重，导致消费者对中国健康产业的信心不足。因此，必须通过完善法规、提高标准、加强执法等措施，着力维护健康产业良好的市场秩序。要进行科技创新，促进高科技产业与健康产业的融合，改造提升传统健康产业，创新发展数字健康、远程医疗、基因检测等新兴健康产业。"同时要产业服务创新,促进健康产业由医疗保健为主向健康管理为主转变,衍生出多样化、多层次的健康服务业,形成适合中国国情的健康服务发展模式。

六、直销行业任重道远

促进健康服务业发展将提升服务业整体水平,而且可以有效扩大就业、形成新的经济增长点、促进经济转型升级,不仅健康服务业将因此受益,相关服务行业也都将因此具有一定的投资机会。健康服务产业面临重大的发展机遇,国家将培育相关支撑产业,加快医疗、药品、器械、中医药等重点产业发展。在相关政策指导下,医药行业整合和产业升级有望加速。随着我国居民收入水平不断提高,消费结构升级步伐不断加快,人们对生活质量的要求日益提高,健康产业将显示广阔的前景。健康产业是具有巨大市场潜力的新兴产业。作为肩负促进大健康产业发展历史重任的直销行业,可以用"任重道远"四个字来加以形容。

所谓"任重",就是直销行业在发展大健康产业中任务重大;所谓"道远",就是今后直销行业在发展大健康产业中还是很漫长的路要走。

七、关于推动直销行业参与大健康产业的发展思路与建议

弘扬中国中医药文化,制定大健康服务的企业发展战略。中医药文化是中国传统文化的核心文化,让中国中医药文化与直销产业携手同行,加强对健康产品和服务需求的研究,加大适销道路和新产品的研发投入,从而引领消费者正确的生活方式。

创新营销模式,提升服务水平。"互联网+"条件下,"互联

网+流通"将促使直销企业的复合型营销商业模式进一步创新，采取多种形式和多种先进的信息技术参与大健康服务，打造直销企业独特的大健康服务平台。

推动建立健康服务平台。提高直销行业品牌，在直销系统中镶嵌一颗"钻石"——把中国的国粹中医药"治未病"理论与直销行业相结合，树立直销业整体形象，为社会增添正能量。

加大人才培养和职业培训力度。目前，直销人大多都有这样的不足：对健康、保健知识知之不多，专业服务的水平较低，在健康咨询指导等方面能力欠缺。因此，加快人才培训、提升直销人的健康服务的技能，使其成为大健康产业发展的核心竞争力。

回归直销原生态。《直销管理条例》实施10多年来，直销行业经历了从无到有的发展，行业发展势头势不可挡。越来越多的人开始参与直销，并把眼光投向了直销倍增，而忽视了直销的本质。所以，在当下尤其需要直销人坚持回归直销原生态，在大健康服务中，坚持依法合规和诚信经营。

参考资料：

[1]《中国大健康产业发展趋势分析》，前瞻产业研究院。

[2]《2016年国内外保健品行业规模现状及未来发展趋势》，产业研究智库。

[3] 余近山，《发展大健康产业是直销行业的战略主题》，中国直销教育协会，2015-05-06.

[4] 艾家凯，《大健康产业与直销的发展机遇》，当代直销。

专 题 篇
SpecialTopic

6.1 消费者购买直销产品的动机分析

摘　要：人们在说起直销企业时，很自然就会谈到这个企业的产品，毋庸置疑，直销产品是直销企业的核心。产品的好坏当然还是消费者说了算，因此分析消费者购买直销产品的动机，研究影响消费者购买直销产品的文化、社会、个人和心理因素对直销企业开展合理有效的市场营销活动至关重要。

关键词：种类　企业文化　影响力

通常情况下，直销强调的是购物的便利与便捷性，以及在特定环境下，消费者由于心情放松或没有其他品牌骚扰，容易提升购买可能以及降低其他出口的可能；再次，其还可以弥补因空间或时间所限某些潜在消费人群无法购物的需求鸿沟。从理论上说，直销的管理费用更低，主要是由于不需要店面与相关设施，但实际情况却因人而异。对于直销企业来说，研究消费者对直销产品的购买行为，是直销企业进行市场营销管理的重中之重，尤其是当前我国市场经济相对发达，各种消费类产品供过于求。对于直销产品的消费态度、消费量、如何消费等是消费者个人做出的购买决策，但消费者对直销产品做出的购买决策在很大程度上受到了文化、社会、个人和心理等因素的影响。分析研究这些因素，对于直销企业开展合理有效的市场营销活动至关重要。

一、我国直销产品的种类

国务院2005年底颁布实施的《直销管理条例》规定，商务部将直销产品范围界定为五大类：保健品、化妆品、保洁用品、小型厨具和保健器材。其中，在直销产品销售中，化妆品占80%，保健品占11%，保洁用品、小型厨具和保健器材三者占9%。凡经营超出两部局规定的这五大类商品的直销企业被视为违规。2016年9月21日，商务部、国家工商总局公告2016年第7号（关于直销产品范围的公告），明确指出了直销产品的类别分别为化妆品、保洁用品、保健食品、保健器材、小型厨具、家用电器等六类产品。也就是说，家用电器新增为直销产品。

截至2017年6月30日，根据商务部直销行业管理信息系统信息公示，2017年上半年共有21家直销企业进行产品更新，涉及到了化妆品、保健食品、保洁用品、保健器材、家用电器五大类，共

240种产品更新，其中新增产品数量占比65%，减少产品数量占比35%。其中更新频率最高的是化妆品类，其次是保健食品类，小型厨具类产品没有任何调整。

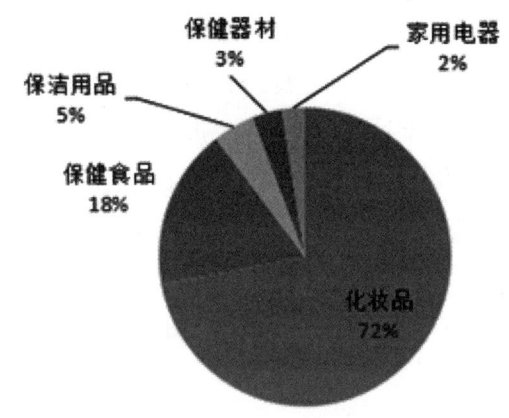

2017年上半年直企各大产品类别变更情况

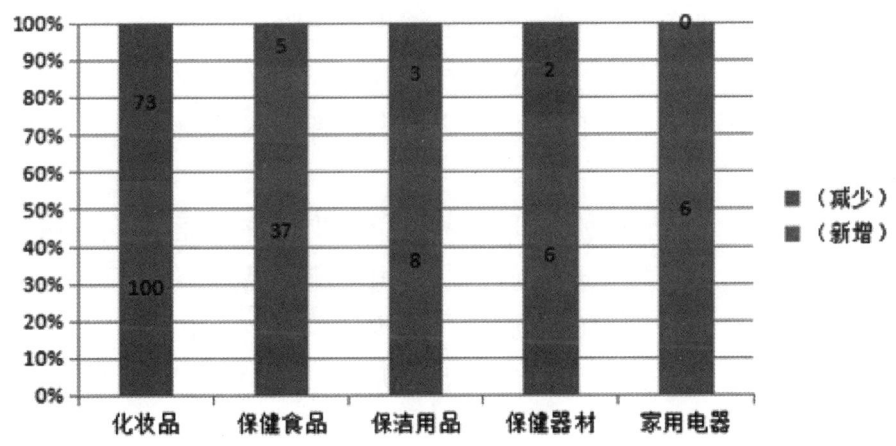

2017年上半年直企产品增减一览

细心的人会发现，一些原本并非保健器材的产品也被列入到直销保健器材产品的行列中。例如，除了美容仪、空气净化器、净水机等产品外，功能型内衣、服装、寝具、床上用品也被列入了保健器材的范畴。一些普通消费者认为很难与"保健器材"扯上边的产品被归类为保健器材的范畴，这一方面反映了商务部门承认现有直销产品范围与市场的发展存在滞后性，另一方面也说明，商务部门在一定程度上适应了市场发展的需要，允许合理的、非严格意义上的"五大类直销产品范畴内"的产品开展直销。

然而，随着直销市场的不断发展，直销产品的种类也在不断丰富，新的消费需求和新的产品不断涌现，原有的对直销产品范围的规划已经不能满足市场发展的实际需要。所以，国家对直销产品范围的规划有必要放宽限制，以适应市场发展的客观趋势。

二、直销产品的生产

直销产品除了种类要求外，还对直销产品的生企业的类型和资质做了要求。直销产品应当符合《直销管理条例》的规定，由直销企业或直销企业的母公司、控股公司生产。除此之外，直销企业不得销售委托加工的产品。母公司对直销企业、直销企业对控股公司，前者的出资额或者持有的股份，应当占后者资本总额或股本总额的50%以上。

化妆品。生产企业应当取得《化妆品生产许可证》（已获得国家质量监督检验检疫总局发放的《全国工业产品生产许可证》和省级食品药品监督管理部门发放的《化妆品生产企业卫生许可证》的化妆品生产企业，其许可证有效期自动顺延的，截止日期为2016年12月31日）。

保洁用品。属于《实行生产许可证制度管理的产品目录》的，生产企业应当取得质量技术监督部门颁发的《工业产品生产许可证》。属于消毒产品的，生产企业应当取得卫生行政部门颁发的《消毒产品生产企业卫生许可证》。

保健食品。生产企业应当取得食品药品监管部门颁发的《食品生产许可证》（生产许可事项和品种明细表列明保健食品的具体信息）。

保健器材。生产企业应当根据相关法律法规规定，符合行政许可、强制性认证、强制性标准要求。

小型厨具、家用电器。属于《实行生产许可证制度管理的产品目录》的，生产企业应当取得质量技术监督部门颁发的《工业产品生产许可证》。

（一）直销商品有市场需求

没有市场需求的商品，不管用什么销售方法都是销不出去的。当然，市场包括显市场和隐市场，隐市场要求营销部门去进行开发，但是如果连隐市场需求都不具备，那是没有人会去购买的。这一条要律，不但对直销，对所有的销售方式都是必要的。

（二）体积小，重量较轻，便于人员携带

直销产品主要由直销员带到消费者面前进行展示与销售，直销的主要传播媒介是人的口头表达和亲身体验，所以直销产品往往具有体积小、重量较轻的特点，保健品、化妆品和日用品也都具有这一特点。

（三）直销产品应是消费频率较高的产品

消费品的消费频率差异很大。通常我们所讲的耐用消费品，有的消费期可达10年、20年，例如汽车、冰箱、电器等。而有些日常生活用品则可能过几天就要买一批，如日常用的牙膏、纸巾等。从直销的特点看，它更适合于后一类消费品，我们称之为快速消费品。顾客在购买了产品之后，在短期内消耗完，就会又有新的需求，而直销员也正是因此才有机会进行持续的销售。

（四）普通人群用得着、买得起的产品

直销主要是依靠人际关系网络进行销售，而且通过重复消费来实现后期的业绩增长，直销产品也必然是面向一般大众的产品，才能够适合各种类型的直销员进行销售，也才能达到规模化效应。直销产品的成本一般不会太高，而通过传统渠道推广中间流通费用相对较高或需较长时间。

首先，较高的中间费用形成了产品直销的必要性，直销的方式可以降低其销售成本，使最终价格更具竞争力。其次，产品的成本不能太高，这是由直销的特点决定的。一般企业的直销人员数目十分庞大，且直销员一般都是兼职，流动性较大，没有底薪，从销售中获取收入。当面对成千上万的直销员时，产品的抵押、频繁出仓、退仓等管理问题会使企业管理成本过高。为了避免这些问题，一般企业都要求直销人员买断产品。如果产品的成本很高，就会使直销人员的先期投资过大，势必会造成直销商的进入障碍，将很大一部分愿意从事直销的人挡在门外，这是不符合直销特性的。最后，由于直销人员是独立作业的，有些产品如汽车飞机等，是肯定不可以只通过直销商与消费者的沟通就可以成交的，所以直销产品应为低值产品。

（五）有一定的科技含量，有一定的独特性

直销产品必须要有足以让直销员引以为荣或引以为傲的特性，可以让他们用以引发话题来介绍产品，关键就在于直销产品需要有一定的科技含量、有独特的功效。直销商品既然也是商品，那么迟迟早早是要经受市场竞争考验的，如果缺乏个性、缺乏创造性，即使是直销商品，也很难在市场竞争的大海中站稳脚跟。个性化与创造性不是一时一事的要求，应贯穿于企业发展的始终。纵观目前市面上的直销产品，从安利的洗洁剂，到国珍的松花粉，但凡畅销的直销产品无不具有非常高的制造水平和产品功效。

（六）直销产品不能在任何地方都能买到

店铺销售相对于直销模式最大的优势便是可提供给顾客更多的选择性，可以进行广泛的比较。如果直销产品很容易地就能在超市或便利店买到，又有选择的机会，质量还很有保证，那么消费者就不会接受直销员所直销的产品了。当然，目前国家都要求直销公司开设店铺进行经营，但这种店铺都是以经营某一公司的产品为主，也不会同时提供多家公司的同类产品供消费者比较购买。无论是天狮的白亮超市还是雅芳的专营店都是同样的道理。

直销毕竟是一种以产品销售为目标的营销模式，直销产品是否符合直销模式的这五项特点也是鉴别直销和传销的重要参照。

（七）直销商品要保证质量及售后服务

质量是一切商品的灵魂，售后服务是质量的重要组成部分之一。对直销来讲，由于商品是通过网络到达消费者手中的，消费者也可以通过网络将质量问题一直反馈到生产厂，如果不能保证质量，势必会影响企业商誉，造成的损失不可估量，甚至会带来灭顶之灾。因此，真正想搞好直销的企业首先应搞好质量。

（八）直销产品的超值性

直销产品通常是中高价位的高级产品，物超所值，因为直销员要花相当大的时间和精力来寻找并说服顾客购买产品，而低价位的产品不值得其花那么大的精神力，而没有物超所值的话，其也会遭遇顾客的质疑和抗拒。

三、消费者购买直销产品的动机

（一）产品质量保证是消费者首选

质量是产品的前提，而直销是保证产品质量的重要途径。众所周知，直销不是销售，更不是推销，而是真诚的分享。直销员和传统行业销售员的区别就在于，传统行业卖产品只是一门心思想把产品推销出去,而产品是否适合客户、使用体验好不好都不得而知。但直销员在分享产品之前,首先都是产品的自用者,一定要是自己用了好才会真心分享给身边有需要的人。不是强塞给没有需求的客户,而是为客户找到适合的产品。

(二)消费者选择直销产品能够杜绝假冒伪劣行为

直销产品不像传统行业,产品从厂家发出,还要经过省代理、市代理等层层代理商再转入商场超市,最后才能到达消费者手中,不仅耗费了大量的人力物力成本,更增加了产品流通环节造假、作假的风险。而直销企业销售的产品,则是均由厂家直接到达消费者手中,省去了中间环节的利润,能够保障产品流通的一致性,杜绝假冒伪劣行为,因此不用为产品质量而担心。

今天,无论你是创业者还是消费者,都离不开日常消费,更需要健康的生活理念,所以即使你拒绝直销创业、拒绝财务自由,也不要拒绝健康、有效而又安全的产品。

(三)直销产品附加值是消费者购买的保障

产品的品质和技术创新是企业在竞争中取得领先地位的一个根本,在大多数产品走向技术普及化、价格透明化的今天,如何通过提升产品的性价比来摆脱同质化的竞争,是每一个直销企业都在考虑的问题。于是,通过服务来提升产品的附加值便成为一个最有效的办法。直销企业可以通过专业健康检测,根据消费者的个人特点为其制定个性化的全套健康解决方案,同时让他们了解企业、了解中国养生文化,通过这种方式来提升产品的附加价值。目前有的企业也广泛采用了完善售后服务、对产品进行跟踪检测等方式,这些都是提升产品附加值的措施。

另一方面,如果消费者在感受产品并了解企业文化及企业的硬件条件之后,希望加入直销企业从事销售工作,那么企业就会对其实施一套个性化的、固定的个人成长方案,实施这套方案的过程实际上也是提升产品附加值的一个过程。

（四）直销产品体验中心使消费者"眼见为实"

直销到达最高境界就成为了一种哲学，这个时候你将深切领会什么叫"大道至简"以及"返璞归真"。各大直销企业纷纷设立直销产品体验中心为消费者提供更加贴心的人性化服务，让消费者充分享受体验产品的乐趣。

2017年是安利的体验年，安利投资数千万元打造了全球安利第一家智能体验中心，智能体验中心不是销售产品，而是销售体验，消费者必须要自己去体验才知道真正的需求是什么，该中心最重要的概念是"销售体验、智能服务"。体验馆不仅拉近了直销人员与消费者的距离，还促进了直销业务更加规范化、系统化。

四、对直销产品的建议

（一）融入直销企业的企业文化

文化因素作为一种潜在、极富内涵的因素，对消费者的行为具有最广泛、最深远的影响，消费者的民族、宗教、地理等都制约并影响着他们的消费行为。人们消费一种商品，从本质上讲是在消费一种文化。每家直销企业都各自有独特的企业文化，把直销企业文化融入直销产品，给消费者带来愉悦便利之余，也无形中会使企业品牌深入人心。市场营销的至高境界，是把产品作为某一类文化的物质载体，真正吸引并带动消费者去消费的是其中所蕴含的文化因素。

直销相对于传统市场营销方式的一大优势就是送货上门，由直销员面对面地对产品进行讲解与示范，并且有退货的保障。当前人们的生活节奏已越来越快，很多人没有闲暇的时间和精力花费很长时间去购物，因此，直销企业应该充分运用这一优势，提高直销产品的质量，培训高素质的直销员队伍，将直销产品融入文化的内涵，使消费者在消费直销产品时可以体验到方便、快捷、专业、安全的直销文化。

（二）提升直销产品的社会影响力

消费者的购买行为受到非正式组织、家庭、社会角色与地位等一系列社会因素的影响。这些社会因素不仅为消费者展示了新的消费行为模式及生活方式，影响到消费者对某些事物的看法和对某些产品的态度，还使人们的消费行为渐趋一致，从而影响到消费者对某些行业和产品的选择。

直销进入我国先后经历了长达15年的引入期、混乱期和规范期，特别是非法传销对我国社会经济产生了重要的负面影响，而直销进入规范发展仅仅5年时间，时至今日，仍有许多人对非法传销的危害心有余悸，对直销并不认可，他们担心消费直销产品就可能涉及到非法传销，从心理上对直销产品感到疑虑，从而影响了消费者对直销产品的购买。直销企业应积极运用社会因素对消费者施加的影响，提高消费者对购买直销产品的影响。当前，已经有很多直销企业认识到了这一点，通过发布企业责任报告、参与各种社会公益活动、主动进行企业形象宣传等方式展示直销企业积极的社会因素，取得了比较好的效果。

（三）从消费者的消费特点、消费习惯和消费需求定位产品

消费者的购买决策受其年龄、性别、职业、受教育程度、经济状况、生活方式、个性等因素的影响。直销企业在从事市场营销活动时应该将消费者的这些个人特性联系起来，通过对消费者的受教育程度、经济状况、生活方式等个人特性的研究，使直销产品的目标客户群体更清晰，以便更好地从事市场营销活动。

根据直销管理规定，直销企业可以从事的直销产品范围包括化妆品（包括个人护理品、美容美发产品）、保健食品（获得有关部

门颁发的《保健食品批准证书》)、保洁用品(个人卫生用品及生活用清洁用品)、保健器材和小型厨具五类,这五类直销产品所对应消费者的个人因素差别很大,比如从年龄和性别特征来划分,化妆品更多的针对年轻的女性;保健食品更多的针对老年人和儿童;保洁用品和小型厨具更多的针对女性,家庭妇女;保健器材更多的针对中老年人。消费者购买行为是以个人经济状况为基础的,它是购买决策的决定因素。可见,个人因素是影响消费者购买行为的决定因素。因此,直销企业首先要对产品进行定位,从消费者的消费特点和消费习惯与需求等方面为产品寻找到一个有利的位置,制定合理的价格。只有这样才能充分利用好消费者的个人因素,提高个人因素对消费者购买直销产品的影响。

(四)提高直销行业在消费者心目中的形象

心理是消费者在满足消费需要活动中的思想意识,它支配着消费者的购买行为。消费者的购买行为受动机、感受、态度、学习等主要心理因素的影响。消费者在购买商品时一般要经历对商品的认知、注意、记忆、联想、想像等心理过程。直销企业要提高消费者购买直销产品的影响,使消费者在众多商品中最终选择直销产品,应该改善直销行业在消费者心目中的形象,提高直销产品的品牌知名度和美誉度,引起消费者对直销产品的注意和兴趣。直销企业在进行企业形象和产品品牌推广时,只有将其与消费者心理结合起来,才能最大限度地使直销企业的形象和产品品牌深入人心,从而增强直销企业的核心竞争力。

综上所述,消费者对直销产品的购买行为受到了文化、社会、个人和心理等多重因素的相互影响及作用。这些因素很多是直销企业无法改变的,但这些因素可以为直销企业识别直销产品的目标客户群。随着人们对直销企业的逐步接纳,直销产品越来越得到消费者的认可,直销企业应该充分研究对消费者购买行为的影响因素,以利于企业有针对性地开展市场营销活动。

消费者之所购买直销产品，一定是出于两种情形，一种是直销产品能够满足消费者的物质、精神及实际需要，另外一种则是直销产品能够给消费者带来实际经济效益。因此，通过口碑相传的直销方式，需要直销产品货真价实，这样才可以分享给更多的人。而作为合格的直销员，还要对产品进行体验式讲解，做好这个服务，也体现了直销产品的服务价值，服务到位了，便能够满足消费者的精神需要，消费者对直销产品才会更加信赖，产生一传十、十传百的良好效应。另外，通过转介绍还可以从中获利，用直销方式打开市场并不断扩张，形成良性循环，这正是直销的魅力之所在。

参考资料：

[1] 刘宏志，《影响消费者购买直销产品的因素分析》，《江苏商论》，2011。

[2] 李旭，《直销业消费者态度对购买意向的影响》，硕士论文，2010。

[3] 贾长松，《客户购买动机决定企业销售模式》，2015。

6.2
直销参与人员的动机与态度分析

摘　要：近年来，直销行业在大众视野中逐渐由漠视、灰色转换成为接受与正视，直销这种销售模式也由异类、补充地位逐渐向主流的销售模式上位。伴随着这两种变化，以及拿牌公司数量的不断增加，行业整体的参与人员大量增加，尤其是有更多传统产业的老板、高学历人群的加入，使得直销参与人员的整体素养与实力被提升、刷新。在此我们有必要对参与各种模式、处于各种状态的人群进行细分和人群画像，分析不同群体参与直销行业的动机与态度，以期能够对行业健康发展、团队管理提供有益的帮助。

关键词：参与人员、动机、态度

一、动机与态度的心理学定义及意义

（一）动机

动机在心理学上一般被认为是设计行为的发端、方向、强度和持续性。是推动人从事某种活动，并朝一个方向前进的内在动力。是为实现一定目的而行动的原因。动机是个体的内在过程，行为是这种内在过程的表现。

由于动机是行为的发端或者是"发心"，因此研究动机对于研究直销参与人员的行为极其重要，只有吃透了动机才算是研究得比较彻底，其对于我们制定政策与模式，以及进行战略规划、避免风险都有着积极意义。

（二）态度

态度是个体对特定对象（人、观念、情感或者事件等）所持有的稳定的心理倾向。这种心理倾向蕴含着个体的主观评价以及由此产生的行为的倾向性。

说得再直白点，态度是对某物或者某人的一种喜欢或者不喜欢的评价性反应，它会在人们的信念、情感、倾向和行为中表现出来。

态度决定一切。有什么样的态度，就会选择什么样的行为，就会有什么样的结果。积极正面的态度会引发积极的状态及行为，容易获得积极的、正面的结果；消极负面的态度会导致消极的状态，只能被动接受消极的、负面的结果。

二、不同直销模式参与人员的动机与态度分析

由于直销行业不同的平台有着不同的特点，参与人员相应地也具有差异化的动机与态度。

根据国内目前不同的奖励制度，能够粗略地将其划分为三类平台——级差平台、双轨平台、资金盘平台。本来不应该将资金盘纳入到直销的模式中，它属于典型的传销模式，应予以严厉打击以净化市场。但笔者出于批评及批判的需要，将其纳入到了分析的范围内。

参与不同平台的人员，他们的动机与态度有着巨大差异。即使是同一个人，在参与不同平台的时候，其动机与态度也是发生了巨大变化后的结果。

相对来说，某一平台下的人群有着相对稳定的动机与心态。吸引力法则在这里发挥着极其重要的原则，也诠释着为什么会吸引到

他们。让我们一起来看看不同平台下，参与人员的动机与态度的差异吧——

（一）级差制平台下参与人员的动机与态度

级差制起源于美国上世纪50年代左右，最典型的莫过于AM公司，自上世纪90年代传入中国大陆。其考查业绩以销售的产品为主，每月奖金的主要来源是销售产品的提成。

其优点是公司平台比较稳定，主要以高品质的产品和优秀的团队文化吸引人员加入，一旦做大后就会比较稳定，并且收入极其可观。

而缺点是，前期启动市场比较慢、回报低，潜在的时间成本、学习成本比较高，组建团队的速度较慢。

基于级差制平台的特点，参与人员对平台长久性的信任度较高，无论是培训还是分享都强调只有长久经营才会做好。他们相信通过自己的拼搏可以获得一份长久、稳定的不在职收入与事业，并且这份事业可以传承给子孙。事实证明，确实有人已经传承给子女了。这种持久性、不投机以及坚持拼搏的精神，已成为行业最为赞赏的精神力量。

（二）双轨制平台下参与人员的动机与态度

双轨制（含双轨加级差制）主要诞生于2000年左右，其中以USANA等公司最为典型。其以推荐机会为主，考查业绩主要是推荐新人的数量多少，奖金的来源主要是推荐人数与重复消费。

优点是启动市场较快，回报率高，提倡体验消费，不用推销产品，上下互帮密度高，容易组建团队。

缺点是平台稳定性差，容易养懒人，过于讲究赚钱和先机，投机性较强，团队的培训和复制严重不到位，流失率较高。

近几年出现的公司，大多数会选择双轨制（或以双轨制为主），其主要原因是希望开盘后市场能够迅速出现爆发。

选择双轨制平台的人员也大都希望能在短期内赚到大钱，抓住先机,迅速打造出自己的团队等等。基于这些特点,他们喜欢新公司,热衷于更火爆的奖金制度,并渴望获得公司更大的支持力度。

事实证明,大部分人员在双轨公司占得先机后,会全力以赴,到处开疆拓土,迅速在全国布点。可以说,双轨的市场启动只要方法得当,一般还是较为迅速的。只要前期有较好的人脉以及超级的行动力,确实能够赚到可观的收入,并且吸纳较多的人数。

因为双轨讲的是速度,所以前期的沟通、培训、线下的活动等,相对来说较少,或严重不到位。因此,很难说伞下人员就是一个标准的 TEAM,只能称之为"在一个体系"。由于公司文化、团队文化、心态能力大都未能传播到位,因此相对来说忠诚度较低,人员极易流失,所以大家会发现只讲赚钱快,会有"成也萧何,败也萧何"的后果。一旦出现了更赚钱的制度、先机之后,许多人便会毫不犹豫地转投其他公司,这也是双轨制平台下的困惑之一。

(三)资金盘平台下参与人员的动机与态度

关于资金盘的定义,简而言之就是利用新投资人的钱来向老投资者支付回报,以制造赚钱的假象进而骗取更多的投资。

或许看到这个定义后,有人会坚决反驳,就像曾有朋友向笔者介绍所谓的"赚钱好项目"一样,某某人在半年内做某币,赚了2000多万元,某某朋友做拆分盘 3 个月赚了 200 多万等等,人家都赚钱了,你凭啥说这些是骗人的呢?

或许后续的故事你不知道,或许你知道但是没有说,他们可能已被抓,也可能正被其他人围追堵截,或许天天担心被抓等等。真正能在资金盘里赚钱了却心安理得的人,估计是不存在的。

要在级差和双轨的平台里赚钱与发展,主要依靠的是"行动力",而在资金盘里主要依靠的却是"运气",也就是在关网或崩盘前已回本并赚钱。

很多参与资金盘的人员都有着很重的侥幸心理,把运气当本领使用，或者利用某人的"好运气"到处忽悠更多的"接盘侠"加入，最终害人害己，无论自身的财富、信用、名誉、社交等都几乎被摧毁。

国家也会对该类平台予以坚决打击，以维持良好的经济、金融及社会秩序。

在此，我们奉劝他们应及时回头，一定要走正道！

三、不同角色的直销参与人员的动机与态度

在上面的板块，是以不同的平台下参与人员的动机与态度进行分析。而接下来，我们则要分析同一平台下参与人员的动机与态度。我们以每个参与者在团队或平台中的状态或角色来划分，逐个加以分析——

（一）为面子买单者

此类参与者碍于跟进者的面子或架不住多次跟进，最后出点钱算是"打发"了此事。他们一般不会向别人主动分享产品与商机，除了第一次购买产品或报单外，基本上不会再有业绩。当然了，大家都知道直销行业的产品品质挺好的，用了产品也不算上当受骗。

此类人群在参与者当中占有一定比例，后期应多邀请他们参加活动，感受团队的文化氛围，尽量实现从单纯消费者向经营者的转化。

（二）投机占位者

此类参与者对公司、产品、模式、公司文化等的考察与关注较少，首要考虑的是先机和"占位置"。有的参与者可能会借着刚开始的支持政策、利好等条件推荐团队进来。部分投机者短期内如果没有赚到理想的收入，或者支持条件停止后，又会去其他公司"占位置"。

对他们要引导其"既来之，则安之"，静下心来踏踏实实做事，只依靠抢先机，可能会赚到快钱，却不可能长久赚钱、成长，并无法获得尊重、荣誉感、成就感等等。

（三）产品爱好者

此类参与者被公司的产品所吸引，或者健康、美丽等方面受益于产品，成为了公司非常忠实的用户。其一般都是经济条件较好，或者没有更多时间，或者由于其他原因不能做经营者。

由于他们认真地体验并使用了产品，效果都较好，所以应鼓励他们多分享自身真实的案例以及使用心得，帮助他们以分享带动销售；也应邀请他们多多参加团队的活动，使其逐渐喜欢上健康的团队文化。

（四）兼职者

兼职者在整个直销参与人员群体中占有很大比重，毕竟专职者相对较少，因此研究他们的群体对市场拓展及稳定有着积极意义。兼职的主要群体为70、80、90后，这部分群体有较大的支出需求，有的利用业余时间从事直销业务以弥补收入的不足，也有人则喜欢开拓个人的事业。

因此，公司在制定市场策略、物流政策，包括大型活动的时间等方面，应尽量多满足该部分群体的需求。

随着团队的发展，当收入远远高于工资收入，或者处于较佳状态时，部分兼职者会选择通过专职来从事直销业务。

（五）全力以赴者

此部分参与者是最受公司和领导人青睐的群体，他们渴望成长与成功，在学习成长和市场上投入的精力、人力、物力都很大。

他们是团队活跃度的主要体现者，也是业绩、新兴市场的生力军。他们相信公司、相信产品、相信模式，对市场、团队、自己都很有信心。有他们的市场区域，团队发展就比较快，团队行动力较强，容易出业绩。

公司对他们提出的意见、建议、售后等问题，一定要热情、快速地回复，必要时应开一定的"绿灯"，以保证他们工作的激情与高效，因为这是非常具有生产力的参与群体。

（六）领袖

一个团队的发展壮大、健康成长，与领袖们的辅导、管理、培训，甚至包括一言一行都息息相关。他们已经成为团队的灵魂人物，影响力相当强大。同时，他们也是公司的座上宾，基本上进入到了公司主导的各种委员会当中，参与公司对于市场策略的重大决策，直至影响着公司的战略与执行。

维护公司平台的稳定与彰显尊贵身份已成为他们思维与行动的初衷。

对于他们而言，平台和团队的稳定是其获得财务自由及尊贵身份的根本，因此他们会不遗余力地维护公司和团队的发展。

同时，公司维护领袖们在公司平台上的稳定，也是公司市场、业绩、发展势头等方面的重中之重。

公司需要建立针对他们的绿色通道处理问题，在原则性及灵活性上做高度的平衡，并安排高级管理人员与他们定期沟通，以彰显其尊贵的身份与影响力。

直销参与人员的动机与态度分析是一个非常复杂的研究课题，本文仅以带有普遍性的、概括性的特点加以归纳。具体到每家公司的参与人员，由于受到民族、男女比例、区域分布、年龄阶段、教育程度、领导人特质等影响，其动机和态度会有一定差异，公司管理层如能精准把握每个团队的特性，那么对于管理及处理疑难杂症都有着积极的意义。笔者愿以此文作为抛砖引玉，期望能对大家有些许贡献。

6.3
直销行业形象提升的策略研究

摘　要：本文关注和研究直销行业形象，通过详细阐述直销经济理论、公众认知理论、品牌塑造理论以及整合传播理论，为直销行业形象的进一步研究从理论上提供依据；通过深入考察国内外直销领域的认识和运用、现代社会直销模式的发展与问题、直销行业的正反两方面形象趋势特点，基于历史分析和比较分析等手段，从理论上揭示直销行业形象的问题与提升战略；通过分析直销行业的模式优势，从理论上探讨中国直销行业形象提升的发展策略路径。

关键词：直销行业形象　正能量　提升战略　金字塔销售

一、绪论

（一）研究背景

根据世界直销协会联盟的统计，2016年全球直销业营业额超过2000亿美元，从业人员近5800万人。在直销业的发源地美国，从事直销的人大约占总人口的4.7%，在我国台湾更是有总人口的17.73%的人在从事直销的工作。中国大陆人口众多，近些年来经济一直保持着高速增长，消费观念也在不断更新，同时就业压力也在不断增加，这些都为直销业的发展奠定了坚实基础。

直销进入中国已有20多年历史,由于长期以来受到诸多传销问题和行业形象始终不足的影响,中国直销行业的发展一直都得不到社会很好的认可。也正因为其行业形象不佳,从某种程度上也阻碍了直销模式特有优势的正常发挥。直销行业形象如能得到有效提升,直销的优势将得到很好的释放,中国的商业经济会得到有力的增长。其实,直销这种模式本身具有很好的特质并且能够发挥其优势,例如它是一种节约成本、扩大渠道、提升服务、促进流通的很好的营销方式,它对社会也能够在增强就业、积极纳税、健康教育传播、个人素质提升等多个方面进行助力,直销具有对于个人、对于国家、对于社会的多重价值,是具备良好商业形象潜质的。因此,科学、客观、准确地评估中国直销业的公众形象,并对其影响因素进行深入探讨及对形象提升进行策略研究,已成为理论界、政府管理部门及直销业界共同关注的问题。

(二)研究问题的提出

目前,我国的直销业存在着行业形象低下、社会公众认可度不高的问题,甚至直销行业形象的问题也严重影响到了其整体发展。了解直销行业形象及其影响力因素有利于更好地促进直销行业的发展,具有现实意义与应用价值。

其一,直销1990年进入中国正式发展,之后非法传销也肆行于神州大地;1998年被"一刀切",社会大众也就有了"直销就是传销,传销就是骗子"的不良印象。国家工商总局曾一度通过"打击传销规范直销"以培养直销的合法环境,但是关于直销的法令还有诸多改进之处,直销企业也不时爆出投机和虚假行为事件,再加上近年来资金盘的"抢人"和暴富心态干扰,在很大程度上扰乱了直销形象的正常认知与提升建设。

其二,积极提升直销行业形象,也在业内被呼吁了多年,目前直销行业形象的提升空间仍然很大,但任重道远,这需要行业各方人士的多方协助，在行业公众形象方面和企业直销印象方面都应进行充分提升。我们要营造良好的直销环境，还直销人以尊严，"重建直销信任"，建立从政府的信任到大众的信任，真正实现直销行业形象的战略提升，这已经成为中国直销行业进一步发展的当务之急。

二、直销行业形象概述

（一）直销行业形象的概念界定

所谓形象是指个体或组织的客观状态在公众舆论中的投影，也就是社会公众对该个体或组织的认知、印象、看法、态度、评价的综合反映，是公众所具有的情感与意志的总和。由于当前社会的竞争已由点扩展到面，虽然直销所到之处无不引起社会的广泛关注，但对于直销的学术研究却非常有限，尤其是与有关直销的公众形象研究更是寥寥无几。

事实上，行业的公众形象直接影响到了行业从业者的从业积极性。Thomas Wotruba 通过对来自玫琳凯等 4 家直销公司的 491 名直销商的调查，研究了直销的公众形象是否对直销商的从业积极性产生影响。结果表明，对直销的公众形象有较多消极感知的直销商其工作满意度较低，且较倾向于不活跃，但彼此的相关强度在高业绩直销商与低业绩直销商之间是不同的。

江惠翎等以台湾高雄地区消费者为研究对象，探讨了台湾公众对直销的喜爱程度，发现直销产品价格、种类，直销公司品牌以及直销人员是影响消费者对直销喜爱度的重要相关变量。2004 年，直销教育基金会对包括美国、南非、澳大利亚、新西兰、中国台湾、菲律宾、芬兰和英国 8 个国家和地区的调查结果表明，全球样本中的 76% 曾经买过或是打算以后从直销员手里购买直销产品。由此可见，这8个国家或地区里的民众对直销有着比较积极正面的感知度。

社会当初对直销的形象认知——一个"疯子"，一个"骗子"，这是直销行业起初给社会大众印象最深的两方面。为什么说是"疯子"呢？上世纪90年代初，直销行业刚刚进入中国市场时是新兴行业，很多人的表现极狂热，印象最深的就是喜欢喊口号、深夜开会。另外一个是"骗子"，上世纪90年代初，出现了很多出名的传销公司，直至今天，传销公司仍然广泛存在着。

经过二十几年的健康发展，如今，中国消费者对直销企业的认识才开始越来越客观，认可度也逐渐提高，市场营运也逐步规范起来。据道道舆情监控室的一项关于直销行业公众形象的调研数据显示，如今公众对直销行业的产品、服务认可度较高，对直销的整体接受程度大大提高。有92%调研对象表示知道直销的存在，34.1%受众表示有意愿参与直销。而对直销的初步认知就是简单判断好与不好，在这一点上，南都网曾于2016年上半年就直销的概念和直销的优缺点做过简单的调查总结，其中优点占比达78.9%，有良好的团队精神居于首位达30.9%，缺点占比为77.6%，说假话说大话被深恶痛绝43.9%。（具体如下图）

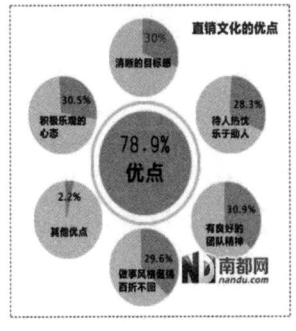
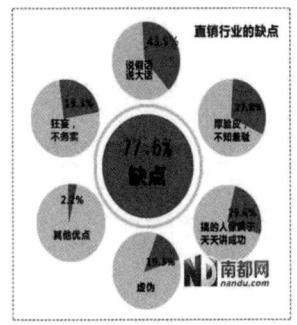

（二）直销行业形象的发展影响

1998年4月18日，国务院发布《关于全面禁止传销经营活动的通知》，在全国范围内开始打击非法传销。2003年9月至2004年10月，全国查处了非法传销2797起。许多正当经营的传销公司深受其害，公司形象和直销行业形象都受到了极大的伤害。为了适应市场，减轻非法传销带来的危害，扭转传销在政府、国民心中的不好印象，传销业采取了一系列措施，包括将"传销"更名为"直销"，提高直销从业资格的门槛，加强对从业人员的指导与监控等等。

自上世纪90年代直销进入中国内地以来，由于引入前期制度建设不完善，市场经济仍未成熟，行业环境混乱，地下直销组织如"老鼠会"、"金字塔公司"等纷纷涌现。然而，这些公司一味追逐自身利益，通过发展人员来赚取入门费或人头奖金，牟取非法利益，扰乱市场秩序，最终受害的是广大消费者。合法的直销被非法的传销组织蒙上了一层阴影，非法传销的概念深深烙印在消费者心中，自然而然将直销与非法传销联系在了一起。消费者在享受直销带来的便利的同时，心里仍存在着不安，面对直销可以说是"爱恨交加"。加之长期以来大量的非法传销事件频频曝光，这更使广大消费者对合法直销与非法传销存在认知上的误解，容易产生对直销的负面刻板印象，如直销是有害的、混乱的，是一种骗人手段等，最后致使直销模式在中国发展"水土不服"。所以说，重建直销信任是一个严肃的话题。

在2016年上半年南都网所做的直销的印象和消费者对直销的评价转换的调查分析中可以看出，社会大众对直销文化的认知态度不一，消费者认为直销的形象没有提升的大有人在，所以说直销虽然在不断发展，但直销行业的形象却没怎么提升，有一些伴随着直销发展的负面因素也在慢慢发酵。

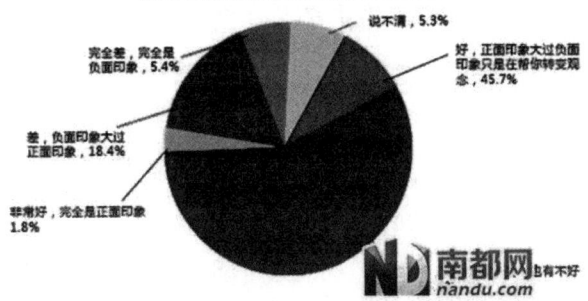

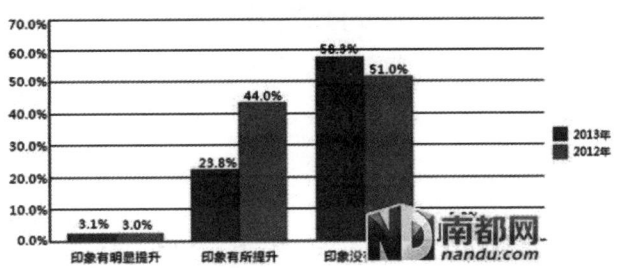

图片来源于南都网

（三）直销行业形象目前存在的问题

目前，关于直销业的研究主题大多是直销商加入直销事业的动机和直销政策发展研究，而对公众从事直销业态度的研究相对较少。但是直销商的加入动机研究与公众从业态度的研究既有差别也还是有相关度的，其具体表现如下：

（1）直销商加入动机研究是对已经成为直销员的人群当初加入的刺激因素研究；

（2）公众从业态度研究是对普通人群对直销工作的看法研究。

先说直销商的加入动机研究。对直销商加入动因的研究最早见于美国，Wotrub 等以 Mary Kay Cosmetics、Salasmaster、Tupperware、United Consumers Club 等 4 家美国直销公司的直销商为研究对象，采用通讯取样的方式，获取了有效样本 491 份，用五个动机模式及

26项工作特性研究他们加入直销的动机,并采取七分量表衡量每一项工作特性对加入直销公司的重要性。结果表明,金钱往往并非是人们加入直销的主要原因,对于个人短期目标的追求、开创事业的雄心、对产品的喜爱、优惠的购物折扣及赢取他人的赞赏等原因往往才是隐藏于背后的动机,并建议直销公司在招募新事业伙伴时应多着重直销事业的社会性回报(如荣誉、赞赏)、自我满足(如成就感)、自主性(弹性工时),而少强调金钱与财富方面的回馈。

根据肖波在对消费者向经营者角色转变的动因研究的结论表明,根据简单创业动机模型,直销消费者再向经营者角色转变的过程中,角色转变动机在转变前倾向于经济型导向,而转变后则是社会型导向的作用会更强一些。

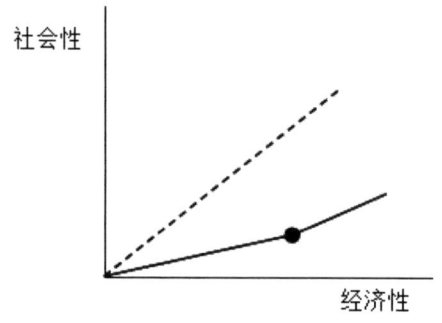

再说公众从业态度的研究。叶明义和吕金龙研究了大学生对从事直销工作的认知、态度与意向。在测量大学生对从事直销工作的认知时,用了11个和9个题项测量大学生对于从事直销好处与坏处的认知。结果表明,在从事直销工作的好处中,大学生普遍最认同的前三项为"训练口才和培养工作能力"、"增加人生阅历和经验"、"获得经济收入";最不认同的三项是"将课本所学应用在实务上"、"获得归属感"、"能够自我创业"。而在从事直销工作的坏处方面,大学生普遍最认同前三项"受骗的机会高"、"资金不够充裕，易造成金钱关系复杂"、"影响课业"；最不认同的是："被学校师长禁止，或遭受处罚"、"造成家庭不和"、"影响校园风气"。

大学生对从事直销工作的认知表

从事直销工作的好处	从事直销工作的坏处
获得经济收入	影响课业
拓展人际关系	个人价值观偏差（如短视近利、拜金主义）
训练口才和培养工作能力	和同学关系冷淡、受排挤
满足成就感	影响校园风气
增加人生阅历和经验	工作量和报酬不一定成正比，容易影响平时情绪
获得归属感	受骗的机会高（被从业者欺骗）
能够自我创业	造成家庭不和（如父母反对）
将课本所学应用在实务上	资金不够充裕，易造成金钱关系复杂
工作时间具有弹性	被学校师长禁止，或遭受处罚
工作地点没有限制	
不需要特别的工作训练和经验、容易进入状况	

而在从事直销工作态度方面，用"是否赞成大学生从事直销工作"来测量从业态度。研究表明，大多数学生对于从事直销工作仍是持反对和中立的立场。在从业意愿方面，大部分学生的从业意愿并不高。

（四）大众媒体和专业媒体对直销行业形象的认识

据《2012中国直销行业公众形象调查报告》显示，公众对直销的认知绝大部分来自于媒体传播而非直销业一直倡导的"口碑传播"。《2012中国直销行业舆情报告》显示，主流媒体对直销行业的报道以负面报道为主，达到49%，正面报道只有31%，中性报道占20%。而报告显示的另一面则是，直销行业与公众主流媒体的沟通特别少，尽管安利、玫琳凯、完美等这几年加大了与公众沟通的力度，安利每年在媒体的报道高达上万篇，但仍仅仅只是其他行业的一个小零头。

三、直销行业形象成因分析

国外很少有直销行业形象的提法和研究，这一观点问题主要集中在国内。在直销行业形象的概念与内涵方面，由于各位学者对直销行业公众形象的分析角度不一、侧重点不一，因此理论界还没有形成一种能够被广泛认可的权威概念，但一般都认为直销行业形象是一种直销社会公众形象，并且是由于信任、利益等造成的。

在国外，直销基本上是一个兼职的行业，是一个促进产品流通与消费的通路，许多保健品等是与其他日用品一起放在超市里销售的，有的也通过人员直销的方式面对面销售出去。虽然国外也有金字塔诈骗等多种扰乱市场的行为，但是国外没有如同中国的"直销"和"传销"等多个概念的纷扰，所以直销行业形象问题也就没有那么乱。再加上国外对直销的管控没有如同中国1998年4月"一刀切"的明确和严格，所以国外直销业的发展没有因为直销的形象问题而发生多大影响。而在中国本土，直销的形象问题则对直销行业的发展和企业的市场销售份额产生了较大影响。

以上分析了几个国外概念的不同，我们来看一下直销形象研究的相关进程。

黄俊英以国际直销作为研究案例,采用民族志研究法分析得出,传销领域里的人际的拓展是建立在对人、企业与自我信任的基础上的,但这是一种弱连接关系,弱连接才是传销商重要的潜在下线,而信任机制则在传销领域中扮演了重要角色。黄英姿通过了解公众对直销及其各方面的认知与态度,探讨中国直销业的公众形象并对其影响因素进行分析,其研究结果表明,当时中国公众对直销的概念很模糊,对直销的认同程度还不高;对直销人员的感知及态度会很大程度上影响他们对直销其他方面的评价,反过来,直销业的公众形象会着重落实到他们从事直销工作的态度上。

2012年12月16日在中国直销行业公众形象高峰论坛上发布的《2012年度中国直销行业公众形象调查报告》显示,从以北、上、广三地为基础进行的"直销印象"的调查结果来看,尽管公众对直销认知度高,但了解程度缺很低,"直至现在,仍有很多人难以区分直销与传销。"首先,这与直销法规的普及程度偏低有着很大关系。尽管2005年国务院颁布的《直销管理条例》和《禁止传销条例》对二者进行了严格区分,但只有8%的人表示了解直销法规,有43%的人都没听说过。政府部门和各直销企业在近年里都努力为直销行业做正面宣传,也取得了一定效果,但根据最新的调研报告显示,仍有近20%的消费者对直销行业有比较负面的印象。受访者说,部分直销产品的宣传夸大、言过其实,产品价格贵,更有些直销人员过于热情,给市民造成了困扰。不过,这种评价正呈现出向好的趋势,有47%的受访者对直销的评价有所提升,3%的人还有明显提升。其次,评价的好坏一方面取决于行业自身,另一方面则取决于与公众沟通的程度。据《中国直销行业公众形象舆情报告》显示,直销行业的报道受传销影响,49%为负面新闻,正面新闻只占

31%。由于与公众沟通不够，其正能量未被公众了解，所以直销成了一个"被误读"的行业。

总体来说，直销行业形象在如下几个方面存在着问题：①"新人加入的正确介绍方面"，因为新人加入时没有得到很好的文化认知告知，总是被忽悠式或夸大财富式地稀里糊涂加入，加入直销后又没能很快赚到钱、其财富投资不能很快得到回报而产生怨恨情绪，同时经销商在销售过程中又过于热情，导致消费者感到很反感；②"负面报道及来源方面"，因为大众主流媒体影响社会消费者的品牌认知，大众主流媒体过多地报道了非法传销和直销的新闻，特别是在虚假宣传、跨区销售、产品质量、直销层次性等方面的负面报道或片面报道，往往多于对直销的正面报道，同时在自媒体时代，经销商的主动爆料和自媒体的新闻挖掘也更多地呈现出直销的负面讯息，这些都影响了大众对直销的认知；③"产品质量的适应性方面"，因为直销产品经过了科技研发生产可以说是很安全的，但是用在不同的人身上的适应性不一定完全相同，可能会出现不适应的表现，这时候企业如果不及时尊重消费者的处理对待或退换货，就很容易使消费者产生关于产品的矛盾认知，同时直销产品价格虚高等现象也普遍存在，就更加造成了对直销的坏印象；④"企业的制度涉传方面"，因为中国的《直销法》还没有出台，目前只是具有国务院法律效力的《直销管理条例》和《禁止传销条例》，这两个条例没有很好地考虑中国企业的实际，也没有与国际接轨，所以目前所有的直销企业都存在问题的，在这方面政府和企业都是"睁一只眼闭一只眼"地在发展，直销条例修改和完善也是多年来行业里呼声最高的事情，所以直销企业多数都在与商务部、工商总局、公安部等管理部门的博弈中生存，企业需要约束好自身和经销商行为也是非常重要的事情。

四、结论

与以往的产品广告效果研究结果相比,本研究具有以下新的发现:

(一)直销与传销概念区分模糊,社会大众认知度还不是很高。

人们还是不能准确区分直销是什么、传销是什么,这两者之间究竟有什么区别。直销从业者在销售过程中要如何做才能更好地接近消费者,直销新人如何科学地介绍直销及直销文化的特点,才能保持对直销行业形象的正确认知。

(二)公众对直销各方面的认同只处于中间水平,会对直销形象认知产生各种误解。

人们对直销方式的评价主要出于对购物安全性的考虑,其次是服务性,受教育程度的高低对直销方式的认同度高低存在极显著的影响。对直销产品人们关注的首要因素还是内在品质,其次是品种是否齐全、包装是否精美的外观因素,最后关注的才是价格;同样,对直销产品的认同情况也受学历高低的影响。

被访者对直销人员及直销工作的评价除受教育程度的影响之外,还受职业、收入及年龄的影响。他们将专业素质作为评价直销人员的首要因素,其次是亲和力及功利心。而对于直销工作的评价,被访者则表现出了非常矛盾的心态,既认同直销"是个不错的兼职",但还是有近80%的被访者对"支持亲友做直销"持保留及反对态度。直销归根结底是人的事业,所有直销成果与活动的推动都以人为基点,直销为服务人、满足人的需要和兴趣而存在。

(三)公众对直销行业形象的认知会受到直销环境很大程度的影响。

在大众媒体的正负面报道方面,公众会因为大众主流媒体报道直销负面信息多且频繁,而普遍认为直销行业不好,他们也会因为自媒体的多种信息的出现和经销商的"家丑外扬",而认为直销本身也不是很好。在直销法律环境和监管方面，公众不会因为法律不完善导致企业经营不规范而正确认识直销的发展，而只是简单认为直销就是"骗人"和"违法"的把戏，他们并不知道"违规"和"违法"是两个概念、两种性质。这种认识现象是无知的，无知就很容易导致盲从，再加上直销尤其是多层次直销模式下的五花八门的团队计酬方式，更是令接触者眼花缭乱、难辨真假，一不小心就有意或无意成了金字塔销售骗术的牺牲品。

（四）直销产品在每个消费者身上的效果也不是完全一样的，不一样的效果体现再加上与当初新进直销所介绍的情况产生矛盾，那么形象问题就自然不是好的方面了。

直销企业在处理产品的售后服务期间，价格高于市场很多倍且后期并没有完全按照冷静期原则来处理，没有严格按照消费者权益保护法来对待消费者，这有违直销的基本服务原则。另外，直销产品是市场流通环节中很重要的方面，也可以说是本源的产品销售，一切销售都要回归到产品的本质上来，任何无产品的行为都是虚假和骗人的。

（五）本研究还有一个值得重视的结果，那就是高学历、高收入的被访者对直销各个方面的认同度都相对较低。

这对直销未来的发展不是很好的征兆，一个行业的发展壮大一定离不开高素质人员的参与。高学历高收入群体是整个社会的控制者，直销一直都存在"非主流之痛"，与它得不到该群体的认可是有关系的。而要改善这种局面，一方面要靠直销行业的自律，另一方面则是如何提高直销的格调及品位，这需要创新及创意的加入。

五、建议及今后研究方向

本章主要介绍本次研究的研究建议、研究局限性以及今后的研究方向。

（一）研究建议

直销行业正处于发展的转轨时期，行业形象正在不断梳理中向前发展与凸显着。中国近年来才开始重视并加强直销行业形象提升的研究，不同学者站在不同的角度阐述着各自的研究和看法。相关直销企业负责人在某些会议场合零散地提到了提升直销行业形象的方法和可行路径，政府部门只是简单谈到了党建等宏观方面指引方面的塑造，所以我们要正确认识直销模式的优势作用，直销形象提升应多方着力。

1.正确认识直销的概念及直销与传销的区别，政府与相关中介组织和媒体机构应做好普及知识的宣导。

政府机构和相关中介组织可以在权威媒体上及官方网站等公开的媒介上准确全面地介绍直销与传销的定义和区别，不要怕惹事而都不愿抛头露面发出声音，这是很不对的，其也不利于社会公众对基本概念的充分理解。与此同时，也可以通过发放一些宣传资料来传递直销的规范信息。虽然直销是靠口碑宣传的，但是必要的正面发声也非常重要。

2.对直销模式的优点进行理解与分析，在全社会重建直销信任，努力消除骗子的印象。

直销企业如何来提高直销行业公众形象呢？上面说了很多方面，在此我们再强调一下。一是直销企业可以履行社会责任，开展公益慈善事业。据官方数据显示，自立法十多年来，直销行业社会公益事业捐助每年平均为5亿元，总金额已接近50亿元。持续开展的公益项目涉及到了扶贫、教育、医疗、环保、创业、妇女、儿童等多个领域。值得注意的是，直销行业在发展公益事业方面具有强大的带动性，几乎所有公益活动都是直销员广泛参与的。据不完全统计，每年带动参与公益活动的直销员和其他人员已超过500万人次。

二是直销企业可以积极纳税，为国家的繁荣做贡献。据《2014中国直销行业企业社会责任报告》数据显示，仅2014年，直销企业、直销员便合计纳税56.96亿元，其中，企业直销纳税额55.81亿元，直销员纳税1.54亿元。2005年以来，直销行业的纳税额已累积超过300亿元，潜力还是很巨大的。

三是直销企业可以加大自身公益品牌的建设力度。从直销企业品牌宣传方面来看，安利、中脉、无限极等企业都通过不同渠道投放了大量广告。另外，企业也在线上线下的广告植入或举办宣传活动等方面进行品牌建设，例如安利在《十二道锋味》节目中植入广告、纽崔莱产品支持奥运会中国代表团；无限极举办道地原料溯源之旅、健康行走日、"养吧"体验等活动；中脉生态家亮相首都机场、冠名"中脉道和号"高铁列车；玫琳凯举办百变美人季等，这些都是提升企业品牌和提升行业形象的很好做法。

3.尽快修改并完善《直销管理条例》和《禁止传销条例》

目前的直销法规内容滞后，这两个条例制定之初采用严格的行政限制措施规范直销市场秩序、保护消费者利益符合当时的社会背景和经济发展程度要求，但这些内容与现阶段直销业的现状有些不符，甚至有碍我国直销产业的发展。按照目前这两个条例来监管，很容易出现这样那样的问题，导致的相关结果是企业与市场都不规范，直销行业形象不是很正面。

制定《直销管理条例》是我国履行入世承诺的重要举措，但经过12年来不断的实践和探索，我国已成长起了一批经营稳健、管理规范的内资直销企业，随着"一带一路"倡议的推进，中国直销正积极努力去实现海外发展的梦想。从世界直销业发展的历史来看，很多国家都会对直销做出渐次放开的市场安排。通过学习借鉴国际通行做法、充分考虑中国国情,建立一套有中国特色的直销行为规范，实现与国际的接轨，已经势在必行。

4.加大与公众媒体的交流及互动，成为全行业建设公众形象努力的一个方向。

直销企业要高调正确看待自身的公益行为，不要因怕事而不宣传；同时，也要找到相关权威组织机构与大众主流媒体积极、充分沟通，鼓励其多报道直销模式的优势方面和实际能解决就业等功能方面，不要片面报道或进行捕风捉影式报道。在"问题门"频发的时代，社会各行业公众形象遭受到了严重拷问。行业公众形象如何往往会成为制约企业发展关键的市场因素。对于一直长期遭受诟病的直销行业来说，公众形象建设是一个更为敏感与重要的问题。尽管许多直销企业通过热心公益事业、提倡健康的生活方式等正在积极地释放正能量，但是因为缺乏与公众良好的沟通，这些行为没有被公众正确了解与认识，从一定程度上导致了他们对直销行业的误读。可以简单地说，当前在普通消费者心目中，并不能完全区分直销与传销，因此直销企业形象受到了传销的影响与损害，所以，直销企业要想树立良好的"公众形象"，首先一定要坚持做到"规范直销，打击传销"，努力摆脱"传销"形象的影响，然后还是要从企业自身做起，做到"内建于心，外建于形"。

5.直销企业要对市场销售人员进行正确教育，不要为了增员和冲业绩而夸大宣传。

直销的核心理念是基于"分享"前提下的销售，就是通过把自己好的使用产品的体验传达给受众使其从中感受到愉悦及快乐，从而产生想获得同样体验的欲望。分享是主观的动力，而销售是客观的结果。然而，很多直销人员却本末倒置，为了达成销售而置他人的感受于不顾，或死缠烂磨，或威胁利诱，一股不达成销售不肯罢休的气势，这不仅违背了直销的宗旨，更给消费者造成了很大心理压力，从而激起他们对直销的反感情绪。虽然这只是少数直销人员的所作所为，但损伤的却是整个直销行业的声誉。绝大多数被访者都认同直销人员"过于热情"（3.96分），而对直销人员"综合素质高"的认同度最低(3.04分)。因此，作为直销业主体的直销公司，应该教育所属的直销人员正确理解、运用直销模式，领悟直销的真谛，培养一批乐观向上、诚实可信、具有良好专业素养的高素质直销人员。

6.直销企业也要苦练内功，努力把自身产品做到更好。

产品是企业的根本，直销企业须保证流向市场的产品质量上不出现任何问题；同时，也要做好产品的退换货工作，严格遵循冷静期原则和消费者权益保护法的有关规定，从售前、售中、售后等方面同时着手，把消费者矛盾与购物隐患降到最低。

于2014年3月15日起正式实施的《消费者权益保护法》，针对消费领域出现的新情况新问题，规范了网络购物等新领域，完善了"三包"、"召回"等规定，通过建立消费公益诉讼制度，减轻了消费者的举证负担，同时还加重了违法经营的法律责任，提高了惩罚性赔偿数额等。"与时俱进"的新《消法》，必将成为消费者的维权利器。

所以，在出现直销产品的退换货问题上，企业要正确面对正常的售后问题，杜绝一切产品维权事件。同时，企业也要抓好内部的管理，提升自身产品质量，讲诚信才是根本，不能单纯依靠公关来解决问题。然而，提升直销行业形象确实可以着重做好三方面工作来提升社会的认同感：确保产品品质与安全、善待并管理好营销人员、履行好企业的社会责任。有时可以肯定地说，以产品为导向是改善形象的主要选择。

7.从组织层面上讲，应尽快成立直销协会。

美国直销协会所属的直销教育基金会就是通过不断提供系列的直销教育计划改善直销在公众心目中的形象的，其也能不断提升直销的行业形象。行业协会的作用，一是代表本行业全体企业的共同利益；

二是作为政府与企业之间的桥梁，向政府传达企业的共同要求，同时协助政府制定和实施行业发展规划、产业政策、行政法规及有关法律；三是制定并执行行规行约和各类标准，协调本行业企业之间的经营行为；四是监督对本行业产品和服务质量、竞争手段、经营作风进行严格监督，维护行业信誉，鼓励公平竞争，打击违法、违规行为；五是受政府委托，可以进行资格审查、签发证照、资格认证，发放产地证、质量检验证等；六是对本行业的基本情况进行统计、分析并发布结果；七是开展对本国行业国内外发展情况的基础调查，研究本行业面临的问题，提出建议、出版刊物，供企业和政府参考；八是进行信息服务、教育与培训服务、咨询服务、举办展览、组织会议等。

只要政府部门开宗明义、按规律办事，大众媒体正确报道并多关注好的方面，直销企业以客户为本位进行管理规范、正确认识自己，直销从业人员自律操作、不炒作不盲从，直销行业协会尽快成立且发挥有效作用、直销领域认真实行商业理想的重塑，相信产品的市场流通的各个环节会畅通无阻，那么就能很好地推动直销行业的整体形象提升。

（二）限性和今后的研究方向

当然，研究中还是暴露出了一些不足之处。在问卷设计方面，借助被访者对各个直销公司的综合评分作为对直销公司的评价，显得过于笼统，无法得知被访者对直销公司的各方面具体表现的认同情况，无法进行更深层次的分析。另外，由于是区域性的街头拦截访问，样本群体的代表性有一定偏差，尤其是年龄、学历及职业结构不尽合理。幸好这样的调查研究我们还会持续下去，继续研究并完善。

面对未来，直销行业有两个基本困惑：一个是基于现行政策法律和监管层面，人们对于中国直销的未来无法确认；第二个是基于对新兴的电子商务及其现代营销方式的高速崛起，人们对于中国直销的未来无法判断。这两种疑惑的存在，无论是哪一种，都将直接或间接地影响到整个中国直销行业的健康持续成长和形象认知的问题。但我们相信，中国直销模式在未来一定会逐渐回归到它的本质，正本清源走向有序发展，行业形象一定会随着市场的发展而整体提升。

参考文献：

[1] 陈亮，《重建直销信任：何时不再被当作是骗子？》，《媒体眼中的直销》，中国商业出版社，2016.11。

[2] 王利明，《2016年中国直销行业舆情报告——行业舆情环境》，2017.02.16。

[3] 肖波，《消费者向经营者角色转变的动因研究——以直销业为例》，道客巴巴。

[4] 邱长兴，《奖金制度大宝典》，经济管理出版社，2016.7。

易园翔，《直销经营12大难题的破局之道》，中国商务出版社，2016.10。

[5] 南都网，《直销形象数据调查与分析》。

[6] 马建忠，《直销公司如新在华涉传销自认多宗罪 洗脑式暴富神话破灭》，凤凰网，2014。

[7] 黄英姿，《转型期中国直销业的公众形象及其影响因素研究》，《第十二届直销学术研讨会论文集》。

[8] 陶颖.黄英姿，关于经销商忠诚度及其影响因素的探索性研究，2016国际直销学术论坛暨海峡两岸直销学术研讨会论文集。

[9] 肖波，《消费者向经营者角色转变的动因研究——以直销业为例》，道客巴巴。

[10] 王万军，《2013年中国直销行业社会形象研究报告》，南方都市报，2013.10.14。

[11] 欧阳文章，中国直销经济学，北京大学出版社，2007.8。

6.4 直销业的平台生态圈现象

摘 要：直销生态圈中怎样才能算是达到了一种互利共生的状态呢？这是一个有待挖掘的命题，自然界中的互利共生是指两种生物生活在一起，彼此有利，两者分开以后都不能独立生活。而我们的直销行业若是达到这种互利共生的状态还需要多方的努力，包括政府、企业、经销商的共同协作，推动行业加大自身建设的力度，更多地承担基础性工作，在促进直销行业的发展中发挥出更多、更大的作用。

关键词：生态圈 直销 平台

蒙牛创始人牛根生曾在电视上接受采访时说："如果定义生命能够生存的温度范围，是介于摄氏零下100℃到摄氏100℃之间，恒星周围环境温度在这个范围的区域称为生命能够存活的生态圈。我们经营的不是一个点，也不是一条线，而是一个圈，一个很大、很长、很累人也很激动人心的圈。通俗的说法把它叫作产业链，而更形象的说法，应该称它为'企业生态圈'。好似奥林匹克标志，大圈里面有小圈，原料圈、资本圈、制造圈、市场圈、品牌圈，五环闭合首尾循环，形成一个完整的'企业生态圈'。"

其实，企业生态圈和产业行业生态圈也不尽相同，但有一点却是可以肯定的，"生态圈"的课题是各行各业所要共同面临的。"企业生态圈"又被称为"商业生态圈",即商业活动的各利益相关者共同建立一个价值平台。其中,各个角色关注其所在的价值平台的整体特性,通过平台撬动其他参与者的能力,使这一系统能够创造价值,并从中分享利益。与生物生态圈相比,其有很多类似之处,首先,竞争性依然存在,但更多是强化了彼此间的联动性、共赢性和整体发展的持续性;其次,弱肉强食的收购、吞并现象依然会持续,一些非正当竞争依然存在,这就是生态圈的自由性体现;最后,生态圈还存在一些非主流甚至是怪异的现象,这是进化的体现。总之,生态圈一词带给我们的最有价值东西在于让我们从整体的高度审视整个商业的发展,以对其有深入的认识,并由此对自身进行更加精确的定位,以适应这一充满了生机同时又危机四伏的生态圈。

一、直销业的平台搭建

平台搭建正在受到直销企业的热捧,一些直销公司公开向外界宣布,向所有类型的产品供应商打开大门,有的直销公司正在通过一系列积极的产品导入行动推进平台的建设。反映到表象就是,直销界正在进行一场如火如荼的产品品类创新战争。

从卖自己的产品,到搭建平台,本质上就是从封闭走向开放。业内习惯上把直销企业划分为内资与外资,过去,这种划分是根据投资方来进行的,而今天,它正在被赋予新的意义。当前刮起的平台战略搭建之风正在引发新一轮分流。

在中国,外资直销企业以国际化、规范化的管理和成熟的营销模式著称,而内资直销企业则以灵活的、本土化的营销模式见长。外资直销企业该卖什么产品、该同谁合作,全球统一,中国区市场没有主导权,而内资直销企业则不同,它们可以灵活决策。当外资公司还在谨慎试水的时候,内资直销公司便已经扛起了平台战略转型的大旗，在这场方兴未艾的战争中，直销业该如何分流？

在平台上打造由多种多样的产品和服务构成的"消费系统"、"商城"，从实体的化妆品、保健食品、保健器材、厨具、家居用品、服装，到服务型的旅游、医疗、美容、教育、文化娱乐，从快速消费品到耐用消费品，从吃的到用的，无所不有，从而将会员与经销商绑定在平台中，将企业打造成具有封闭性的、包罗万象的平台。比较典型的有宁波三生公司、天津权健、中脉、隆力奇、绿之韵等直销企业的平台。

平台战略搭建为何越来越被重视？其原因有以下几个方面：

1. 两个条例的实施，为中国直销的发展规划了基本的方向，从事业导向转变为产品导向。产品导向，就是以好产品、卖产品作为营销的中心，以产品吸引消费者。为了留住消费者，直销公司不断推出新产品、好产品，久而久之，就聚集了规模越来越大的用户群体。当身边聚集了一个比较稳定规模的用户群之后，让这个群体增值，自然而然地就成为了企业的使命。

2. 直销企业以明星产品打天下。一提到安利就想到洗洁精、蛋白质粉，一提到完美就是芦荟胶，但今天你很难再把这些产品与这些企业画上等号了。原因很简单，因为别的公司也在卖洗洁精、蛋白质粉、芦荟胶。今天，随着竞争的发展，极少有直销企业有独一无二的产品，即使别人没有一模一样的产品，也很快会出现同类产品，例如洗护类产品、营养素补充剂，保健食品的同类功能产品更是数不胜数，单单拼产品已经不行了。

3. 仅依靠"好产品"并不足以留住顾客，必须要把顾客绑在平台上，在同一个平台上就可以实现生活的所有需求。顾客从企业中获得的只是产品和服务，但是从平台上得到的却是生活和生意。只有这样，才能留住顾客。因此，也可以说，平台战略是直销市场竞争不断深入的结果，也是未来营销模式的趋势。

其实，平台搭建在新拿牌直销企业身上也正有所体现。由于本身就以清库存、盘活资源为目的进入到直销业，因此，平台战略搭建与大多数传统企业的初衷不谋而合。而这些以传统资源为基础的新拿牌直销企业的平台战略，内容就更加丰富多样了，但由于会员规模较小，平台尚未搭建成熟，所以，这些企业的平台优势并未得到充分发挥。

二、直销业的商业生态圈现象

生态圈原是自然科学用语。这一概念被引入商业研究则相对较晚，1993年，穆尔（James Moore）在《哈佛商业评论》上第一次提出了"商业生态系统"的概念，通过众多学者的逐步完善，"生态圈"正在成为商业关系构建上的一场革命。

商业生态圈是指以各种不同组织——包括产品提供者、供应商、分销商、顾客、互补产品提供者、竞争者、政府及其他利益相关者——相互作用为基础的经济联合体。在这一体系中，每个组织担当着不同的功能，各司其职，但又形成了互赖、互依、共生的生态系统，虽有不同的利益驱动，但身在其中的组织和个人互利共存、资源共享，共同维持着系统的延续及发展。

生态圈与原有的商业价值链模式的最大区别在于，价值链模式强调如何利用企业已经拥有的，即内部资源形成竞争优势，而生态圈则强调企业如何通过建设一个价值平台，通过平台借助、撬动圈内其他企业的能力，从而形成竞争优势。

随着法律、管理和技术方面的不断改善，不同企业间的交易成本降低到了一个可以接受的程度，而竞争的复杂化则使所谓的核心能力不断多元化，企业完全进行内部整合的成本超过了交易成本。这种力量使产业活动的分散化成为了可能及必要。因此，在现代竞争中，商业生态圈日益占据着重要地位。

而生态圈作为商业关系构建上的一次革命，能够实现共生、互生和再生三个层次的作用，共生和互生描述的是系统内成员间的关系，不但能够通过各成员的不断投入共同创造价值，而且可以通过生态圈内的价值分享保持系统的健康发展。而重生则能够推动生态圈的不断进化，以适应不断变化的竞争环境需求。

（一）共生

商业生态圈的第一个层次是共生：各成员分工协作，为共同的目标，有机地联合成一个整体，协同为用户创造价值，实现生态圈的整体价值最大化。共生的核心，是创造一个价值平台，这个平台可供生态圈中的各商业伙伴共同利用与分享，从而使价值创造活动能够得到以系统化地组织。

在共生这一环节中，参与者可以将精力集中于某一个市场，而利用平台其他合作伙伴的力量解决其他方面的问题，从而大大提升经营绩效。这一环节的核心在于建立并维护价值平台，参与者可以通过实物资本、智力资本或是金融资本建立一个平台。通过这样一个平台，各成员可以共同投入，使复杂的价值创造活动简化，以提高生产率，并提供更多可能的价值创造点。

（二）互生

在共生之上，生态圈成员还呈现出了一种相互依赖的关系，每个成员的利益都与其他成员以及生态圈整体的健康发展相联系，成员所创造的价值会在整个生态圈中进行分享。如果缺乏这种分享，生态圈的健康水平就会受到威胁，成员便可能会出现衰退，或转向其他生态圈。这一环节的核心在于系统中分享价值的成本必须要足够低，生态圈必须建立一种可低成本分享价值的管理结构。

在整个生态圈中，每个关键业务领域都必须是健康的，任何一个环节的脆弱都可能损害整体的绩效水平。因此，成员的眼光必须从企业内部转向企业外部,避免企业获取的利益超过生态圈所能够创造的利益,从而导致生态圈的崩溃。

(三) 再生

任何产业都有其发展边界,当外部环境变化或产业进入到成熟期之后,可能会发生整个产业的衰退。再生是指通过重新关注最适合的市场与微观经济环境的产业区域,将一些资源转移到新的生态圈,建立更好的合作框架及更健全的经济秩序,从而成功地穿越未来更宽广的市场范围。

淘宝商城展示了一个生态圈再生的例子。作为中国最大的 B2C 电子商务平台,淘宝网在经历了长时间快速增长之后,由于参与商家的资质参差不齐,假冒商品和劣质商家导致部分消费者向其他品牌类电子商务网站分流,淘宝生态圈开始面临挑战。在这种情况下,淘宝启动了"淘品牌"、"淘宝商城"(天猫)两项战略举措,使一批在淘宝网上已经建立了良好口碑的网络品牌脱颖而出,并与部分传统品牌组成了淘宝商城这一新的生态圈。该生态圈,依赖于淘宝网生态圈所聚集的消费者、商家群体,是原生态圈再生的产物。

淘宝的生态圈再生成功的关键是,其提供了一个相对较为可靠、连贯的平台,包括品牌、网络入口、支付宝等后台设置,使商家与消费者都能够过渡到新的生态圈中。消费者不必改变入口,不必改变交易习惯,而商家也不必完全放弃其业已建立的淘宝网运营基础。这种随环境变化而能够持续创造价值的特性,即再生,是生态圈优于传统价值链模式的另一个方面。

直销在中国想要实现商业生态圈建设,就应该遵循并借鉴以上几个方面,以实现可持续发展。实际上,在中国直销业 20 年的发展历程中,其实现了从小到大、从弱到强、从跟随模仿到创新驱动的跨越式发展,已经成为名副其实的直销大国。但当前中国的直销生态圈还处于一个发展阶段——百花齐放百家争鸣的大融合时期,但事物发展的同时会伴有正负能量存在，中国直销在发展的同时也伴随着许多恶性竞争，这些恶性竞争使得直销行业处在一个灰色的背景下。在这种背景下，相信每一家公司都希望行业能够繁荣发展，从而间接推动企业新技术、新业务、新模式的孕育与发展。

"直销生态圈若要充分融合，可以借鉴中国台湾的直销公司的做法，台湾较早引入了直销业态，所以直销发展和管理相对于中国内地显得更加成熟。中国台湾的直销公司之间的互动相对较频繁，每个月会有固定的直销公司会议，会议过程中大家会互相分享成果，分享案例。而每家直销公司会设有专门的部门接待其他直销公司的来访，专业解答其他直销公司提出的疑问，公司与公司之间会互相走动、参观学习，其他直企甚至可以深入另一方生产一线观看临摹。台湾直销公司之间的互动从深层次上达到了一种相对互利发展的局面，可以进一步准确把握直销行业的发展规律，创新理念和思路举措，大力提升直销行业的管理水平。"谈到直销业的生态圈搭建来，周希俭曾这样分析。

直销生态圈中怎样才能算是达到了一种互利共生的状态？这是一个有待挖掘的命题，自然界中的互利共生是指两种生物生活在一起，彼此有利，两者分开以后都不能独立生活。而我们的直销行业若要达到这种互利共生的现象态势还需多方的努力，包括政府、企业、经销商的共同协作，推动行业加大自身建设的力度，更多地承担基础性工作，在促进直销行业的发展中发挥出更多、更大的作用。

三、直销业的人脉生态圈

在直销生态圈中，人是维系这个生态圈和谐发展的主要因素。如何构建和谐生态圈，最主要的是政府的态度，国家在很多方面都处于世界级水平，但在直销这一领域还处在偏低的水平，既不是世界直销协会的会员，也不是直销最大的发展地。所以说政府在开展规范企业行为、加强行业自律、推动企业国际交流合作等方面都应做出大量卓有成效的工作，为促进行业的繁荣发展做出更大贡献。

企业管理者也是生态圈中比较重要的元素，管理者不仅要对一个企业做统筹，还需要考虑企业能够为这个生态圈创造什么价值，要让企业做到诚信经营——以产品诚信、制度诚信、教育培训诚信等充分带动企业的发展，引领行业正能量。

职业经理人是一个企业发展中不可缺少的重要指挥官，生态圈的发展将与职业经理人的战略指挥息息相关，企业发展必须要把对专业经理人的培养加入到企业战略规划中。目前，直销行业内职业经理人的跳槽现象较为严重，作为企业首先要为人才提供一支定海神针，增强职业经理人对企业的忠诚度。

但是，在中国，几乎每一个大型直销企业高管都有着在两家不同的直销企业工作过的经历。他们在直销企业中频繁流动，也构成了直销企业人才生态圈的独有现象。

通常一家国际直销企业来到中国，这家企业的创始人或是全球高管会通过猎头公司寻觅到最合适的中国总裁，然后再由这些中国总裁从别的公司"挖角"，充实自己的人才队伍。

由于直销行业人才的饥渴超乎寻常，人才争夺战几乎成为了每一家直销公司进入中国的首场大戏。在直销法颁布之后，海外直销公司在直面"新直销"的机会与挑战的同时，还必须妥善处理好"招人"、"招对人"以及"育人"、"用人"、"留人"的问题。

这些企业必须要在事业的初始阶段邀请更多的专业人士加盟，从而缩短适应中国市场的周期，与此同时，它们更希望自己培养出完全适应本公司的人才。这是目前许多进入中国的直销企业的难题，他们必须要做出艰难的抉择。

四、直销与社交商业的融合

"互联网+"时代的到来,让原本泾渭分明的多种形态实现了融合,也促使商业的边界出现模糊。这其中最为吸引人眼球的莫过于社交与商业的融合,越来越多人开始关注人际之间的社交关系,以及由这种关系可以创造的商业价值,社交俨然已经成为最有价值、最具有黏性的商业活动。

(一)社交商业时代的来临

人与人之间的连接构成了社交,进而由人际社交关系创造出商业价值,即称之为社交商业。社交商业的价值主要体现在:一方面,企业直接和消费者通过社交平台建立连接,促进与用户之间的情感链接,帮助企业建立起一个高效的营销生态圈;另一方面,互联网科技的发展,促使社交应用本身的技术不断发展与成熟,给商业节省了大量成本,低成本地实现并维系着与消费者的连接和沟通。正是由于社交连接的技术所能产生的价值,才推动了商业模式的转型。

站在更高的格局去审视社交商业,实际上就是以"人"为核心的逻辑。社交商业的出现,让"人和商品"、"人和商业"连接的机会被充分孕育。对于中国市场而言,仅社交网络带来的红利就已经被无限放大,衍生出了很多新颖的分享经济商业模式,像微商、微店、微博、网红、直播等新型经济效应,而这些对于直销行业的发展也带来了巨大影响。

"直销本来就是社交商务。"直销专家秦永楠教授曾在《移动社交化将是传统直销业转型升级的新趋势》中表示,"互联网+"已经把"社交"这个传统意义上的贵族和上流社会活动概念变得平民化。因此,当代意义上的社交是建立在互联网基础之上的一种日常的生活方式,由此而出现的脸书(Facebook)、腾讯的QQ、微信等社交网络平台已经把社交从大学校园普及到社会的各个层面,并形成了一个一个网络社交群体，例如各具特色的 QQ 群和微信群。作为人类的一项基本社会交往方式的商业活动必然会进入这个领域，而本来就是社交商业的直销业也就必然会与社交网络相互连接。"

每一个社交网络平台都具有服务的功能，例如近几年兴起的微商就是主要在微信的社交网络平台上孕育并发展起来的，可以说，微商也是移动社交电商的一种类型，只不过微商平台大多是建立在第三方社交网络平台的服务基础之上，至今还没有融合出巨大的品牌力量。

实际上，在"互联网+"时期，移动互联网已经给企业提供了更强的工具和平台，使各种名优特的品牌商品于全球流动。

商业的力量就是市场的力量，是人类共享的一种文明，在这个文明的进步过程中，商人起着重要作用；在当前出现逆全球化与全球化的对决也反映在两个商人的巅峰对话上，一个商人是马云，一个是当时还是商人的特朗普。马云的诠释是："商人就是要解决麻烦，服务于他人才能获得利益"，"并且发展一套帮助他们的体系"。直销本来就是要解决消费者复杂性消费的麻烦，通过咨询服务、培训服务、信息服务，以及各种各样的技术服务获取利益；同时，发展一套帮助经销商可持续地从事社交商务的体系，从而形成一种分享经济和共享经济的新形态。中脉集团的大型移动社交电商体系就是继"生态家"体系之后再次推出的这样一套商业体系。社交商业可能将是传统直销业转型升级的一个趋势。

（二）直销与社交商业极具渊源

直销具有天然的社交基因。直销业原本就是立足于社交而兴起的，其本质上自始至终做的都是社交商业，只不过是集中在线下的社交圈层而已。事实上，嗅觉敏锐的直销企业早已走在了试水"社交商业"的前沿，像康美布局 O2O 社交商业，把线下经营的人联网和线上的互联网双网合一，线上线下形成闭环。这些企业之所以将目光瞄向了社交电商、网红、直播、微商城、社交媒体等领域，背后其实都隐藏着一个更深层面的目标——社交商业。

（三）社交商业起家的直销业面临着新的挑战

直销的社交基因、庞大的直销人员网络，让直销在社交商业时代具有天然优势。直销与社交商业的融合日渐加深，越来越多企业在借鉴社交商业模式，将社交商业成功嫁接于直销之上。但面对蓬勃兴起、飞速发展的社交商业，以社交商业起家的传统直销业依然面临着新的挑战。

1.传统直销已经落伍

在线上社交商业方面，传统直销已经整体落伍。传统直销兴起于实际的人际交往之中，一直集中于线下的社交圈层。而互联网发展到今天，尤其是在移动互联网时代，相较于其他社交商业模式，传统直销可谓是慢了好几拍。再加上传统的直销人员年龄层集中在60、70后，对于社交网络恐有诸多不适，所以，从整体来看，传统直销在线上的社交商业已经整体落伍。

2.直销企业正突破局限思维向线上线下整合的社交商业模式发展

传统直销企业应突破只做熟人生意的局限思维。传统直销做的是线下社交，擅长的是熟人社会的社交，而当下流行的社交商业模式已不再局限于熟人的圈子里做生意。以微商为例，其通过互联网工具同时与大量陌生人沟通、联系，快速建立起自己的商业渠道。所以，直销企业利用社交商业，要考虑放大企业商业活动的半径，抓住与陌生人发生商业往来的趋势。

直销企业应向线上线下整合的社交商业模式发展。在移动社交应用上，直销企业要认清其根本属性是社交。线上社群、微信、微博等移动社交工具的互动，联合线下体验馆、体验中心等实体店铺的体验，才能形成一个帮助营销人员吸引客户、稳定客户、沉淀与积累客户的完整闭环。

五、直销生态圈中的企业国际化

直销生态圈通俗来讲就是直销行业里各个要素的体系，直销企业也有自己的一个生态体系，这个生态体系可以不断去拓展与延伸。一个企业不是说把自己的这个产品卖到国外了就叫企业国际化，这只能说是去占领了国外市场。国际化是一种文化的国际化，更是一种体制化的国际化，它形成的一定是一种核心竞争力。

所谓国际化，指的是能不能按照一种新的全球化的理念和规则来运营企业，所以说从这个角度来讲，所有的企业，哪怕是很小的企业，也应该培养这种国际化的视野。

生态圈对国际化企业会产生一个什么样的影响？大家能够把更加系统化的东西有更凝聚的认知，把自己的管理层、客户层等所有的体制化的东西带到当地进行复制，其实也就是在建这个企业真正的生态圈的概念。

在直销生态圈中，企业该如何走国际化之路，管理者应该从一个体制化的思维角度去发展企业，才不会让大家觉得生态圈是那么高不可攀、遥不可及，只要企业不是完完全全的短期盈利，也不是单单以贸易的方式去卖产品，而是真真正正去做一家企业在某个国家的业务，在进军国际化的市场上都能有一定收获。

一家企业若要把业务发展到一个国家就要关注这个国家的人文地理、经济发展等等。生态系统是一个企业主导的系统，但是落地的时候一定要结合当地的情况，包括人才、资金都要做方方面面的考虑，要对国外的市场充分了解，对国外做事的方式充分了解，最根本的是从一定程度上完全商业化。

综上所述，组建科学的业务链已显得越来越必要。建立生态圈绝不是只有一个完整的网络覆盖就可以了，也不是只要开发出各种满足消费者需求的服务内容就可以了，更要根据业务的构成合理确定分工，组建科学、高效的业务链条。不同的业务需要不同的组合，从而决定了多条不同的价值链以及合作主体的多样化。中国直销业的平台生态圈搭建还处于一个尝试与起步阶段，完善、良性循环的生态圈建设还任重而道远。

参考文献：

[1] 廖建文，《竞争2.0——商业生态圈》，《哈佛商业评论》。

[2] 秦永楠，《移动社交化直销业转型升级一个新趋势》，2017.02。

[3] 钟建和，《中国的直销生态圈实现互利共生需多方学习》。

[4] 禹路，《直销纪之决胜平台——禹路写在第12届世界华人直销大会开幕前的话》。

6.5
论中国直销企业品牌的建设之路

摘　要：中国的直销行业已有近30年历史，经历了从无到有、从小到大的历程。其中，绝大部分公司的市场拓展、营业额都获得了大幅度提升，同时其品牌也随之成长着。纵观这些企业的品牌建设工作，笔者理出了绝大部分企业的品牌建设之路，以期能够对业界有所启示。

关键词：品牌　直销企业　建设

一、引言

品牌（Brand）是一种识别标志、一种精神象征、一种价值理念，是品质优异的核心体现。

（一）品牌的西方起源

品牌的英文为BRAND，该词来源于古挪威文"randr"，中文意思是"烙印"。当时，西方游牧部落在牲畜身上通过打上烙印来识别自己的牲畜，以此区分自己与他人的私有财产。因此，品牌最初的功能就是识别，品牌的表现形态就是识别标识。

（二）品牌的东方起源

古时候的人们在开商铺时总会起个名字，以区别于其他同行。一般的如老张家的茶叶店、老王家的铁匠铺，特别的如全聚德烤鸭店、狗不理包子铺等等。这种字号其实就是品牌最初的表现形式。

二、品牌的独特价值与重要性

可口可乐公司 CEO 罗伯特·郭思达（Roberto Goizueta）曾说过："我们所有的工厂和设施可能明天会被烧光，但是你永远无法动摇公司的品牌价值。"这句话最能彰显品牌的独特价值。

品牌的首要功能在于可以方便消费者进行产品选择，缩短消费者的购买决策过程，即品牌的识别功能。其次是增值功能，品牌作为一种无形资产，其本身可以作为商品被买卖，在市场交流的过程中，它能为企业带来巨大的经济效益。而且随着企业规模的扩大，知名度、美誉度和忠诚度的提高，品牌本身的价值也会不断增长。第三是促销功能，品牌是企业赢得市场竞争优势的有力武器，是企业通往金融市场的通行证。由于品牌是产品品质、特色、档次的象征，是产品的牌子，容易吸引消费者，实现扩大产品销售的目的。第四是保护企业及消费者权益的功能，品牌（商标）通过注册后，会受到法律的保护。如果有人非法使用，那么企业就可以通过法律途径保护自己的合法权益不受他人侵犯。消费者如果买到质量无保障的商品，也可以根据其品牌，通过适当的途径与手段保护自身的权益。

三、如何形成品牌

品牌建立的三度理论：知名度、美誉度、忠诚度。

（一）知名度建设

知名度指一个客体被公众知晓、了解的程度，是评价该客体名气大小的客观尺度，侧重于"量"的评价，即该客体对社会公众影响的广度与深度。知名度是建立品牌的基础，就是说首先要让大家知道有一家这样的公司或组织（以及产品、个人）。

在广泛使用品牌这个名词以前，我们用的是"名牌"这个词，而有名就意味着产品好吗？只能客观地说未必，因为知名度可以花钱打广告、炒作。所以，只用"名牌"这个词显然是难以精准描述品质、可信度等特质的。因此，直销企业仅有知名度还远远不够。

（二）美誉度建设

指一个客体获得公众信任、好感、接纳与欢迎的程度，是评价客体声誉好坏的社会指标，侧重于"质"的评价，即客体的社会影响的美丑、好坏，即公众对客体的信任与赞美程度。美誉度就是我们说的口碑好，只有人们体验良好、使用效果好的产品才会给予很高的评价，从而实现分享、转介绍等等良性传播。

如果首次使用或体验良好，下次或以后是否会持续购买呢，答案是不一定，因此还需要做诸多的工作。

（三）忠诚度建设

指消费者在购买决策中，多次表现出来对某个品牌有偏向性的（而非随意的）行为反应。它是一种行为过程，也是一种心理（决策和评估）的过程。也就是我们常说的，买某款产品只认一个牌子，或者只认这家公司。品牌忠诚度建设能够充分锁定终端顾客，是企业营销和长久发展的基石，对一个企业的生存与发展而言，扩大市场份额极其重要。

四、复杂的公司品牌

（一）知名度建设

知名度建设是品牌建设中最为基础的工作。各公司采用了多个策略提高知名度：

1. 分公司、专卖店、旗舰店、体验馆等网点建设策略无论是哪种网点形式，都有着较为固定的场所，而且基本上都在较为繁华的地段，容易被大家看到、感受到，甚至进店接受体验、讲解，以及看到产品示范等等活动。当这些网点的数量足够多、分布足够广的时候，知名度自然会大大提高。安利、如新等外资公司的分公司、专卖店、体验馆等一般都设在较为繁华的地段，品牌标识很显眼，形象足够高大上，自然对知名度的建设大有益处。无限极、完美、天狮的专卖店星罗棋布，以数量取胜，受众更多、更广泛。克丽缇娜以上千家专业美容店独树一帜，权健的火疗体验店遍布全国，几乎家喻户晓。这些直销企业都以网点数量、形象较好而著称，极大地提高了在行业内外知名度，也使得大众对直销行业的产品、运作、理念等有了更多理性的认知。

当然了，更多的网点意味着公司或经销商会付出较高的成本，能否经营好也是行业的难题之一。新公司、小公司建议慎用此招。

2. 广告营销策略

广告策略一直以来都是传统行业提高知名度、拉升销售业绩的首选利器。直销模式的核心是用户分享，也就是用户使用后体验良好，然后分享给其他人，公司将省下的中间环节的费用以奖金的形式发给分享者。从运营模式的角度来看，直销企业可以不做广告。

从快速提升知名度的角度出发，部分大型企业选择了户外广告、电视广告、纸媒等进行广告宣传。比如，安利公司的户外广告数目非常多，经常可以看到路边、楼宇上竖立的大型广告牌；无限极、完美赞助养生健康类电视栏目；中脉冠名了好几条高铁等等。这些策略都能快速提升企业的知名度。

3. 大型会议、海外旅游、奖励、健康跑等

大型会议、海外旅游、奖车奖房，已成为行业一道亮丽的风景！吸引了更多有梦想、想创业，立志要改变命运的人加入。大型会议和海外旅游始于安利，内资企业将其发扬光大。万人年会激动人心，

海外旅游体验异域风光等等。无论哪种活动，参加者人数众多，影响面却远远不止这些。通过网站、媒体、微信公众号、朋友圈等手段传播，受众可达几十万甚至上百万。近年来，海外游异常火爆，完美7000多人游美国、天狮6000多人去法国等活动引起了较大轰动，更大、更快地提升了其知名度。

4. 新传播手段

近几年来，新的传播手段不断出现。微电影、电影、电视机顶盒、直播平台等都为行业内公司传播、理念传播、信息传播起到了很大作用，同时也提高了其知名度。

（二）美誉度建设

美誉度建设也受到了直销企业的高度重视，其主要的策略有：

1. 公益项目

公益活动是直销企业采用最多的美誉度建设项目。其中，有成立或参与公益基金、推动某个工程或项目、赞助体育赛事或健康运动等。

2. 捐助活动

当国家或者某个地区出现较大的灾难时，诸多直销企业纷纷捐款、捐物，既体现出大爱无疆的公益理念，同时也展示了行业的正能量，让公众对直销行业的认知有了很大改变。

（三）忠诚度建设

这是品牌建设中难度最大的部分。中国直销在20多年的发展历程中，职业经理人的跳槽和经销商换公司是两个很重要的现象。对于公司的经营来说，保持一定程度的团队基数稳定是重要的经营指标，昙花一现的经销商数量增长和业绩提升不是长久之道。而对于经销商而言，新公司的制度相对老公司肯定更有杀伤力，然而谁都明白"活得久的"肯定比"肚子大的"要吃得多，也就是频繁跳槽的肯定无法赚到大钱和并将团队做大。

从另一个角度来说，任何一个新公司都有可能成为老公司。而如何保证经营团队和经销商队伍不会大面积流失呢，这是每个公司都关心并准备做到的目标。答案到目前为止，似乎只有三个：

1. 企业文化的传播及认可

企业文化可从三个层面来讲，第一是理念层面，就是体现在文字、宣传层面的；第二是制度层面，就是如何贯彻落实这些理念；第三是执行层面，就是现实中的体现。

企业文化的传播已不成问题，通过公司文化墙、网站、易拉宝、微信公众号、会议、宣讲等都可以进行传播，文化理念逐渐会深入人心。

只有执行层面和理念层面一致的才叫文化，否则就叫空有口号。在执行中完全与理念一致的，才会让经销商、客户、合作商认同，从而产生长久合作的信心，这是忠诚度建设的核心。

2. 教育培训

这一点 AM 公司做得就很好，虽然新进经销商在前一两年内的存活率较低，却有非常多的经销商大喊"活是 AM 人，死是 AM 鬼"，这种提法合适不合适我们暂不予讨论，但却能看到其顾客忠诚度。究其原因，主要是教育培训比较到位。除了公司知识、产品知识以及展业技巧的培训外，对团队心态的培训是其最主要的利器。其中，《八个正确的心态》、《人不成熟的五大特征》等源自 AM 公司的课程，已经成为行业心态培训的经典。其中，"立即要求回报，总想一夜暴富，是典型的穷人心态"，新人自己对照下，哦，原来自己的心态是穷人的心态啊，那就改变一下。这种改变无论是对事业还是对生活都有好处。

如今，教育培训已被绝大多数公司所重视。相比较而言，老牌的级差制公司教育培训的频率高，课程较为丰富、氛围良好；双轨制公司培训的频率较低，课程以公司、产品、模式为主，心态、文化、素养方面的课程较少或没有。最后就形成了两种结果，级差制公司的经销商忠诚度相对较高，双轨制公司的经销商流动性较大。

这就是教育培训的力量！直销企业的培训如果仅仅宣导如何赚钱，就已经是走了歪路，有可能成为昙花一现的公司。而提升人的素养才是教育培训的正道，其不仅仅是提升了忠诚度，还将有益于管理、沟通等等，意义非常深远！

3. 利益捆绑

因为有共同的利益所在，或者离开会丧失较多的既得利益，从而会使重量级的领导人和公司捆绑在一起。

有的公司将一部分股权分配给了重量级的领导人，也有部分公司与领导人合作投资新的项目，进行深度的利益捆绑。

五、产品品牌及个人品牌的打造

（一）产品品牌的打造

公司品牌和产品品牌可合而为一，也可推行独立的产品品牌。比如无限极公司的品牌是无限极，英文为 Infinitus，产品品牌有萃雅、植雅、帮得佳等。

可以说，年业绩在百亿元以上的公司都打造了至少一款很有影响力的产品，比如完美的芦荟胶、安利的 LOC、权健的火疗等等。

直销的核心是分享，分享产品、商机、理念、生活方式等等。分享的内容中最基础的部分是产品分享，好产品会说话，创业初期拥有一款绝佳的产品对市场拓展的影响力极其重要。原料天然、核心技术、现场示范、效果立现！这些都是容易传播的极佳话题。

产品品牌的打造，对于稳定业绩、建立庞大的客户群体有着极其积极的作用。行业的领袖 AM 公司，多年以来都致力于打造一个自用型的消费群体，根据行业的统计数据显示，现在其有着以千万计的客户群体，这是 AM 公司多年以来能够引领行业风向标的重要原因之一。

（二）个人品牌的打造

个人品牌独立存在时，不会产生经济效益。只有个人品牌与公司品牌（或机构）、产品品牌结合时，才会产生经济效益，这就是请明星、名人做代言人的原因，其能够拉动销售、提升业绩、提高影响力等。

当直销行业的创始人、董事长、总裁等高层，有了较强的个人品牌后，也会使得公司的品牌形象温暖、丰满、感召力强、美誉度高。比如无限极的李惠森、天狮的李金元、三生的黄金宝、隆力奇的徐之伟等等，他们在行业内外均树立了强大的个人品牌，也对公司品牌、理念等做了良好的传播与诠释。

通过出版自传、著作等，对外传播奋斗历程、创业故事、心路历程等等，并借助于演讲、视频、专访等传播公司理念、远景规划等，打造并培育了个人品牌，也让有梦想的人们受到激励，产生了强大的认同感。

他们个人品牌的塑造是与公司结合在一起的，个人魅力、影响力等通过公司平台、经销商团队大力传播，也推动了业绩、市场的起步及提升。最终，个人品牌与公司完全融合密不可分，互相交融、互相促进。

六、品牌的时尚化和人格化

每个品牌的产生都带有时代的烙印，无论是 LOGO、SLOGAN（口号或标语）、VI 及色彩等，都是时代的产物。

当下一个时代或下下一个时代来临时，就面临着品牌老化的问题了。如果新生代认为该品牌属于上一代人，就意味着他们不会去选择与购买，这就是品牌老化。因此，10年以上的品牌要不断使品牌时尚化，尤其是现在，必须适合80、90后的口味，甚至向00后逐渐倾斜。

那么，80、90后对品牌的认知有哪些特征呢？权威机构的论断是炫酷化，如果你的品牌形象、logo、包装、设计等等够炫、够酷，80、90后是非常喜欢去消费的，并且他们也会去朋友圈里晒，从而带动起整个圈子的认知、体验与消费。

同时，品牌不应该是冷冰冰的，而是有温度、可感知、能互动的物质，也就是品牌人格化。品牌人格化是为了增加品牌的温度及亲和力，赋予品牌以各种人格化的特征，比如以代言人、吉祥物、故事、微电影、动漫等形式去体现，如同《罗辑思维》的特点一样有种、有料、有趣。大家感知到的是一个人格化、有感召性的品牌。

时代在发展，新生代在不断长大，我们只有不断适应他们的认知习惯才能创造与保持强大的品牌生命力。

七、结语

在整个中国直销企业群体中，外资公司的品牌认知最早，也最专注于品牌的成长；内资公司逐渐对品牌倾注了巨大的精力，其整体品牌影响力正在茁壮成长中。我们祝愿所有的直销企业都能够健康成长，产生更多国际品牌、百年品牌，为人类社会创造更多的物质财富和精神财富！

参考资料：

[1] 任冠衡：论中国直销企业公司品牌的建设之路